KATHRIN BORGHOFF

So feinfühlig *und* so stark

KATHRIN BORGHOFF

So feinfühlig *und* so stark

Wie Eltern sensible und hochsensible Kinder in Schule und Kindergarten unterstützen können

BELTZ

MIX
Papier aus verantwortungsvollen Quellen
FSC www.fsc.org FSC® C089473

Klimaneutral Papier
ClimatePartner.com/13732-1910-1001

Dieses Buch ist erhältlich als:
ISBN 978-3-407-84750-8 Print
ISBN 978-3-407-84741-6 E-Book (EPUB)
1. Auflage 2022

Lektorat: Katharina Theml, Büro Z/Petra Dorn
Satz: Publikations Atelier, Dreieich
Herstellung und Layout: Sarah Veith
Umschlaggestaltung: anjagrimmgestaltung.de
Bildnachweis: Marta Locklear/Stocksy
Druck und Bindung: Beltz Grafische Betriebe, Bad Langensalza
Beltz Grafische Betriebe ist ein klimaneutrales Unternehmen (ID 15985-2104-100).
Printed in Germany

Weitere Informationen zu unseren Autor:innen und Titeln finden Sie unter: www.beltz.de

Für meine eigenen sensiblen Kinder –
und alle anderen auch.

Inhalt

Einleitung

Wenn fünf Minuten einen Unterschied für den Tagesverlauf machen, Sie beim Backen nur noch mixen können, wenn das Kind einen Kopfhörer aufhat, wenn ein Spaziergang ein Erlebnis für alle Sinne wird und kalte Finger sein Ende bedeuten – dann ist Ihr Kind vielleicht hochsensibel. Wenn ein Stück Knete, frisch aus der Packung, nicht direkt zum Spielen verwendet werden darf, sondern erst auf Geruch, Konsistenz, Haptik und Aussehen geprüft werden muss, wenn ein zerbrochener Keks ein Tränenmeer hervorruft, wenn zu viele Fragen hintereinander einen Wutanfall auslösen und Sie Ihre eigene Einstellung zu Dingen wie Stress, Anspannung, Terminenge grundlegend ändern müssen – dann ist Ihr Kind vermutlich hochsensibel. Wenn der Tag zu lang, die Sonne zu hell, der eigene Kopf zu laut und die Welt zu schnell ist – dann ist Ihr Kind vermutlich hochsensibel.

Ihr Baby war einst eine wirklich kleine, verletzliche Zelle, aus der binnen 40 Wochen Gliedmaßen wuchsen, ein Herz zu schlagen begann, sich Fähigkeiten wie Hören und Sehen entwickelten und ein Gehirn entstand – eines, in dem Veranlagung, Persönlichkeit und gewisse Wahrnehmungsfilter schon eingebaut waren. Oder eben auch nicht. Wir kommen auf die Welt mit einem »Arbeitsmodell«, das sich mehr oder weniger auffällig entfaltet, und wie wir es auch drehen und wenden: Wir sind, wer wir sind. Und zwar nicht, weil wir uns oder unsere Kinder zu irgendetwas machen, ihnen Label und Stempel aufdrücken, sie in Schubladen stecken und stigmatisieren. Sondern weil gewisse Auffälligkeiten nicht zu übersehen sind. Weil immer die gleichen Dinge sie besonders anspannen, aufregen, zerreißen. Weil sie besonders viel schreien, mit bestimmten Dingen nicht klarkommen, weil wir plötzlich Verabredungen absagen, Besuche vermeiden und Krabbelgruppen frühzeitig verlassen müssen. Nicht weil wir darum gebeten haben, besonders gestresste, besonders feinfühlige, besonders sensible Kinder zu bekommen. Sondern weil sie so sind, wie sie sind.

Was wir tun, wenn wir feststellen, dass unsere Kinder sich in bestimmten Situationen immer wieder so oder so verhalten und gleichzeitig dabei »anders« sind als andere, ist, nach Antworten auf Fragen zu suchen. Das ist oft der erste Schritt, den wir überhaupt tun, wenn wir mit diesem oder einem ähnlichen Thema konfrontiert sind. Dabei geht es nicht um Ruhm oder darum, das »besonderste« Kind von allen zu haben, sondern eigentlich darum, die eigenen Sorgen zu beruhigen. Wir suchen nach Ursachen und vermeintlichen Lösungen, denn es ist unser Wunsch, dem Kind ein Leben zu ermöglichen, in dem es im besten Fall überhaupt keinen Grund für Stress, Anspannung oder Tränen gibt. Wir Eltern tun dies nicht, weil wir »faule Ausreden« für »unangepasste« Kinder suchen, sondern weil dahinter die Angst steckt, es könnte irgendetwas nicht stimmen. Wir suchen sehr viel weniger ein passendes Label, wollen sehr viel weniger einen Stempel aufdrücken, als uns oft unterstellt wird. Was wir tatsächlich suchen, ist Erleichterung. Wir finden sie, wenn wir verstehen, dass das Kind nicht krank, nicht unnormal, nicht mal großartig anders, sondern sensibler ist, mehr oder eben anderes braucht und so schlicht nicht mit anderen Kindern zu vergleichen ist.

Die Hochsensibilität – ganz gleich ob bei Klein oder Groß – ist nicht selten eine besondere Herausforderung für die Kinder, ihre Eltern und die Lehrkräfte oder Erzieher:innen, die mit dem Kind in Kontakt sind, eben weil das hochsensible Nervensystem eine erhöhte Neigung zu Stress und Überstimulierung mit sich bringt. Schon früh, in Krippe oder Kita, sehen wir Kinder, die gefühlt für alles »länger« brauchen: eine längere Eingewöhnung, längere Zeit, um anzukommen, längere Begleitung in den Mittagsschlaf, am Mittagstisch oder zum Spielen in der Gruppe mit anderen Kindern. Es droht die Stigmatisierung und ein »Arbeitstitel« über dem Kopf eines kleinen Menschen, der sich selbst in einer mehr als überfordernden Situation befindet. Dass Hochsensibilität automatisch bedeutet, dass der Mensch auch introvertiert oder schüchtern ist, ist ein Vorurteil, dessen Annahme wissenschaftlich bereits widerlegt werden konnte.[1] Zwar gibt es einen Zusammenhang, keinesfalls aber ein »Muss« zwischen der Schüchternheit, Introversion und Sensibilität eines Kindes, wie Elaine N. Aron, Psychologin und Wissenschaftlerin, bereits Ende der 1990er-Jahre zeigte. Bis heute gilt sie als Pionierin der Hochsensibilitätsforschung und schrieb in den vergangenen 25 Jahren mehrere Ratgeber zu unterschiedlichen Aspekten rund um dieses Thema. Als ihre Basis galten die Forschungsergebnisse des US-amerikanischen Psychologen Jerome Kagan, der Ende der Achtzigerjahre Temperamente von Kindern erforscht hat. Seine Arbeit ließ keinen Zweifel daran, dass Sensitivität und Temperament zwar in Zusammenhang stehen können, sich aber keineswegs bedingen.

Denn gleichermaßen gibt es – besonders im Kita- oder Schulkontext – auch jene temperamentvollen, gefühlsstarken und ebenso sensiblen Kinder, deren Herausforderung es eher ist, sich in die bestehenden Systeme einzufügen, anzupassen oder gar gut mit ihnen zu leben und zu lernen. Viele Regeln, gute Sitten, das stille Sitzen, die wenige Bewegung und der erhöhte Leistungsdruck sorgen für Stress, der sich nicht selten in Verhalten und Gefühlsausbrüchen ausdrückt. Wer im Stress ist, lernt nicht, sondern funktioniert in erster Linie im Autopilot[2] – das bestätigt uns die Wissenschaft schon seit Jahren. Und wer nicht lernen kann, scheitert oft genug an einem Schulsystem, das Leistungen bewertet. Der damit einhergehende Frust überträgt sich auf Familien und sorgt dafür, dass Beziehungen darunter leiden. Denn zu Hause gehen der Stress und die Konflikte weiter und führen so nicht selten zum Alltag eines heranwachsenden Menschen, der von schier unlösbaren Herausforderungen geprägt ist.

Wenn wir als erwachsene Menschen in einem Arbeitsverhältnis stecken, in dem unsere Vorgesetzten uns schlecht behandeln, haben wir die grundsätzliche Macht und Möglichkeit, den Job zu wechseln. Möglicherweise tun wir das nicht, zum Beispiel aufgrund unserer Ängste oder Überzeugungen, aber prinzipiell sind wir in der Lage, zu kündigen und uns eine Anstellung zu suchen, die uns eher entspricht. Genauso können wir verfahren, wenn wir in einer Beziehung stecken, in der wir keine Liebe mehr empfinden oder die sich auseinandergelebt hat, und auch wenn die Sitznachbarin beim Chor unangenehm riecht. In all diesen Situationen haben wir Fähigkeiten und Macht: Wir können aufstehen, den Platz wechseln, kündigen oder unsere Partner:innen verlassen. Wir können unsere Selbstwirksamkeit nutzen, um Lebens- oder Arbeitsumstände selbstermächtigt zu verändern. Diese Möglichkeiten haben unsere Kinder nicht.

Wir Eltern können sie nett und liebevoll behandeln oder sie zur Strafe auf ihr Zimmer schicken und ausschließen – doch ganz gleich, was wir tun, sie sind nicht in der gleichen Machtposition wie wir, ihre Umstände zu verändern. Nicht ohne uns. Wenn wir uns die Situation in Kita und Schule ansehen, wird schnell klar: Wir haben keinen Einfluss auf die Sitznachbar:innen. Ob die Fenster geöffnet sind, können wir nicht entscheiden. Wie gut oder schlecht unser Kind mit den anderen in der Klasse zurechtkommt, ist zufällig. Und wie wir es auch drehen und wenden: Unsere Kinder sind mit dem Risiko konfrontiert, sich unter Umständen mal in einem »Job« zu befinden, den sie blöd oder gar nicht auszuhalten finden – und sie können nichts tun. Das Schulprojekt ist Pflicht und muss erledigt werden, genau wie die Hausaufgaben und die nächste Klausur. Die Zusammenstellung der Kita-Gruppe ist unverrückbar und ein Wechsel nicht vorgesehen. All das legen erwachsene Menschen für sie fest, in aller Regel ohne jedes Mitbestimmungsrecht seitens der Kinder. Und damit ist klar und deutlich zu erkennen: Kinder haben nicht die gleichen Chancen und sind nicht mit der gleichen Macht ausgestattet wie Erwachsene.

Wie schlecht es mir getan hatte, acht Stunden am Stück zu sitzen, realisierte ich erst einige Jahre nachdem ich mich selbstständig gemacht hatte und so in der Lage war, meinem Körper stets die Bewegung zu geben, die er benötigte. In den Bürojobs, in denen ich vorher über Jahre gearbeitet hatte, war dafür kein Raum.

Und wie viel Möglichkeit für Bewegung die Sitzplätze an Tischen in Schulen und Kitas so mitbringen, wissen wir alle. Mein eigener zirkadianer Rhythmus, also meine »innere Uhr«, hatte sich nie auf das frühe Aufstehen eingestellt. Wenn ich ehrlich bin, ist das noch heute so. Idealerweise beginnt der Tag nicht vor 7.15 Uhr und meine ersten Termine nicht vor 9.30 Uhr. Ein solcher Morgen lässt genügend Spielraum für meine Routinen, das Ankommen im Tag und für die morgendliche Dusche. Es gibt in meinem Leben aktuell genau ein System, das meine freie Zeiteinteilung stört: die Schule. Die beginnt zu früher – mir *zu* früher – Stunde, und da meine Kinder sie besuchen, stehe ich nicht zu der Uhrzeit auf, zu der es mir beliebt, sondern zu der ich aufstehen muss.

All das sind Umstände, die uns und unsere Kinder beeinflussen. Die ihre kleinen Körper, ihre Bedürfnisse, ihre Fähigkeit, sich zu konzentrieren und am Ende frei zu entfalten, in ganz unterschiedlicher und individueller Weise manipulieren. Und darum ist es so unerlässlich, sie alle zu betrachten und möglichst viele von ihnen genau so zu gestalten, wie es am besten für die mentale und psychische Gesundheit eines Menschenkindes ist – selbst wenn das bedeutet, Systeme zu hinterfragen und unbequeme Wege zu gehen.

Auf diesem Weg möchte dieses Buch Sie begleiten. Es lädt Sie ein, in die Welt Ihrer Kinder einzutauchen und zu erkennen, wie Institutionen, Einrichtungen, Menschen, Gesellschaft und Systeme ihre Entwicklung bedingen können. Ich lade Sie ein zu reflektieren, welche davon Ihren Werten entsprechen und welche wir bewegen und verändern dürfen, um bestmögliche Bedingungen zu schaffen. Sollten Sie zu diesem Buch gegriffen haben, weil Sie sich erhoffen, hier Strategien zu finden, die Ihr Kind verändern, verbessern oder abhärten, so muss ich Sie enttäuschen – und rate Ihnen davon ab, weiterzulesen. Denn dieses Buch trägt eine unerschütterliche Überzeugung in sich: nämlich die, dass unsere Kinder unsere Welt bereichern. Dass wir es nicht mit einer Horde verzogener Tyrannen zu tun haben, die ihre Wut nicht zügeln und nicht still sitzen wollen. Oh, ganz gewiss nicht. Wir haben es mit jenen zu tun, die neue Systeme bauen, eine neue Gesellschaft prägen, die kreative Lösungen für die Zukunft entwickeln, bessere Politik machen, das Klima retten und am Ende uns alle versorgen müssen. Wir sprechen von einer Horde Weltverbesserer, im besten Fall! Wir begegnen schon heute denen, die so einige unserer Fehler ausbessern werden und mit neuen Ideen werden glänzen müssen.

Aber was brauchen genau diese Menschen? Was braucht es, um Teil dieser neuen Gesellschaft zu sein, die sich mit Problemen konfrontiert sieht, für die wir keine Bedienungsanleitung haben? Die sich ungeahnten Herausforderungen stellen und den eigenen Lebensraum erhalten muss? Wie wollen diese Menschen das Leben betrachten, welche Philosophie wohnt ihnen inne, und was brauchen sie, um in einer Welt gedeihen zu können, die ihnen jegliche Macht abspricht?

Sie als Eltern haben vielleicht zu diesem Buch gegriffen, weil Sie sich wünschen, dass der Mensch, der da in Ihrem Haus heranwächst, in seiner Persönlichkeit ernst genommen und gestärkt wird. Sie dürfen versichert sein, dass ich kein geringeres Ziel habe. Die Zeiten, in denen wir Kinder wie Gefäße betrachtet haben, in die wir etwas hineinfüllen müssen, damit überhaupt irgendetwas in ihnen steckt, ist längst vorbei. Wir müssen erkennen, dass die

Entwicklung unserer Kinder in der Welt, so wie sie gerade ist, von höchster Bedeutung und Priorität ist. Denn in den wertvollen, sagen wir, 18 oder 20 Jahren, die wir eng und nah mit ihnen leben, stecken so viele Chancen. Es geht nicht darum, sie zu formen, zu erziehen und als wichtigstes Ziel den guten Job vor Augen zu haben, sondern darum, ihnen das Mitspracherecht und die Kompetenz zuzusprechen, die Menschen haben sollten, wenn sie auf die Berge von Ungerechtigkeit und Problemen treffen, die die letzten 100 Jahre Zivilisation mit sich gebracht haben.

Lassen Sie uns realisieren, dass wir kleine Menschen nicht einfach auf das harte Leben, die guten Noten, die Ellenbogenkämpfe und eine Karriere vorbereiten müssen. Wir haben es mit niemand Geringerem zu tun als der Gesellschaft von morgen. Was es braucht, um vorausschauend zu denken, innovativ zu erschaffen, mit Bedacht und Empathie auf die Gegebenheiten zu blicken und gefühl- und kraftvoll zu agieren, ist: Sensibilität. Wir dürfen lernen, uns einzufühlen in unser Leben, die Welt und die vielen Chancen, die wir jetzt noch haben und die wir nutzen dürfen.

Ich schreibe dieses Buch im Winter 2021 auf 2022 – nahezu zwei Jahre der COVID-Pandemie liegen aktuell hinter uns. Eine Zeit, in der das soziale Leben und die Bildung unserer Kinder praktisch eingefroren waren. Und in der wir wie unter einem Brennglas Missstände haben erkennen dürfen. Spätestens jetzt haben wir bemerkt, dass wir etwas Neues brauchen. Einen Neuanfang. Mehr Gefühl füreinander, bessere Ideen und den weiten Blick. Unsere Taten von heute entscheiden über das innere Skript der Entscheider:innen von morgen. Lassen Sie uns entsprechend handeln.

In diesem Buch will ich Ihnen helfen, Kinder nicht als Menschen zweiter Klasse zu sehen, sondern ihre Potenziale zu entfalten. Ich will Sie dabei unterstützen, die Sensibilität als Geschenk und Gabe zu verstehen, die schützenswert und progressiv ist. Vielleicht haben Sie bis hierher noch nie etwas Wertschätzendes über die impulsiven Charakterzüge Ihres Kindes gehört, außer Sie haben es sich selbst gesagt. Möglicherweise suchen Sie verzweifelt nach dem Fehler im System, nach einer Erklärung oder einem Rezept, um Ihr Kind endlich in die Welt einführen zu können, wie es von Ihnen als gute Eltern verlangt wird. Doch den Fehler, den Sie suchen, gibt es nicht. Stellen Sie sich vor, Ihr Kind sei ein Sportwagen, gebaut für schnelle Rennen, die Straße, das flinke Fahren und eine gute Kurvenlage. Wenn dieser Sportwagen nun den Auftrag erhält, einen Acker umzugraben, wird er vermutlich sein Leben lang denken, er sei nichts weiter als ein schlecht funktionierender Traktor. Und was, andersherum, wenn wir ebendiesen Traktor nun im Rennen gegen andere Sportwagen antreten lassen würden? Richtig. Er würde sich vermutlich ziemlich schämen, so gegen die anderen abzustinken. Wenn wir vergleichen, vergleichen wir nach oben – und verlieren viel zu oft. Aus diesem Teufelskreis müssen wir aussteigen, um zu erkennen, was unsere Kinder tatsächlich mit auf diese Welt bringen, wer sie sind und wer sie sein können, wenn wir sie so unterstützen, wie sie es brauchen.

Darum ist es an der Zeit, Bewertungen zu hinterfragen und die Augen und Herzen vorurteilsfrei zu öffnen. Das betrifft die Bewertungen der Umwelt, der Kita und der Schule – aber auch Ihre eigenen Ängste, Überzeugungen, Denkmuster und Glaubenssätze. Ich lade Sie ein, mir zu vertrauen, wann immer es in Ihrer

Bauchgegend grummelt oder Sie wahrnehmen, dass es herausfordernd sein kann, meinen Ansätzen zu folgen. Ich lege die Verantwortung in Ihre Hände – denn da gehört sie schließlich hin. Sie sind die Expert:innen für Ihr Kind und sonst niemand. Dieser Grundsatz wird sich durch das gesamte Buch ziehen und Sie immer wieder ermutigen, zu sich, Ihrer Intuition und Ihrem Kind zu stehen, selbst dann, wenn die Außenwelt mit Etiketten und Stigmata auf Sie wartet. Ich lade Sie ebenso ein, einen Neuanfang zu wagen. Vergessen Sie, was auch immer Ihnen bis hierher über Ihr Kind berichtet wurde, und beginnen Sie bei null. Fast so, als schrieben wir gemeinsam ein neues Kapitel. Geben wir uns gegenseitig die Chance, uns zu sehen und wahrhaftig Beziehung zu gestalten.

Wie Sie dieses Buch nutzen können

Sie wissen von ganz allein, dass Sie ein Buch von der ersten bis zur letzten Seite am Stück durchlesen können. Sollten Sie aber schon lang Bescheid wissen über das Spektrum der Sensibilität oder sich schon häufig mit den Grundlagen der Hochsensibilität beschäftigt haben, dann werden Sie sicher auch die eine oder andere Seite überspringen wollen. Erlauben Sie sich, jenen Input mitzunehmen, der neu für Sie ist und dieses Buch möglicherweise eher als Nachschlagewerk zu nutzen, um immer mal wieder etwas zu vertiefen.

Wenn Sie aber unsicher über die Ausprägung der Sensitivität Ihres Kindes sind oder gerade anfangen, sich in das Thema einzulesen, ist das genau die Stelle, an der Sie beginnen dürfen. Auch wird es Sie vermutlich nicht mehr wirklich interessieren, wie Sie die Eingewöhnung eines sensiblen Kindes in die Kita optimal gestalten, wenn Ihr Kind auf der weiterführenden Schule ist. Auch in diesem Fall lade ich Sie ein, nicht pflichtbewusst zu sein, sondern dem Gehorsam, ein Buch chronologisch von vorn nach hinten zu lesen, zu widersprechen. Sollten Sie selbst eine hochsensible Elternperson sein, neigen Sie vermutlich dazu, alles Wissen und jede Erkenntnis gleich lesen, verarbeiten und anwenden zu wollen. Stattdessen dürfen Sie sich auf Ihre Sanftmut und Ihre Vorausschau verlassen und zu meinen Worten greifen, wenn die Zeit reif ist. Denn es geht im Kontext einer (Hoch-)Sensibilität immer darum, welche Reize wir bewusst aufnehmen, wie wir unser Nervensystem belasten und was wir gezielt außen vor lassen, um uns nicht zu überfordern. Kurzum: Nutzen Sie das Buch so, wie es dem aktuellen Entwicklungs- und Lebensstand Ihres Kindes entspricht, und holen Sie es immer wieder hervor. Denn dieses Buch darf mit Ihnen wachsen – vor allem aber mit Ihrem Kind.

Lediglich eine Sache bitte ich Sie, nicht zu tun: Legen Sie es nicht mit einem »Lesen Sie das unbedingt!«-Zettel ins Fach der Lehrkräfte oder der Erzieher:innen Ihrer Kinder. Dieses Buch ist für Sie und dazu gedacht, Ihnen all die Selbstwirksamkeit und Ermächtigung mitzugeben, die Sie brauchen, um in Gesprächen, Konfliktsituationen oder jenen, in denen Sie nicht weiterwissen, genau so handeln zu können, wie Sie handeln wollen.

Wir werden uns noch mit all den Mitteln und Vorgehensweisen beschäftigen, die Sie erlernen können, um sich und Ihr Kind vor der Kita, der Schule, in Vereinen oder gar in der eigenen Familie zu vertreten. Ich wünsche Ihnen nichts weniger als Selbstvertrauen und die Gewissheit, dass Sie selbst der/die Expert:in sind, die Ihr Kind in schwierigen Situationen braucht. Ihre eigenen Worte werden stets kraftvoller sein als meine. Sollte die Beziehung zu den Erzieher:innen und Lehrkräften jedoch so intensiv und belastbar sein, wie ich es Ihnen wünsche, darf die Lektüre selbstverständlich helfen, um eine gemeinsame Gesprächsbasis zu entwickeln. Auch hier gilt: Hören Sie auf Ihr Gefühl, betrachten Sie den Zeitpunkt und den Entwicklungsrahmen Ihres Kindes, und stellen Sie die Chance auf Beziehung immer vor die Belehrung oder Erziehung anderer. Schon bald werden Sie Ihre eigene Stimme entdecken, und glauben Sie mir: Sich zu zeigen – vor allem in diesem Kontext – ist für uns Menschen ein verletzliches Wagnis. Ganz gleich, ob wir nun feinfühlig sind oder nicht. Doch es einzugehen, um sich selbst und die eigene Familie zu vertreten, wird sich immer anfühlen wie ein Gewinn.

Also nutzen Sie die Zeit mit diesem Buch als eine Trainingsphase, profitieren Sie von den Experimenten, die ich gemeinsam mit meinen Klient:innen gemacht habe, und bleiben Sie wachsam. Nehmen Sie zu sich, was Ihnen entspricht, und lassen Sie unbedingt weg, was nicht. Ihr Kind lernt im Mikrokosmos der Familie fürs gesamte Leben und dabei immer sehr viel mehr als in der – am Ende doch sehr kurzen – Zeit in der Schule oder der Kita. Darum entwickeln Sie die Authentizität und das Selbstvertrauen, das Sie brauchen, damit Ihr Kind genau dies von Ihnen erlernen darf. Genau zwei wertvolle Stärken stellen wir damit sicher: erstens, im Leben zurechtzukommen, auch wenn Ihr Kind irgendwann auf sich allein gestellt sein wird, und zweitens, sich in bestehende Systeme einzufinden, selbst wenn nicht alles zu einhundert Prozent so läuft, wie es sich das wünscht.

… und warum Sie dieses Buch mit einem sensiblen Kind vermutlich nutzen müssen

Vielleicht waren Sie an diesem Punkt schon einmal, vielleicht ist es sogar der Grund dafür, dass Sie zu diesem Buch gegriffen haben, vielleicht warten Sie auch nur darauf, dass es einmal passiert: Im Leben mit einem (hoch)sensiblen Kind werden Ihnen Menschen begegnen, die über Ihre Einschätzung für Ihr Kind die Augen rollen. Ärzt:innen, Erzieher:innen, Lehrkräfte und sogar die eigenen Familienmitglieder können sich als kritisch oder gar ablehnend entpuppen. Ihnen wird die Meinung begegnen, dass Sie nur eine geeignete Ausrede brauchen, um Ihr Kind für seine Eigenarten zu »entschuldigen« oder »nicht mehr erziehen zu müssen«. Da wird Hochsensibilität oder Sensibilität in Anführungszeichen gesetzt und infrage gestellt, wird diskutiert und als »moderne Krankheit, die ja jetzt jedes zappelige Kind hat«, abgetan. Sie werden sich vorkommen, als stünden Sie selbst auf dem Prüfstand, als müssten Sie selbst ein ganzes Studium zur Neurophysiologie oder wenigstens eine hieb- und stichfeste, validierbare Forschung vorlegen, damit man Ihnen überhaupt zuhört. Ich darf Ihnen sagen: Das müssen Sie nicht. Und ich verrate Ihnen, dass es auch mich selbst, sowohl als Mutter als auch als Beraterin, regelmäßig wütend und verzweifelt macht, dass moderne Wissenschaft so abgelehnt werden kann.

Ich denke nicht, dass es ein Paralleluniversum gibt, in dem alle Babys zusammensitzen und wie in einem Steckpuzzle ihre Veranlagungen und Persönlichkeitsmerkmale auswählen, frei nach dem Motto: »Och, ich wär eigentlich voll gern kräftig. Und mutig, wie ein Löwe!« – »Echt? Nee, ich hätte gern Kreativität und Talent!« – »Okay, ich nehme .... hmmm ... ach komm, was soll's, ich probiere mal hochsensibel.«

Um unsere Kinder so zu lieben, wie sie sind, braucht es kein Studium! Aber das Verstehen darf auch nicht ausbleiben. Auf den folgenden Seiten möchte ich Ihnen das Studium ersparen. Verlassen Sie sich darauf, dass es ausreichend Wissenschaftler:innen und Forschungszweige gibt, übrigens überall auf der Welt, die sich dieser Thematik seit nunmehr fast 30 Jahren annehmen und die vielversprechendsten Zusammenhänge auftun. Sie sind also weder auf der völlig falschen Fährte, Ihrem Kind Sensibilität zu »unterstellen«, noch ganz allein auf weiter Flur. Elternschaft fühlt sich bisweilen so an. Gerade wenn die anderen Kinder der Klasse nicht die gleichen Herausforderungen haben, den Kopfhörer im Unterricht nicht benötigen und auch ansonsten viel weniger auffällig sind. Es macht besonders einsam, auch nach drei Monaten noch in der Eingewöhnung zu sitzen und noch immer nicht das Gefühl zu haben, dass es problemlos ist, am Morgen die Kita-Tür hinter sich zu schließen. Diese Einsamkeit und Hilflosigkeit von Eltern mit einem sensiblen Kind betreffen nicht nur Sie allein.

Wir fühlen uns oft so einsam, weil wir gar nicht wissen, was genau wir ansprechen oder hinterfragen sollen, da wir manchmal nicht viel anderes spüren als »Irgendetwas stimmt hier nicht«.

Ohne Vokabeln und ohne eine konkrete Adresse können wir unser Navi nicht einstellen. Manchmal irren wir viele Jahre einsam durch den Dschungel der Elternschaft und atmen erst dann erleichtert auf, wenn wir endlich irgendwo jemanden treffen, der nicht mal zuckt, wenn wir von den harten Nächten, den Schreiphasen oder den Tränen am Morgen berichten.

Bis dahin kann es ein langer Weg sein. Bitte gehen Sie ihn trotzdem. Weder Sie noch Ihr Kind sind »komisch« oder »passen nicht dazu«. Es sind nicht Sie oder Ihr Kind, die lernen müssen, sich anzupassen und mitzumachen – es sind wir alle als Gesellschaft, die lernen darf, dass Sensibilität nicht bedrohlich ist und in Wirklichkeit schon seit Anbeginn unserer Zeit eine wichtige und zentrale Rolle für die Spezies Mensch spielt.

Das Allerwichtigste, was Ihr Kind für seine eigene Biografie braucht, ist Ihr Vertrauen, Ihre Geborgenheit und das Wissen, dass es mit jedem seiner Gefühle zu Ihnen kommen kann, ohne Augenrollen, Zweifel oder Kritik zu ernten.

Jetzt gerade ist die Welt noch, wie sie ist. Aber Sie und ich und dieses Buch sind auf dem besten Weg, zu beweisen, dass nicht wir allein es sind, die lernen müssen, uns und unsere Kinder an bestehende Systeme anzupassen oder uns abzuhärten. Viel mehr dürfen wir ein Signal aussenden, das nichts weniger sagt als: »Da kommen jetzt ein paar sensible Kinder, stellt euch drauf ein.«

In einem gemeinschaftlichen Leben geht es – das lässt sich schon am Wort erkennen – um Gemeinschaft. Um Geben und Nehmen. Und auch darum, miteinander und aneinander zu wachsen. Wenn wir uns für die Chance öffnen, Kinder zu akzeptieren, wie sie sind, und zu begleiten, wie sie es brauchen, können wir alle gemeinsam daran wachsen. Wenn wir uns verschließen, wächst nur das Ego. Und wer sollte da noch irgendetwas lernen?

Darum sage ich Ihnen etwas, das aus allertiefstem Herzen kommt: Nehmen Sie den »Stempel«, wenn es einer ist, der Ihnen und Ihrem Kind hilft. Nehmen Sie das Wort, die Überschrift, den Begriff, wenn Sie damit rausgehen und Antworten suchen können, sich verbinden, neue Freundschaften und Gemeinschaften gründen und sich selbst die Erleichterung verschaffen können, die Ihnen im Alltag mit Ihrem sensiblen Kind hilft. Hören Sie auf Ihre Intuition, vertrauen Sie auf die Verbindung zu Ihrem Kind, und bleiben Sie bei sich. Am Ende ist es nämlich »nur« ein Stempel. Nur ein Name. Aber was dahinter verborgen liegt, das kann der Schlüssel sein zu einer Tür, die Ihnen sonst verschlossen geblieben wäre. Lassen Sie uns aufbrechen auf die Suche nach dem »Wie« und dem »Was« – nicht, um zu verändern, zu vertuschen oder anzupassen. Sondern für gegenseitiges Erkennen und einen gemeinsamen Weg. Dort, wo die Ressourcen und Kräfte Ihrer einzigartigen, sensiblen Kinder liegen, liegt auch ein riesiges Potenzial für eine ganze Gesellschaft.

KAPITEL 1

Feinfühlig, sensibel, hochsensibel … Wer oder was ist mein Kind?

Dieses Buch richtet sich an Eltern sensitiver/sensibler Kinder. Aber sind nicht alle Kinder auf ihre Art sensibel? Die Geschichte der Erforschung der Sensitivität eines Menschen beginnt unter anderem mit Jerome Kagan, der Anfang der 1980er-Jahre das Temperament und die Psychologie von Kindern näher untersuchte.[1] Er stellte fest, dass – nicht wie bis dato angenommen – vor allem die elterliche Fürsorge und die Bedingungen, unter denen ein Kind ins Leben hineinwächst, vordergründig entscheidend für sein Temperament und die weitere Entwicklung seien. Seither steht fest, dass es viel eher eine hälftige Aufteilung gibt und 50 Prozent der Persönlichkeit als angeboren gelten, während die übrigen 50 Prozent sich durch Erfahrung und Umwelt ergeben.[2] Kagans Augenmerk lag hauptsächlich auf der Schüchternheit und Introvertiertheit seiner Proband:innen, die er bis zu ihrem siebten Lebensjahr beobachtete. Seine Ergebnisse zeigten, dass Kinder, die schon mit zwei Jahren eher zurückhaltend und schüchtern waren, mit sieben Jahren weiterhin eher vermeidend und ruhig im sozialen Miteinander innerhalb einer Gruppe blieben, wohingegen Kinder, die er mit zwei Jahren als spontan und aufgeschlossen wahrnahm, sich auch später gesprächig und interaktiv verhielten. Sein Team und er konnten zeigen, dass »vererbte Variationen der Erregungsschwelle an ausgewählten limbischen Stellen« zu Schüchternheit und zurückhaltender Persönlichkeit führten.

In so ziemlich allen Bereichen der Sensitivitätsforschung kommt genau dieser Teil unseres menschlichen Gehirns immer wieder zur Sprache: das limbische System. Und auch jetzt kommen wir nicht umhin, uns genauer anzusehen, was dort überhaupt geschieht.

Das limbische System bezeichnet einen Bereich in unserem Gehirn, das über innige Faserverbindungen ein ganzes Funktionssystem zusammenschließt und sich wie ein Gürtel um den Hirnstamm legt. Erst viele Jahre nach der Entdeckung dieses Bereiches wurde klar, dass er nicht – wie anfangs angenommen – nur für das Riechen, sondern vor allem für die »Ausdrucksmechanismen und Gestaltung von Gemütszuständen und Stimmungen«[3] zuständig sei, kurzum: für Gefühle.

Das limbische System ist historisch betrachtet einer der ältesten Teile unseres Gehirns und reagiert auch noch genauso, wie es Menschen und Tiere seit Jahrtausenden tun: schnell, impulsiv und mit möglichst wenig Gedankenlast. Mit der Höherentwicklung der Spezies Mensch wuchs proportional der Neokortex, also der Teil unseres Gehirns, der für logisches Denken und Vernunft zuständig ist – das limbische System blieb in seiner Größe unverändert. Da die Amygdala, die wir als Alarmzentrale des Gehirns ansehen dürfen und die alle affektiven Handlungen sowie Stressreaktionen steuert, sich mitten in unserem limbischen System befindet, werden von hier aus alle Hormone ausgeschüttet, die ein Mensch braucht, um in Gefahren- oder emotional heraus- oder gar überfordernden Situationen schnell und effektiv handeln zu können. Stresshormone, die von hier aus losgeschickt werden, haben exakt eine Aufgabe: unseren Körper zu einer Leistungssteigerung zu zwingen. Sie erhöhen unseren Puls und unsere Atmung, verändern den Muskeltonus, machen uns schneller, effizienter, lassen uns weiter rennen und höher klettern. Derartige Stressreaktionen sind für das Überleben von existenzieller Bedeutung, und das erklärt auch, wieso wir sie im Laufe unserer Historie weder verändert noch abgebaut haben. Denn sobald Gefahr droht, braucht es diesen einen Teil in uns, der nicht lang über Konsequenzen, unterschiedliche Ausgestaltung oder gar die Frisur nachdenkt – sondern losrennt. Doch so angebracht all jene Funktionen in uns sind, so sehr leiden wir in unserer heutigen Welt auch unter ihren Schattenseiten. Zum Beispiel darunter, dass Stresshormone sich nicht von selbst abbauen, sondern wir sie aktiv abbauen müssen. Durch Bewegung zum Beispiel, von der wir gemeinhin zu wenig haben. Um unser Nervensystem, das die zentrale Verarbeitung von und die Reaktion auf den Stress steuert und als Handlung und Tätigkeit im Körper umsetzt, wieder zu regulieren, braucht es eine Strategie und ENTspannung. Bleibt diese aus, bleiben wir im Stress. All diese Prozesse beziehen sich, bis hierher, auf einen neurotypischen Menschen.

Ziehen wir den Faktor der Sensitivität hinzu, wird es komplizierter. Denn sensible Menschen neigen dazu, deutlich mehr Reize wahr- und aufzunehmen und zu verarbeiten. Damit ist die Arbeitslast im menschlichen Gehirn ohnehin schon erhöht. Eine sensible Amygdala schlägt häufiger an, selbst dann, wenn die Gefahr eine vermeintlich alltägliche ist – und löst damit auch häufiger Stressreaktionen aus. Ein sensibles Nervensystem braucht im direkten Vergleich deutlich mehr Regulation. Bezogen auf Kinder bedeutet das konkret: Co-Regulation. Erhalten sie diese nicht (beispielsweise an einem langen Tag im Kindergarten), kann es passieren, dass das sensible System an anderer Stelle versucht, den begonnenen Stresszyklus zu beenden – manchmal auch durch eigens kreierte Konflikte rund um die Hausaufgaben, die Fernseheinheit oder andere Dinge, von denen wir Eltern uns fragen, »woher die denn jetzt plötzlich kommen«. Wenn Sie derartige Reaktionen bei Ihrem Kind feststellen, dürfen Sie sich mit der Stressbelastung Ihres Schützlings auseinandersetzen. Denn Stress, der nicht abgebaut wird, und ein Stresszyklus, der – aufgrund von Anpassung oder Angst – nicht beendet werden kann, wird sich seinen Weg an anderer Stelle suchen. Nicht um Sie zu ärgern, sondern, um endlich Entspannung zu erfahren. Je intensiver die Sensibilität Ihres Kindes oder je ausgeprägter sein Bedürfnis ist, diese Sensibilität nach außen sichtbar zu machen, umso mehr werden Sie die Feinfühligkeit »sehen«. Und so unterschiedlich die Ausprägungen auch sein können, glauben Sie mir: Wenn Ihr Kind Stress hat, werden Sie es bemerken.

Das Stressempfinden eines Menschenkindes hängt aber natürlich nicht nur von der eigenen Persönlichkeit oder Veranlagung ab, sondern auch davon, wie es in seine Umwelt eingebettet ist. Geborgenheit und Co-Regulation der Eltern können da schon einiges an Hilfestellung leisten. Vorsicht aber vor »entspannte Eltern, entspanntes Kind«, denn so leicht ist es leider nicht. Sensitivität ist weitaus mehr als ein reizbares Nervensystem, und Sie werden – wenn es darum geht, den einen Begriff vom anderen abzugrenzen – sehen, warum. Genau diese Benennung des Wesenszuges Ihres Kindes ist wichtig, weil sie uns verrät, womit wir es zu tun haben, und auch, was wir tun können. Sie gibt uns Aufschluss über unsere eigene Beurteilung und beeinflusst die Art und Weise, wie wir unsere Kinder sehen. Sie lädt uns außerdem ein, uns von möglichen Projektionen auf unsere Kinder zu lösen. Das geschieht vor allem dann, wenn wir uns selbst eine Einordnung wünschen oder in uns eine Angst vor Schwäche wohnt, die uns ein Märchen vom Tyrannen erzählt, den wir nur endlich besser in den Griff kriegen müssen oder von einer »Mimose«, die ohne Ihre elterliche Führung »da draußen« mal aufgeschmissen sein wird.

Nein, einen solchen Menschen haben Sie sicher nicht vor sich. Das menschliche Gehirn ist weniger ein Denkapparat als ein »Sozialorgan«, das fühlen und gestalten will. Aus diesem Grund reagiert das limbische System so oft an einem ganz gewöhnlichen Tag und noch öfter an einem stressigen. In der Reihenfolge der Reizverarbeitung unseres Gehirns nimmt es Platz zwei ein, gleich nach dem bloßen Wahrnehmen und weit vor dem logischen Denken. Hier wird die Priorität klar, die auch wir der Feinfühligkeit in diesem Buch einräumen wollen. Sie werden erkennen, dass Ihr Kind jede Chance der Welt hat, sich bis zu seinem letzten Atemzug zu verändern, wenn es das denn will. Denn sensibel ist nicht gleich sensibel – und Persönlichkeit nicht in Stein gemeißelt.

Es geht nicht so sehr darum, sich hier und heute ein für alle Mal auf ein Merkmal festzulegen und dann zeit seines Lebens akribisch danach zu handeln. Vielmehr geht es um eine Zuordnung, die Gewissheit, Klarheit und einen Raum für Ideen eröffnet, die Ihnen allen helfen können, Entspannung zu erfahren. Ein Abhärten wird Ihnen dabei nur noch mehr Stress und Distanz untereinander bescheren und die Angst davor, Ihr Kind zu verweichlichen oder gar schuld an seiner Sensibilität zu sein, die nächtliche Ruhe rauben. Beide Wege streben wir hier nicht an. Es ist Resilienz, die Sie und Ihr Kind benötigen, um in dieser Welt zurechtzukommen! Und die Fähigkeit, die eigenen Gefühle anzunehmen, zum Ausdruck zu bringen und für die Erfüllung der Bedürfnisse um sie herum zu sorgen, ist ein unglaublich wertvoller, schützender Faktor der dem Menschen eigenen Resilienz.

Um auf diesem Weg ein Stück weiterzukommen, beginnen wir, einige (Ihnen vielleicht bereits bekannte) Begrifflichkeiten und Terminologien auf die Goldwaage zu legen.

Hochsensibilität

Ungefähr jedes vierte Kind ist hochsensibel. Diese Zahl geht zurück auf die Forschungsergebnisse der US-amerikanischen Psychologin und Wissenschaftlerin Elaine Aron und ihr Team, die bereits Mitte der 1990er-Jahre an der University of California mit der Befragung einiger Studierender begannen, um herauszufinden, wie Hochsensibilität wirkt und was sie ausmacht. 1996/1997 veröffentlichte Aron dann ihr Buch *Sind Sie hochsensibel?*, das bis heute als Standardwerk zur Hochsensibilität gilt. Die Pionierarbeit, zu der Aron durch ihre Interviews und ihre Forschung den Anstoß gab, setzt sich bis heute fort. Soweit bekannt, arbeitet sie bis heute in einer kleinen psychotherapeutischen Praxis mit besonders feinfühligen Menschen. Darüber hinaus sind ihre Studien kein Einzelfall. Über den Globus verteilt arbeiten Wissenschaftler:innen an der Erforschung dieses fundamentalen Persönlichkeitsmerkmals, das, wie bereits 2008[4] beschrieben wurde, ebenfalls bei über 100 verschiedenen Tierarten entdeckt werden konnte, was zeigt, dass es sich um eine durch Evolution entstandene Strategie handelt, die bewirkt, dass Lebewesen Informationen länger verarbeiten und mit Bedacht und Vorausschau agieren statt rasch und impulsiv.

Somit stecken sowohl in der Hochsensibilität als auch in einer Nichthochsensibilität unendlich wichtige Ressourcen für die Menschheit und das Leben selbst: Wir benötigen jemanden, der lang im Voraus feinste Signale wahrnimmt und die Gruppe warnt, genau wie wir auch jene brauchen, die schnell und ohne groß nachzudenken handeln. Es ist mir gleich zu Beginn dieses Buches ein Anliegen, Ihnen zu verdeutlichen, dass es weder Segen noch Fluch ist, das eine oder andere zu sein, sondern dass beide Temperamente und sämtliche Wahrnehmungslevel in unserer Natur – wie einfach alles – einen wichtigen, übergeordneten Sinn besitzen und nicht das eine wertvoller ist als das andere. Wir brauchen das eine und das andere und dürfen lernen, die jeweiligen Fähigkeiten auf optimale Weise miteinander wirken zu lassen. Denn wäre eine Sensitivität (offizieller Begriff im Bereich der Forschung und Wissenschaft) nicht vonnöten, hätten wir uns vermutlich im Laufe der Entwicklungsgeschichte aus ihr herausentwickelt. Gleichzeitig, so Aron, sei nicht auszuschließen, dass sich eine Hochsensibilität auch durch Traumata oder langjährigen Dauerstress ergeben könne. Da bis zum heutigen Tag allerdings hierzu keine wissenschaftlichen Belege vorliegen, wird im Bereich der Psychologie und Therapie weiterhin davon ausgegangen, dass es sich um Genetik handelt, die entscheidet, ob ein Mensch hochsensibel geboren wird oder nicht. Somit ist auch schnell erklärt, dass hochsensible Eltern oft auch hochsensible Kinder bekommen oder es wenigstens einen verwandtschaftlichen Hintergrund für eine beim Kind auftretende Hochsensibilität gibt. Sollten Sie sich selbst also im Laufe der Beschreibungen innerhalb dieses Buches wiedererkennen, darf ich Ihnen mein erstes Buch *Hochsensibel Mama sein*, erschienen 2020 im Beltz Verlag, ans Herz legen.

Da es hier aber vorwiegend darum geht, wie sich eine Hochsensibilität bei Ihrem Kind verhält, zeigen die folgenden Beschreibungen die Veranlagung an sich, gespickt mit Beispielen, die Sie möglicherweise schon bei Ihrem Kind beobachtet haben. Denn eines ist die hochsensible Veranlagung mit Sicherheit: auffällig. Eine Hochsensibilität ist mindestens durch die folgenden vier Merkmale klar erkennbar:

1. Die Sinnessensibilität

Die Sinneskanäle sind feiner ausgeprägt und durchlässiger. Hochsensible Kinder riechen, schmecken, sehen, hören, fühlen intensiver und stärker. So kann es sein, dass der Tee »stinkt«, und zwar so sehr, dass das Kind es kaum im selben Raum mit ihm aushalten kann. Plötzlich auftauchende Geräusche können so überfordernd sein, dass es stark erschreckt und körperlich reagiert. Oder aber es betritt einen Raum, in dem ein Mensch ihm nicht wohlgesonnen ist, und kann sich der »komischen Stimmung« kaum entziehen. Alles wird intensiv gespürt und wahrgenommen – da nützt auch kein Training.

2. Die Verarbeitungstiefe

Beobachten Sie Ihr Kind gern beim Spiel? Denn genau hier können Sie erste Anzeichen von Verarbeitungstiefe erkennen. Hochsensible Kinder sind Expert:innen für ihr Spiel und Hobby. Sie kennen alle Einsatzmaterialien der Feuerwehr mit Kennziffer, benennen Ihnen alle Pokémon inklusive der Regionen, aus denen sie stammen, und repetieren die Lebensgeschichten ihrer Lieblings-Superheld:innen. Das hochsensible Gehirn ist darauf ausgelegt, Reize langsam und intensiv zu verarbeiten. So werden hochsensible Kinder wahre »Pro's« auf ihren Gebieten und sind nicht selten so gut informiert wie die Suchmaschinen selbst. Gleichermaßen gehen ihnen Bilder und Erfahrungen nicht einfach so aus dem Kopf, hallen lange nach und wollen besprochen und verarbeitet werden. Sie haben keine Chance, ein Thema einfach so unbearbeitet unter den Tisch fallen zu lassen – nicht mit einem hochsensiblen Kind.

3. Das intensive emotionale Erleben

Hochsensible Kinder sind nicht selten hochreaktive Babys[5] gewesen, oft »Schreikinder« genannt. Aber ein sicheres Merkmal ist das nicht. Denn wie lautstark hochsensible Kinder ihre Gefühle nach außen bringen, sagt nichts darüber aus, wie sie sie innen verarbeiten. Tatsächlich aber ist diese emotionale Tiefe ein sicheres Merkmal der Hochsensibilität. So kann man heute fest davon ausgehen, dass das, was wir gemeinhin als »gefühlsstark« bezeichnen, schon immer Teil einer Hochsensibilität war. Es steht nicht für sich (denn bleiben die anderen Merkmale aus, haben wir es mit einem gefühlsstarken, nicht mit einem hochsensiblen Kind zu tun), ist aber von einer Hochsensibilität nicht wegzudenken. Hochsensible Kinder nehmen ihre eigenen Gefühle intensiver wahr, sind empathisch und schnell emotional getroffen oder verletzt. Sie spüren ihre Trauer intensiv, ihre Wut kann zerstörerisch sein und ihre an die Eltern gerichteten Vorwürfe herzzerreißend.

4. Die Neigung zur Überstimulierung

Als zentrales Problem der Hochsensibilität gilt die Neigung zur Überstimulierung. Dies bezeichnet die Fähigkeit, von endogenen (also aus dem eigenen Innen auftretenden) oder exogenen (das Außen betreffenden) Reizen überfordert zu sein. Die Wahrnehmungsareale des hochsensiblen Gehirns lassen deutlich mehr Reize über die feinen Sinneskanäle zu. Darüber hinaus wird vermutet, dass Neurotransmitter, die im Gehirn als Botenstoffe für den Transport der Reize vom einen in den anderen Teil des Gehirns zuständig sind, in erhöhter Konzentration vorliegen. Somit lässt ein hochsensibles Gehirn nicht nur grundsätzlich mehr Reize hinein, sondern auch hindurch. Die mental-emotionale Arbeitslast eines hochsensiblen Nervensystems ist somit ohnehin im Vergleich erhöht – und dann schlagen noch eine sensible Amygdala und ein feines limbisches System um sich. Überforderung ist vorprogrammiert, sofern keine Schutzstrategien oder Methoden vorliegen, die zur Regulation und Beruhigung dienen. Diese Liste ergänzten Smolewska, McCabe und Woody 2006[6] um die Punkte der ästhetischen Sensitivität, der geringen Reizschwelle und der leichten Erregbarkeit.

Vielleicht haben Sie schon längst von Hochsensibilität gehört und für sich und Ihr Kind erkennen können, dass dieses Merkmal zutrifft. Vielleicht aber sind Sie immer wieder unsicher, ob es sich tatsächlich um die Persönlichkeit Ihres Kindes oder doch eine Krankheit handelt? Hierzu möchte ich Ihnen zwei wertvolle Ressourcen mitgeben. Zuerst den nun folgenden Fragebogen, der es Ihnen erlaubt, Ihr Kind auf seine Sensibilität zu testen, und im letzten Kapitel dann eine Abgrenzung zu den unterschiedlichen Begrifflichkeiten in diesem Bereich. Denn möglicherweise hat man auch Ihnen bereits nahegelegt, Ihr Kind auf Autismus, ADHS, Hochbegabung oder Ähnliches zu testen. Lassen Sie uns Schritt für Schritt vorgehen, um herauszufinden, welche Testung Sinn ergibt und welche Sie sich sparen können. Vorweg sei jedoch betont, dass ein Selbsttest in einem Sachbuch nicht die ordentliche Beobachtung eines fachlich ausgebildeten Menschen, der Ihr Kind sieht und Ihnen Ihre Fragen beantwortet, ersetzt. Er dient dazu, Sie von einer Diagnostik zu entlasten, denn genau diesen Weg braucht es für eine Hochsensibilität oder Gefühlsstärke nicht. Geht Ihr Empfinden allerdings darüber hinaus, brauchen Sie und Ihr Kind mehr als das. Wenn Sie also über das Lesen der nächsten Seiten nicht schlauer werden oder das dringende Bedürfnis bekommen, sich Hilfe zu suchen, möchte ich Sie hierzu ermutigen. Im Anhang dieses Buches finden Sie einige Vorschläge für hilfreiche Adressen. Bei einem guten Vertrauensverhältnis zu Ihren Ärzt:innen ist auch hier ein Gespräch empfehlenswert. Dieses Buch wird Ihnen helfen, Aussagen, die Sie möglicherweise verunsichern, für sich einzuordnen. Doch es kann leider nicht die persönliche, fachkundige und oft sehr aufwendige Begleitung durch eine Fachperson ersetzen. Sollten Sie mithilfe dieser Lektüre also entdecken, dass es genau das ist, was Ihre Familie braucht, ist die Zeit dafür gekommen.

Test: Ist mein Kind hochsensibel?[7]

Der nachfolgende Test richtet sich nach der »Highly sensitive person scale«, entwickelt und veröffentlicht von Elaine Aron im Jahr 1997.[8] Ihre wissenschaftliche Qualität ist in einer Vielzahl von Studien bestätigt worden, und sie gilt bis heute als die offizielle Messmethode für Hochsensibilität. Da es aber auch immer wieder Kritik an ihr gibt – der Fokus liege zu stark auf negativen Affekten –, werden weitere Skalen (neurologischer und genetischer Natur) erforscht. Die 27 Fragen, die speziell den Grad der Sensibilität eines Menschen feststellen sollen und die bis heute im therapeutischen Kontext genutzt werden, zeigen, dass es keine klar abgrenzbaren Gruppen gibt[9], die erhöhte Wahrnehmung aber die primäre Eigenschaft hochsensibler Menschen ist und ihre Reaktionen auf Umwelteinwirkungen sensibler sind.[10] Die Fragen wurden von mir in Anlehnung an die offizielle HSP Scale von Elaine Aron ins Deutsche übertragen. Sie sind nachzulesen auf meiner Webseite https://kathrin-borghoff.de.

Um den Fragebogen optimal zu nutzen, versetzen Sie sich ganz wertneutral und offen in die Haltung Ihres Kindes, und gehen Sie alle Fragen nach und nach durch. Notieren Sie sich für jede Frage, ob es sich um ein »Ja« oder ein »Nein« handelt, und auch, ob eine Aussage möglicherweise in der Vergangenheit für Ihr Kind lange zutraf; dies ist vor allem wichtig, wenn Ihr Kind bereits im Jugendalter ist. Denn bis hierhin hat sehr häufig schon ein hohes Maß an gesellschaftlicher Anpassung stattgefunden. Kurz gesagt: Es hat möglicherweise gelernt, über einige dieser Punkte »hinwegzusehen« und »sich nicht so anzustellen«. Leider bedeutet das nicht, dass es Ihr Kind heute wirklich nicht mehr stört – kann es aber. Gehen Sie also jeden Punkt wirklich tief und langsam durch, und überprüfen Sie, in welchem Maß die Aussage auf Ihr Kind zutrifft oder zutraf. Sollte Ihr Kind bereits Teenager sein, also 13 Jahre alt oder älter, eignet er sich auch hervorragend, um vom Kind selbst ausgefüllt zu werden.

1. Das Kind erschrickt leicht, auch bei vermeintlichen Alltagsgeräuschen.
2. Es nimmt Feinheiten in der Umgebung wahr und bemerkt kleinste Veränderungen.
3. Kratzige, dreckige, sandige Kleidung bemängelt es.
4. Es mag keine Überraschungen, ist nicht gern mit fremden Menschen zusammen.
5. Es gleicht Spannungen aus und will für Harmonie sorgen. / Es kann Spannungen schwer bis kaum aushalten.
6. Stimmungen anderer Menschen beeinflussen es stark.
7. Es scheint, als könne es Gedanken lesen.
8. Es spricht für sein Alter »große Worte«, hat komplexe »erwachsene« Gedanken.
9. Es stellt philosophische/provokative Fragen und verlangt Antworten.
10. Bei Hunger oder Durst fährt es schnell aus der Haut, ohne ersichtlichen Grund, oder seine Laune und Stimmung ändern sich massiv zum Schlechten. Es wird ungeduldig und manchmal sogar »depressiv«.
11. Es ist und handelt sehr intuitiv.
12. Es hat Schwierigkeiten, nach einem (anstrengenden) Tag einzuschlafen.
13. Es hat Spaß an kreativer Arbeit, an kreativem und selbstbestimmtem Lernen und führt sein Hobby oder seine Tätigkeit ausdauernd und gern aus.
14. Mit Veränderungen kommt es nicht gut zurecht, zeigt Wut/Trauer oder schläft schlecht.

15. Es ist Perfektionist, hat hohe Ansprüche an sich selbst.
16. Es bemerkt den Stress anderer und nimmt sich dessen (manchmal) an.
17. Es bevorzugt leise Spiele und ist gern für sich.
18. Es hat wenige Freunde, diese Freundschaften sind aber intensiv/können sehr intensiv sein.
19. Es ist eher schmerzempfindlich.
20. An lärmenden Plätzen hält es nicht lange aus, baut ab, hält sich die Ohren zu, versteckt sich hinter den Beinen der Eltern oder will sich zurückziehen.
21. Es wägt Risiken ab und kennt das eigene Maß sehr gut.
22. Es hat eine unglaubliche Fantasie, ein komplexes Innenleben und viele Ideen.
23. Es fühlt tief und intensiv, ist gefühlvoll/gefühlsstark.
24. Wettspiele und jene um Gewinn mag es nicht und reagiert auf Verlieren gefühlvoll. Niederlagen steckt es nur schlecht weg und fühlt sich dann ganzheitlich als Verlierer:in/Versager:in.
25. Es besitzt Einfühlungsvermögen und ausgeprägten Gerechtigkeitssinn.

Wenn Sie wenigstens 14 oder mehr dieser Sätze mit »Ja« benennen können, ist Ihr Kind höchstwahrscheinlich hochsensibel. Diese Erkenntnis dürfen Sie nun sacken lassen und immer wieder selbst überprüfen, welche Gefühle, Hypothesen, Ängste oder Sorgen dies in Ihnen auslöst. Grundsätzlich gibt es nach dieser Entdeckung erst einmal gar nichts zu tun – außer weiter in diesem Buch zu lesen.

Vielleicht haben Sie weniger als 14 Aussagen mit »Ja« beantwortet, diese empfinden Sie aber als besonders auffällig oder besonders stark ausgeprägt bei Ihrem Kind. Auch in diesem Fall können wir mit hoher Wahrscheinlichkeit von einer Hochsensibilität sprechen. Wenn Sie aber weniger als 14 Aussagen mit »Ja« beantworten und noch dazu finden, dass das, ehrlich gesagt, alles so wild nicht ist, dann handelt es sich vermutlich um eine Sensibilität, die – weil Ihr Kind beispielsweise feinfühlig auf Stress reagiert – mit guten Strategien und wertvollen Ressourcen bald in Ihrem Kita- oder Schul- oder gar Familienalltag gar keine Rolle mehr spielen muss. Um hier ein wenig mehr Klarheit zu erhalten, möchte ich Ihnen einen kleinen Blumenstrauß schenken, der Sie bei der weiteren Beobachtung unterstützen darf.

Orchideen, Tulpen und Löwenzahn

Um herauszustellen, dass der Grad der menschlichen Sensibilität nicht so einfach in zwei Kategorien einzuteilen ist, wir also nicht entweder sensibel oder eben nicht sind, spricht Elaine Aron in ihrem Buch *Sind Sie hochsensibel?* von Orchideen-, Tulpen- und Löwenzahn-Menschen, die in sehr unterschiedlicher Weise auf ihre Umwelt reagieren. Vielmehr wissen wir heute, dass Sensibilität uns Menschen eint und nur deren Intensität von Mensch zu Mensch unterschiedlich ist. Während die »Orchideen-Menschen« viel Zeit, Geduld und Fürsorge benötigen, um zu wachsen – etwa wie eine Orchidee, die nicht zu kalt oder zu warm stehen darf, die genau richtige Wassermenge benötigt und noch unter dem Schutz der Glasglocke im Mai langsam mal aufs Fensterbrett umziehen darf –, scheinen »Löwenzahn-Menschen« eigentlich nirgendwo wirklich Schwierigkeiten zu haben, um zu gedeihen. Genau wie die Blume, die eine Asphaltdecke sprengt, um sich ihren Raum zu nehmen, passen sie sich an die Gegebenheiten an und sind kaum zu bremsen. Irgendwo dazwischen tauchen »Tulpen-Menschen« auf, die blühen, sich zeigen und sowohl anpassungsfähig als auch kraftvoll wirken. Trotzdem sind sie verletzlich und empfindsam – ebenso wie Tulpen, die nach dem Schneiden (einer Verletzung) in der Vase weiterwachsen, aber bei falscher Pflege ihre Blütenblätter verlieren.

Das Bemessen einer Sensibilität, das zeigt uns dieser Vergleich, ist nicht linear. Wir können nicht sagen, dass ab einer bestimmten Prozentzahl oder durch bestimmte Eigenschaften ein Mensch nun dies oder jenes ist. Gleichwohl hilft es uns – und besonders uns

Eltern – ungemein, sich mit dieser Einordnung zu beschäftigen. Denn es unterstützt uns dabei, nicht mehr defizitorientiert auf unsere Kinder zu blicken, sondern die Stärken und Ressourcen zu entdecken, die sie mitbringen. Es geht keineswegs darum, eines als besonders talentiert und das andere als besonders stromlinienförmig abzustempeln, sondern ein Gewahrsein für unterschiedliche Grade der Sensibilität und unterschiedliche Reaktionen von noch viel unterschiedlicheren Nervensystemen zu erkennen und wertzuschätzen. Um es mit den Worten des Wissenschaftlers und Autors Patrice Wyrsch zu sagen: »Es geht um die allgemeine Anerkennung, dass Menschen über unterschiedliche Wahrnehmungslevel verfügen.«[11]

Sind wir selbst schuld? Was uns der aktuelle Stand der Forschung beweist

Sie als Eltern (hoch)sensibler Kinder können es bisweilen schwer haben. Da berichten Sie von den Gefühlsausbrüchen und schlaflosen Nächten und ernten verständnislose Blicke anstelle von Mitgefühl. Vielleicht geraten Sie ständig in die Situation, sich rechtfertigen zu müssen oder zumindest das Gefühl zu haben, Sie müssten es tun, um sich oder Ihr Kind zu verteidigen. Die Vorwürfe sind so bunt und ausgefallen, wie es die Menschen sind, die sie haben können: Sie haben Ihrem Kind zu viel durchgehen lassen, haben es verzogen, sind selbst zu verweichlicht, trauen Ihrem Kind nichts zu oder aber hatten Stress in der Schwangerschaft, und das ist nun der Grund dafür, dass Ihr Kind traumatisiert ist.

Einzelfälle sind wissenschaftlich nicht haltbar, und was Ihr Nachbar in einer Zeitschrift gelesen oder Ihre Tante selbst beim Kind der Freundin erlebt hat, muss nicht (kann aber!) dem aktuellen Stand der Forschung entsprechen.

Natürlich entscheiden Sie selbst, wem oder was Sie mehr Glauben schenken wollen, aber die sich stark entwickelnden Forschungszweige zeigen die Motivation, hier für uns alle mehr Klarheit zu schaffen. Vor allem auf die folgende Frage: Haben Sie als Eltern es selbst zu verschulden, dass Ihr Kind reagiert, wie es reagiert?

Zunächst schauen wir uns an, wie wir Menschen überhaupt auf diese Idee kommen. Dafür müssen wir betrachten, wie Menschenkinder entstehen, denn dann wird klar, dass die Art und Weise unseres Lebens als Eltern direkten Einfluss auf ihren Eintritt in diese Welt hat. Mögliche belastende Umstände in der Schwangerschaft können so großen Stress auf das ungeborene Kind ausstrahlen, dass das vegetative Nervensystem negativ beeinflusst wird. Eine Schwangerschaft, in der extremer psychischer Stress herrscht (beispielsweise durch eine einschneidende Lebensveränderung, den Verlust eines geliebten Menschen, fehlende tägliche Nahrungsaufnahme, Verlust des Obdachs, Sorge um das Wohlergehen geliebter Menschen sowie Krankheit, hormonelle oder Stoffwechselstörungen, mentale und körperliche Überlastung oder Erschöpfung), kann dazu führen, dass ein Kind bereits gestresst geboren wird. Dadurch kann es sich ängstlicher oder unsicherer zeigen oder unter Umständen schwerer durch Zuwendung beruhigen lassen. Wenn existenzielle Nöte den Körper des Menschen durchströmen, in dem das Baby sich auf seinen Weg in die Welt vorbereiten soll, kann dies das Gefühl von Geborgenheit schon vor dem Zeitpunkt der Geburt prägen und erschüttern. In diesem Fall kann es sich um ein vorgeburtliches Trauma handeln, das zu einer besonderen Sensibilität und auch zu einer ernst zu nehmenden Hypervigilanz (also: erhöhten Wachsamkeit und stark erhöhten Erregbarkeit auf äußere und innere Reize und Stimuli) führen kann. Ist dies der Fall, kann mit feinfühliger Begleitung und entsprechender Therapie (wie beispielsweise Heilpädagogik, Osteopathie, Reflexintegration und Emotioneller Erster Hilfe) im Laufe der Jahre nach der Geburt ein entsprechendes »Herauswachsen« passieren. Doch wir dürfen hier vermerken, dass dies der eher seltene Fall ist, denn der Stress in einer Schwangerschaft muss schon deutlich über eine 40-Stunden-Arbeitswoche hinausgehen und von tatsächlich existenzieller Qualität sein, um die Resilienz eines Babys auf traumatische Weise zu erschüttern.

Sehr viel häufiger, nämlich ungefähr zu 15 bis 25 Prozent aller Menschen, kommen wir sensibel auf die Welt – sozusagen als Werkseinstellung. So ergeben sich dann im Zusammenleben mit einem sensiblen Kind Strategien und Methoden, die Sie vielleicht entwickelt haben und die Ihr Umfeld als das eigentliche Problem deuten. Dr. Stuart Shanker schreibt in seinem Buch *Das überreizte Kind* über diese Form der Bewertungen: »Oft sind unsere negativen Urteile über ein Kind Selbstverteidigungsmechanismen. Eine Möglichkeit, die Probleme, die wir mit dem Kind haben, auf seine ›Natur‹ zu schieben.«[12] Es ist schwer für uns, Menschen einfach so zu lassen, wie sie sind, wenn sie uns vermeintliche »Probleme« machen. Also drehen wir uns Hilfe suchend nach denjenigen um, die sich darum kümmern müssen, dass es verschwindet – und wenn es um Kinder geht, dann sind das in aller Regel die Eltern. Doch diese wiederum können nun aufatmen! Denn der aktuelle Wissensstand beweist, dass es so eindimensional nicht ist.

In einer Studie aus dem Jahre 2018[13] konnten drei wichtige Aspekte zur Hochsensibilität gezeigt werden:

1. Hochsensibilität ist sowohl kontinuierlich als auch kategorial[14]
   Das bedeutet: Man ist hochsensibel oder eben nicht (= kategorial), aber der Grad der Sensibilität, die Ausprägung des individuellen Wahrnehmungslevels, ist unterschiedlich und kann stark variieren (= kontinuierlich). Der genaue Grad ist nicht messbar, unter anderem weil es eine entsprechende Messmethode noch gar nicht gibt. Es gibt nicht »den« Hochsensiblen, aber es gibt Hochsensibilität als Wesenszug der menschlichen Spezies.

2. Es konnte eine Normalverteilung gefunden werden
   Mit anderen Worten: Es sind zu viele Menschen sensibel/hochsensibel, als dass man von etwas »Abnormalem« sprechen würde. Wir sind alle mehr oder weniger sensibel. Die Mehrheit der Menschen verfügt über ein mittleres Maß an Sensibilität, während es Ausschläge nach oben und unten gibt. Tatsächlich geht man in dieser Studie, die sich vor allem und hauptsächlich mit Kindern befasste, sogar um einige Werte nach oben und von 25 bis 35 Prozent in der hochsensitiven Gruppe aus (davor war die letzte bekannte Zahl 15 bis 25 Prozent).[15]

3. Kinder mit »schwierigem Temperament« sind anfälliger für »negative« Erziehung[16]
   Kinder, die eher gestresst, eher laut, eher auffällig sind, ihre Gefühle sichtbar machen, viel schreien, hochreaktiv sind oder Impulse schwerer kontrollieren können, gelten als besonders empfänglich für ungünstige Einflüsse der Erziehungskonzepte ihrer Eltern, profitierten jedoch auch deutlich stärker von günstigen, eher positiven Erziehungsformen. Damit bestätigte sich eine »Umweltsensibilität«, die Kinder mit »schwierigem« Temperament[17] bereits in sich tragen, die aber auch gleichzeitigt bedeutet, dass sie durchlässiger für jede Form der Emotionalität sind. Also: Hochsensible Kinder haben ein tiefes emotionales Empfinden, können sich aber auch schwerer abgrenzen zu den Gefühlen und Stimmungen anderer. Gerade bindungs- und bedürfnisorientierten Eltern wird gern vorgeworfen, dass es »zu viel« an Nähe in der frühen Kindheit gegeben habe, was zu den extremen Reaktionen des Kindes geführt habe. Dieses Vorurteil kann hiermit widerlegt werden. Ein Zuviel an Nähe kann es nicht geben. Lediglich die Reaktionen unserer Kinder können – je nach Grad der »Umweltsensibilität« – entsprechend stark oder weniger stark ausfallen.

In diesem Zusammenhang könnte man sagen, dass Kinder mit erhöhter Sensibilität auch viel empfänglicher für Stress aus der Umwelt sind. Also auch für Strafen, Konsequenzen und harte Erziehung – nicht andersherum! Stattdessen ist es so, dass (hoch)-sensibel geborene Kinder aufgrund ihrer angeborenen Empfindsamkeit viel anfälliger sind für all das, was ihnen traumatisch oder verletzend in Erinnerung bleiben kann. Menschen mit schwierigerem Temperament in ungünstigen Umweltbedingungen »erzielen« also in Bezug auf ihre kognitiven und sozialen Fähigkeiten schlechtere Werte als Menschen mit leichterem Temperament im gleichen Umfeld. Dafür entwickeln sich sensible Kinder in positivem Erziehungsumfeld auch deutlich stärker positiv als Kinder mit weniger schwierigem Temperament. Weil Hochsensible deutlich stärker auf ihre Umgebung reagieren, sind sie anfälliger für Verletzungen und Traumata, aber eben auch in der Lage, aus guten Bedingungen besonders viele Faktoren für eine optimale Entwicklung herauszuziehen. Diese Erkenntnisse bedeuten für Sie als Eltern eines sensiblen Kindes Folgendes:

Menschen werden grundsätzlich sensibel geboren, lediglich in der Ausprägung unterscheiden wir uns. Fällt Ihr Kind nun in den Bereich der (hoch)sensitiven Gruppe (also mehr als mittleres Maß), ist es von Geburt an sensibler für seine Umwelt und gleichzeitig auch anfälliger für Ihre Erziehung, was sich wiederum natürlich auch stärker auf uns auswirken kann. Denn mit jeder Aktion und Reaktion formt sich schließlich auch unsere Idee davon, wie wir unsere Kinder langfristig begleiten wollen und können.

Andersherum bedeutet dies aber auch, dass Kinder mit einem mittleren Maß an Sensitivität weniger anfällig sind oder, anders formuliert, unsere Erziehung besser »wegstecken« können, auch dann, wenn wir uns nicht so verhalten, wie wir wollen oder von uns selbst wünschen. Das Vorurteil, eine Hochsensibilität entstehe ausschließlich aus einem (vorgeburtlichen) Trauma, schiebt Eltern also unrealistisch eine Schuld zu und ist zudem nicht haltbar. Sensibilität ist Teil unseres Menschseins! Und diese entwickelt sich – beispielsweise durch die Bedingungen, die wir Eltern schaffen. Kurz nach der Geburt, aber auch noch Jahre darüber hinaus. Tatsächlich können diese Ergebnisse klar zeigen, dass Kinder mit »schwierigem« Temperament begleitet von »positiver« Erziehung zur Höchstform auflaufen können. Und das, was wir als »positiv« im Bereich der Erziehung ansehen, hat spätestens seit dem Ende der schwarzen Pädagogik eine absolute Kehrtwende in Richtung Geborgenheit, Nähe und Achtsamkeit genommen.

In den wertvollen Jahren der Autonomiephase beispielsweise gehen Sie nicht einfach nur durch die Hölle der zahlreichen Wutausbrüche und irrationalen Ängste Ihres Kindes – Sie begleiten die wichtige Phase, in der das Nervensystem Ihres Kindes praktisch »grundeingestellt« wird. Wenn wir hier frühzeitig ansetzen, co-regulieren und so einen sicheren Hafen für alle Gefühle bieten, die es zu trösten und beruhigen gilt, legen wir das Fundament für ein harmonisches und ruhiges Leben, selbst wenn es leicht erregbar ist oder zur Überstimulierung neigt. All dies ist möglich. Und zwar nicht »trotz« Ihrer »Kuschelpädagogik«, sondern wegen dieser. Damit ist die Hochsensibilität nicht therapierbar – aber wunderbar in ein menschliches Leben zu integrieren. Vor allem, wenn wir früh damit beginnen, die richtigen Strategien anzuwenden und uns nicht mit etlichen Terminen und pathologischen Gutachten von der eigentlichen Route abbringen lassen.

Sollten die Kriterien eines vorgeburtlichen Traumas auf Sie und Ihr Kind zutreffen, gibt es zahlreiche Adressen, die Ihnen helfen können. Möglicherweise ist Ihr Kind »nur« hypervigilant und in zwei Jahren ist nichts von den langen Schreiphasen und Gefühlsstürmen übrig. Doch vielleicht gehen Sie den therapeutischen Weg auch vergebens, denn es gibt gar nichts zu therapieren. Im Grunde ist es so einfach: Der Kern seines Selbst, den Ihr Kind mit auf diese Welt gebracht hat, macht es zu dem Menschen, der er ist. Diese Merkmale werden Sie noch in 30 Jahren an ihm entdecken, und je weniger sie verschüttet werden, umso leichter wird es für Ihr Kind, sie selbst zu aktivieren.

Das Verhalten unserer Kinder, ihre Art, zu denken und zu handeln, ihr eigenes Bild von sich und jenes auf die Welt, sind formbar. Ihr Einfluss prägt es – und der der Kita und Schule ebenso. Je stärker das Fundament gegossen ist, umso stabiler kann es dem Sturm, der von außen an ihm rüttelt, standhalten. Ihre Bemühungen dürfen also zu jedem Zeitpunkt darauf zielen, Ihr Kind wahrhaftig zu sehen, wie es ist, um genau das Leben zu gestalten, das es braucht.

Fazit: Sie sind nicht schuld an einer Hochsensibilität, einem wie auch immer gearteten Temperament oder der angeborenen Persönlichkeit Ihres Kindes. Jedoch haben wir Eltern stets die Verantwortung, bestmögliche Bedingungen zu schaffen, damit Kinder ihre innewohnenden Potenziale und Kräfte entschlüsseln und in dieser Welt einzusetzen lernen. Ganz gleich, ob Sie die Sorge haben, dass es etwas mit der Geburt (oder der Zeit davor) zu tun haben oder sich im Laufe der Zeit ergeben haben könnte. Lassen Sie sich nicht zum Angeklagten machen. Seien Sie lieber der Anwalt für Ihr Kind. Die Tatsache, dass unsere Welt Studien wie die obigen braucht, zeigt in aller Klarheit, dass es noch eine Weile dauert, bis wir Sensibilität endlich als Teil unseres Selbst und als Teil unserer gesamten Gesellschaft akzeptieren.

Meine eigene Geschichte: eins fürs Herz, eins für die Seele

Ich habe zwei Kinder. Eines ist hochsensibel, das andere beschreibe ich als gefühlsstark und nicht als hochsensibel. Und so passiert es mir nicht selten, dass ich darum beneidet werde, ein nicht hochsensibles Kind zu haben. Na klar, so will es das Klischee: Das hochsensible Kind ist das schwierigere, das Sorgenkind, das, welches immer ein wenig mehr Begleitung und Aufmerksamkeit braucht und das in seiner gesamten Gefühlspalette wahnsinnig anstrengend ist. Tatsächlich aber sind es jene Merkmale, die mein hochsensibles Kind für mich eigentlich eher wenig anstrengend machen. Jene Charakterzüge sind für mich eindeutig und klar, ich finde sie »berechenbar« und kann mich so – als selbst hochsensible Mutter – wahnsinnig gut schon im Vorfeld auf mögliche Stresssituationen einstellen. Dagegen empfinde ich die explosiven Gefühlsausbrüche meines jüngeren, gefühlsstarken Kindes oft als vollkommen unberechenbar und plötzlich. Ebenso sind sie nicht verlässlich, denn was ihn gestern gestresst hat, kann heute kein Problem sein und andersherum. Für viele Außenstehende ist mein jüngeres Kind jedoch der »Einfache«. Das fröhliche Kind, das kein Problem mit Übergängen oder Reizen hat, gut einschläft und auch beim Spiel mit anderen nicht wählerisch ist. Ganz kurz und von außen betrachtet, könnte es so aussehen, als sei das »einfacher« zu begleiten als Hochsensibilität bei einem Kind. Aber stimmt das wirklich? Ist eines von ihnen wirklich einfacher als das andere?

Mein gefühlsstarkes Kind ist ein Löwe durch und durch, der auf seinen langen Haaren, seiner lauten Stimme und seiner Kraft besteht. Er rennt im »Superkatzentempo« brüllend oder singend durch das Haus. Er liebt Spiele, die mit Kraft und Lautstärke zu tun haben, und klassische Lego-Nachmittage können ihm schnell zu langweilig sein. Dieses Kind will das Blut durch seine Adern fließen spüren. Er ist ein Grenzgänger – einer der stärksten, kraftvollsten Menschen, die ich kenne. Und an manchen Tagen treibt mich sein Temperament in den Wahnsinn. Denn er brüllt auch, wenn es um alltägliche Absprachen geht, er den falschen Becher bekommt oder ich sein Brot aus Versehen durchgeschnitten habe, obwohl er das nicht wollte. Er besteht auf seinem Recht und kämpft darum – mit all dieser Löwenkraft, die er in sich hat. Auf den wenigen Zentimetern seiner Körpergröße lodert ein Feuer durch unser Leben – eines voller Leidenschaft, Mut, Energie und Liebe. Er lässt sich die Butter nicht vom Brot und das Spielzeug nicht aus der Hand nehmen. Schon gar nicht, wenn sein größerer Bruder an seiner Mähne herumreißt. Nein, er kennt seinen Weg, visiert seine Beute an und schlägt zu. Dafür nutzt er stets nur genau so viele Wörter wie unbedingt nötig, und kein einziges darüber hinaus. Keine Zeit mit Quasseln verplempern. Klotzen, anstatt zu kleckern. Lautstarke Diskussionen sind an der Tagesordnung – und zwar seit Jahren, täglich. Sein Mut sorgt dafür, dass er unglaublich faszinierende Dinge tut und schafft und gleichzeitig auf der Straße niemals an der Hand läuft oder lief. So werden Nachmittage an der frischen Luft, Ausflüge auf Spielplätze und Tobeeinheiten regelmäßig zu dem Teil des Tages, der mir die Schweißperlen auf die Stirn treibt oder das Blut in den Adern gefrieren lässt. Ich frage mich regelmäßig, inwiefern das der »einfachere« Teil sein soll.

Im direkten Vergleich ist es mit meinem hochsensiblen Kind oft leichter für mich, denn es ist ein Wesenszug meines älteren, hochsensiblen Sohnes, auf meine Erklärungen zu achten. Wenn ich diesem Kind also eine drohende Gefahr aufzeige, geht er sie nicht ein. Und zwar nicht aus Gehorsam, sondern aus einer gewissen Zurückhaltung, die ihn lange abwägen lässt. In ganz alltäglichen Situationen ist es also keineswegs anstrengender, ein hochsensibles Kind zu haben – und in anderen auch nicht. Denn auch andere Herausforderungen sind identisch: Die Eingewöhnung mit meinem kleinen Löwenkind war genauso wenig ein Spaziergang, wie sie es bei meinem älteren, hochsensiblen Kind war. Und sogar die physischen Verletzungen durch etliche Stürze, verursacht dadurch, dass sein extrem hohes Selbstwertgefühl ihn sich selbst oft überschätzen lässt, sind schwerwiegender.

Kurzum: Es ist nicht Hochsensibilität (oder Neurodiversität oder was auch immer) allein, die die Situation für uns anstrengender macht. Und so habe ich mich entlang meinem Weg einfach entschieden, nicht zu fokussieren, was genau mich anstrengt, sondern vielmehr zu sehen, was genau meine Kinder als Menschen und für mich als Mutter auszeichnet. Denn die Anstrengung bleibt sowieso. Doch das, was uns guttut und was wir gut können, bringt uns wahre Lebensenergie. So kann ich erkennen, dass mein gefühlsstarkes Kind vor allem mein Herz berührt. Ich fühle mich mit ihm auf eine so besondere Weise verbunden, wie ich es noch nie in meinem Leben gespürt habe. Er fühlt sich an wie einer meiner Körperteile. Ich sehe ihm unglaublich gern minutenlang beim Spielen zu und beobachte seine Kraft, die mich sehr inspiriert. Ich kann kaum in Worten beschreiben, wie mich sein Mut ganz besonders bewegt und ansteckt. Welch tiefes Urvertrauen in sich selbst, in mich und in die Tatsache, dass und wie wir verbunden sind, er ausstrahlt, während er seinen Weg geht, den er von niemandem infrage stellen lässt. Er zieht sein Ding durch, und es ist ihm egal, was andere davon halten. Er wird hoffentlich eines Tages in die Welt hinausziehen und dabei das Leben in vollen Zügen auskosten. Mache ich mir weniger Sorgen um ihn als um seinen Bruder, weil er so kraftvoll und stark ist? Nein, ganz im Gegenteil. Seine Ausdauer und Selbstüberschätzung haben uns schon den einen oder anderen glücklicherweise weitestgehend unnötigen Tag in der Notaufnahme beschert. Anders als bei seinem hochsensiblen Bruder, dem nur sehr selten Unfälle passieren.

Mein hochsensibles Kind spürt alles viel intensiver – nicht nur das Positive, sondern auch das Negative. Er kann bei Liedern weinen, bei Angst nicht schlafen, bei ekligem Essen schwere Übelkeit verspüren, bei Wut Möbel und Türen zertrümmern und bei Trauer buchstäblich lethargisch werden. Und ja, das ist ganz sicher manchmal eine Herausforderung, doch für mich persönlich eine der schönsten meines Lebens. Denn durch mein ausgeprägt feinfühliges Kind durfte ich in einen ganz tiefen Kontakt zu mir selbst kommen. Meinem Kind kann ich nichts vormachen. Ich weiß heute, dass die Basis für ein glückliches Familienleben hier meine gesunde Seele ist, die erst heilen musste.[18] Aber heute kümmere ich mich viel intensiver um sie, bin stärker in Kontakt mit meinen eigenen Gefühlen und erfülle mir einen Lebenstraum. Denn zu meinem hochsensiblen Kind kann ich nun endlich all die versöhnlichen, tröstenden Dinge sagen, die ich gern gehört hätte. Zum Beispiel, dass ich sein Gefühl wirklich gut verstehe. Oder dass ihn Musik darum so tief bewegt, weil er ein so großes Herz hat und so besonders gut fühlen kann. Dass genau das seine große Stärke ist. Ich halte das Gesicht meines Kindes zwischen beiden Händen und spreche dabei doch mit uns beiden. Meine Seele hat Heilung erfahren und noch dazu einen guten Kumpel bekommen. Und so blühe ich auf, in meiner Rolle als Mutter zweier Kinder: eines für mein Herz und eines für meine Seele.

Das Wissen über die Verletzlichkeit meiner Kinder macht mich demütig. Dass all das, all die Liebe, die Zuneigung, die Zugewandtheit nicht selbstverständlich sind. Ich bin dankbar für die Momente, in denen sie mir in ihrem Vertrauen zugestehen, tief in diese Liebe zu blicken. Was unsere Kinder uns an Vertrauensvorschuss geben, ist unendlich kostbar. Wir dürfen das wertschätzen, ehren, bewahren. Aber wir dürfen es auch mal schlecht machen, Fehler machen! Sich zu lieben bedeutet nämlich auch, sich zu nehmen, wie man ist. In Momenten, in denen das Herz überläuft vor Liebe, und auch wenn wir uns lieber im dunklen Keller verstecken möchten, um nichts mehr tun zu müssen.

Die guten Momente, die Liebe und die Geborgenheit, sie dehnen sich aus, werden riesig groß und zu einer Ressource. Tief in uns allen und nicht selten durch gegenseitige, authentische Begegnung – und am Ende ist es genau das, was wir Liebe nennen.

KAPITEL 2

Typische Herausforderungen mit einem (hoch-)sensiblen Kind

Von Hochsensibilität hatte ich bei der Geburt meines ersten Kindes noch nie etwas gehört. Und auch im folgenden Babyjahr nicht. Mein Kind war fordernd und irgendwie besonders. Eindrücke und Reize waren für es Gift. Oft folgten auf Unternehmungen tagelange Wein- und Schreiattacken, vor allem beim »Cool Down« am Abend und beim Einschlafen. Es war kein klassisches Schreibaby – zumindest fehlte mir die Einordnung. Anfangs war es auch kein 24-Stunden-Baby. Es schrie, und wenn es das tat, dann wackelten die Wände. Schon immer machte es deutlich, was es fühlte. Und nicht nur das – damit hätten wir es vielleicht zunächst nur als temperamentvoll eingestuft. Doch bereits als kleines Baby spiegelte es, was wir fühlten.

Ich erinnere mich an ein Telefonat mit meiner Mutter, in dem sie mir etwas erzählte, das mich aufbrachte. Ich hob die Stimme, wurde etwas lauter und regte mich auf. Mein Baby, das bis hierher friedlich in seiner Wippe am eigenen Daumen nuckelte, änderte augenblicklich seine Stimmung, begann zu weinen, wurde unruhig. Gleichzeitig entzog es sich meinem Blick. Es suchte Nähe, vor allem aber körperlicher Natur, und war schrecklich aufgelöst.

Fortan beobachtete ich, dass zu viel Nähe zu emotional aufgeladenen Personen es aufwühlte und bisweilen völlig unruhig machte. Genauso konnte ich nach wenigen Wochen des Zusammenlebens anhand der Reaktion auf seinen Vater, wenn dieser von der Arbeit kam, genau sagen, ob mein Mann einen stressigen Arbeitstag gehabt hatte oder nicht. An solchen Tagen musste ich, damit die Nacht nicht völlig gelaufen war, meinen Mann bitten, Abstand zu halten, sich eine Pause zu gönnen und erst einmal selbst gut für sich zu sorgen. Extreme Gefühle spiegelte unser Sohn in beide Richtungen, fröhlich wie unglücklich, doppelt so heftig wider. Ich fragte mich bald bei jeder Kleinigkeit, wo denn nun das Problem sei. Ich verstand nicht, wieso er alles selbst essen und selbst anfassen wollte. Er wählte sein Essen mit Bedacht, nie zu viel, nie zu heiß, nie zu kalt. Er war filigran, vorsichtig und konnte Stunden damit verbringen, alle seine Sinne mit einem einzigen Brokkoliröschen anzusprechen. Er war ein Entdecker – das ist jedes Kind, keine Frage. Doch gleichermaßen überforderte es ihn schon von Anfang an sehr, wenn etwas nicht so war, wie er erwartete. Und so war er beleidigt über Erdbeeren aus dem Kühlschrank, die eine andere Temperatur hatten, als er dachte. Es konnte – und kann heute noch – bedeuten, dass er mehrere Tage keine Erdbeeren essen wird, weil ihm der Schreck über die Kälte tief in den Knochen sitzt.

Als ich 2015 in die Stillberatung einstieg, lernte ich jede Menge Babys kennen. Manche von ihnen wenige Tage alt, manche hatten schon einige Monate auf der Erde hinter sich gebracht. Und so unterschiedlich, wie ihre Haarfarben, Geburtsgewichte oder Bodygrößen waren, so unterschiedlich waren sie auch in ihrem

Verhalten. In manchen Beratungen ging es um die Gewichtszunahme, die Frage nach dem Schnuller oder um die richtige Anlegetechnik. Aber aus manchen Beratungen war ich nicht nach den vereinbarten 30 Minuten wieder raus, denn so einfach war die Sache eben nicht immer. Tatsächlich tragen sich viele Eltern, die ihre Kinder nicht einfach nach der Geburt ins Babybettchen oder in den Nebenraum legen wollen (was übrigens allgemein nicht empfehlenswert ist[1]) mit ganz elementaren Fragen. Über ihnen allen schwebt in der Regel diese eine: Ist das, was ich tue, so richtig?

Wenn Sie mit einem Baby oder Kleinkind interagieren, das den Brei isst, den Sie ihm zubereiten oder bei dessen Kleiderwahl Sie niemals minutenlang vor einer Strumpfhose standen, um herauszufinden, wieso die denn jetzt so ein Problem ist, dann fällt es Ihnen leicht, einen inneren Seismografen zu entwickeln, der Sie dabei unterstützt, Ihr persönliches »Richtig« und »Falsch« zu finden. Aber wenn Sie die Tage und Nächte mit Rätselraten und Grübeln verbringen, wenn Sie in alltäglichen Situationen herausgefordert sind, wenn Sie sich vielleicht mittlerweile schon gar nicht mehr wirklich zutrauen, überhaupt ein Urteil über Ihr eigenes Kind zu fällen – dann nicht. Die größte Herausforderung, die Eltern mit einem sensiblen Kind tragen, ist die innere und äußere Suche nach Sicherheit. Je nachdem, wie anpassungs- oder krisenfähig Ihr Kind ist, fällt diese Suche entweder situativ schwer oder betrifft alle Lebensbereiche. Vom Schlaf über das Essverhalten bis hin zur Kleidung können Sie bei nichts einfach sagen: »Egal. Wird schon passen.« Stattdessen dürfen die Leggins nicht kratzen, das Essen soll nicht gewürzt sein, und durchgeschlafen hat das Kind eh auch noch nie. Natürlich skizziere ich hier wieder einen der

»Ernstfälle« – aber vielleicht ist dieser Ernstfall ja auch ein Teil Ihrer Realität.

Ein sensibles oder hochsensibles Kind ist eine Überraschungstüte. Zumindest, bis man all das, was nicht geht, einmal erkannt und verstanden hat. Dann stellt sich ein Gefühl der Sicherheit ein, und zwar genau so lang, bis es dann eben nicht mehr sicher ist oder nicht mehr geht. So schlängeln wir uns manchmal einige Jahre durch das gemeinsame Leben mit einem Kind, das uns vor besondere Herausforderungen stellt, und lernen, uns einzuschwingen. Nach der Geburt meines ersten Kindes war es bei mir selbst genauso. Die Nächte waren unendlich herausfordernd, und mit jedem Entwicklungsschritt schien es erst einmal wieder bergab zu gehen. Seine Vorlieben beim Essen waren eher einschränkend und sorgten regelmäßig für Kopfzerbrechen (und viel Müll, weil alle meine Experimente am Ende doch in der Biotonne landeten). Und seine Abneigung gegen Schuhe, Socken und Pullover brachten mich einmal sogar unter Tränen zum Kinderarzt. Wenn einfach alles schwer erscheint, sich nichts einfach so einstellen will und wir dann noch mit anderen Eltern in Krabbelgruppen oder Treffs konfrontiert sind, die diese Sorgen nicht teilen, kann es sich anfühlen, als mache man alles falsch. Oder als sei etwas falsch mit dem eigenen Kind. Beide Gefühle sind nicht angenehm, sorgen für Frustration und dafür, dass wir Anpassungsstrategien suchen. Nicht immer sind diese unseren Überzeugungen entsprechend, dienen uns als Familie wirklich oder bewirken, dass das Kind sich auch selbst besser zurechtfindet. Nein, manchmal dienen sie nichts anderem als dem unendlich beruhigenden Gefühl, endlich irgendwo dazuzugehören. Endlich auch mal beim Familientreffen sagen zu können, dass Jonas die Strickmütze jetzt sogar mal einen Spaziergang lang auf dem Kopf behält oder Ida in der letzten Woche einmal den Brei probiert hat.

Wir Eltern wollen keine Inseln sein – schon gar keine einsamen. Wir wünschen uns Gespräche und Austausch, Freund:innen für unsere Kinder und vielleicht sogar ein bisschen »Normalität«.

Menschen sind Herdentiere, und das Gefühl der Zugehörigkeit ist ein existenzielles Bedürfnis. Wir sind bereit, dafür so einiges herzugeben. Unsere eigenen Überzeugungen zum Beispiel. Oder unsere Werte. Nicht zuletzt darum kann es für Eltern zu einer wahren Zerreißprobe werden, sich selbst, dem Kind oder den bisherigen Routinen und Strukturen treu zu bleiben, wenn weitere Bindungs- und Beziehungspersonen aus Krippe, Kindergarten, Kita, Schule oder Verein dazukommen.

Was also möglicherweise bis zum Kita- oder Schuleintritt für Sie kein nennenswertes Problem war, kann es jetzt werden. Zeit- und Betreuungsaufwand ändern sich, genau wie die Regeln, die Sie nun umgeben, und natürlich spielen die Bedürfnisse von viel mehr Menschen eine Rolle, als es bisher der Fall war. Die »typischen« alltäglichen Kinkerlitzchen, die Sie mit Ihrem Kind hatten und die Sie gut in den Griff gekriegt haben, stehen jetzt regelmäßig als negative Bemerkung im Hausaufgabenheft oder in der WhatsApp-Nachricht der Tageseltern.

Im folgenden Kapitel wollen wir uns also genau dieser Frage zuwenden: Was können Sie als Eltern für Ihr Kind und sich selbst tun, wenn etwas, das schier unlösbar scheint und in das Sie so viel Kraft und Energie investiert haben, jetzt inakzeptabel, zum Problem oder zum Aufreger bei Lehrkräften oder Erzieher:innen wird? Um Ihnen möglichst viele Ressourcen mitzugeben und Sie vor allem in Ihrer eigenen Resilienz und inneren Haltung zu stärken, gehen wir die unterschiedlichen Alters- und Entwicklungsstufen Ihres Kindes durch und übertragen unsere Erkenntnisse auf die verschiedenen Lebensbereiche. Bevor Sie sich aber hineinstürzen, lassen Sie mich mit einem Versprechen beginnen, das ich meinen Kindern und Klient:innen immer wieder aus voller Überzeugung gebe und auf das auch Sie sich verlassen dürfen: Glauben Sie mir: Es gibt für alles eine Lösung! Und meistens sogar eine gute.

Schlafen, Kleidung, Übergänge, Gefühle – die Quelle elterlicher Stressoren

Sie haben sie im Anfangsteil zu diesem Kapitel sicher schon (wieder)erkannt: Die Säulen elterlichen Stressempfindens sind die Themen Schlafen, Kleidung, Übergänge und die vielen, großen Gefühle der Kinder. Auch wenn diese auf den ersten Blick mit dem System Kindergarten oder Schule nicht wahnsinnig viel zu tun haben mögen, dürfen wir genau dort ansetzen. Wieso, fragen Sie? Weil eine kratzende Leggins oder ein zu enger Jeanshosenknopf am Ende des Tages tatsächlich einen – unter Umständen massiven – Einfluss auf die Konzentrationsfähigkeit, die Aufmerksamkeit und die Noten Ihres sensiblen Schulkindes haben können. Und ganz genau das Gleiche gilt für Müdigkeit. Ich will Ihnen gewiss keine Horrorszenarien aufzeigen und schon gar nicht Angst machen. Auch müssen Sie nicht am Ende des Buches losgehen und alle Klamotten des Kindes aussortieren. Aber wenn Sie es tun, weil Sie beim Lesen das Gefühl erhalten, dass es wichtig sein könnte, dann verlassen Sie sich auf Ihr Bauchgefühl.

Erinnern wir uns gemeinsam: Sie sind der/die Expert:in für Ihr Kind. Und nicht jede Lösung für ein scheinbar komplexes Problem muss ebenso komplex sein. Ich kann Ihnen aus Erfahrung sagen: Der Tag, an dem ich Jeanshosen für immer aus meinem eigenen Kleiderschrank verbannt habe, ist mir bis heute in Erinnerung. Ich kann besser und tiefer atmen seither, was einen direkten Effekt auf mein Wohlbefinden und meine Kreativität hat. Vielleicht macht eine Jogginghose in der Schule keine Eins aus der Fünf auf dem Zeugnis. Aber eine häufigere mündliche Beteiligung, weniger Konflikte und bessere Konzentration ganz bestimmt. Wir beginnen also bei der Basis – denn solang der blöde Knopf an der Hose drückt, die Augen schwer vor Müdigkeit sind oder jeder Spaziergang zur überstimulierenden Qual wird, brauchen wir uns um die wirklich komplizierten Sachen gar nicht erst zu kümmern.

Schlafenszeit! Was sensible Kinder brauchen

Damit Menschen(kinder) schlafen können, bedarf es einer wichtigen Zutat: Sicherheit. Auch wenn Ihr Kind behauptet, es sei der

Schlafsand vom Sandmann – nein, dieses Zaubermittel allein ist es nicht. Viel eher sind es die Routine und die Regelmäßigkeit, die der allabendliche Sandmannauftritt für Ihr Kind mit sich bringt.

Wiederholungen und Strukturen geben Orientierung und Sicherheit, und von diesen beiden brauchen sensible Kinder besonders viel.

Der Hintergrund: Ein sensibles Nervensystem ist außerordentlich empfänglich für Reize aus der Umwelt und dafür, Gefahren und Risiken schnell abzuwägen. Die »Grundeinstellung« eines feinfühligen Kindes geht also in der Regel immer erst einmal eher von etwas Schlechtem oder Riskantem aus und vertraut eher selten darauf, dass schon irgendwie alles gut gehen wird. Sie sehen sich öfter um, sind viel häufiger skeptisch, geben sich mit typischen, oberflächlichen Antworten nicht zufrieden, hinterfragen, reflektieren und grübeln.

Wenn es am Abend dunkel wird, geht unser Gehirn in eine Art »Verarbeitungsmodus«. Die Erlebnisse und speziell die Stressoren des Tages werden uns gern noch einmal wie auf einer Leinwand präsentiert. Wichtige Informationen und Erinnerungen gehen jetzt vom Kurzzeit- ins Langzeitgedächtnis über und werden dort gespeichert. Es braucht die Nacht, in der unser Körper ruht und möglichst wenig Energie verwendet, damit derartige innere Prozesse vollständig abgeschlossen werden können. Sollte Ihr Kind zu jenen gehören, die nach dem Abendessen noch mal aufdrehen, hüpfen, toben oder gar wütend werden wollen, dann dürfen Sie davon ausgehen, dass schon diese Bewegung genau dazu dient und ein Teil ebenjenes Vorgangs ist.

Stresshormone, die sich über den Tag in unseren Körpern ansammeln, werden nicht allein vom Körper verstoffwechselt, sondern müssen aktiv abgebaut werden. Und zwar idealerweise exklusiv, damit wir nicht Gefahr laufen, Entspannung als weiteres To-do auf unserer Liste anzusehen, und damit noch weiteren Stress aufbauen. Indem Ihr Kind nun also genau dann mit den Turnübungen beginnt, wenn Sie den Kopf kaum noch halten können, sorgt es gut für sich. Auch hier erinnern wir uns an das Machtgefälle und die grundsätzlichen Unterschiede in der Selbstwirksamkeit unserer Kinder. Wie viele Erwachsene gehen am Abend nach einem anstrengenden Tag noch ins Fitnessstudio oder zum Joggen in den Wald? Ich habe keine Statistik dazu, aber ich sage Ihnen: Es sind viele. Das natürliche Bedürfnis nach Bewegung sitzt in uns. Und es dient vor allem dazu, überflüssige Stresshormone aus unseren Körpern zu lösen, um dann in einen guten und erholsamen Schlaf überzugehen. Dieser wertvollen Strategie nicht nachzugehen bringt uns unter Umständen in Schwierigkeiten. Wir fühlen uns durch die Abwesenheit von Bewegung nämlich nicht fitter, auch wenn wir glauben, mehr Schlaf oder ein Tag im Bett oder auf der Couch seien die Lösung, sondern meistens nur noch schlapper.

Die Crux: Eltern brauchen Feierabend! Da bin ich ganz bei Ihnen. Und den will ich Ihnen nicht versauen und Sie stattdessen mit Ihrem Kind ins Fitnessstudio schicken. Aber sosehr wir uns nach einem langen Tag Klaviermusik und Kerzenschein wünschen, um endlich in die Ruhe übergehen zu können, so sehr müssen wir an dieser Stelle betonen, dass das ein sehr erwachsener Wunsch ist und sehr wahrscheinlich weder von Ihren noch von meinen Kindern geteilt wird. Die werden dadurch nämlich in aller Regel nicht schneller schlafen – sondern, wenn Sie Pech haben, eher später. Zumindest wenn davor keine Bewegung oder Tobeeinheit stattgefunden hat.

Der erste und wichtigste Schritt auf dem Weg zu einem erholsamen Schlaf ist also die Überprüfung, wie viel gesunde, freie und aktive Bewegung Ihr Kind den Tag über hatte. Ein gemeinsamer Spaziergang kann da schon hilfreich sein, doch fragen Sie sich ehrlich und mit liebevollem Blick auf Ihr Kind, ob das alles ist, was es braucht? Sollte es darüber hinaus kaum wildes Rennen oder Springen gegeben haben, dann probieren Sie es heute Abend mal genau damit. »Baby-Wrestling« haben mein Mann und ich es gern genannt. Haben Sie keine Angst vor Schwitzen, zerwühlten Sofakissen oder lauter Musik – einem gefühlsstarken, sensiblen oder gar hochsensiblen Kind helfen all diese Dinge unglaublich gut dabei, sich selbst zu spüren und genau darüber Sicherheit erlangen zu können.

Für einen erholsamen Schlaf und vor allem eine angenehme Einschlafbegleitung, die – und das wünsche ich Ihnen sehr – nicht mehrere Stunden in Anspruch nimmt, ist für sensible Kinder also ein »Sinkflug« nötig. Vielleicht machen Sie das schon immer ganz intuitiv: Sie wissen, wenn Sie sich für sich oder Ihr Kind gegen 20 Uhr Ruhe wünschen, ist der langsame Übergang in den Abend nicht erst um 19.50 Uhr, sondern eher gegen 18 Uhr sinnvoll.

Das A & O für ein sensibles Gemüt sind klare Strukturen und Rituale am Abend, damit wirklich jede Unsicherheit verfliegt.

Je nach Alter Ihres Kindes ist es absolut ratsam, dazu Uhrzeiten zu nehmen. So hilft es zum Beispiel, wenn noch bis 18 Uhr gemeinsam gespielt, um 18.15 Uhr gemeinsam zu Abend gegessen, bis 19 Uhr getobt wird, 19.15 Uhr Schlafanzug und Zahnbürste warten und alle sich um 19.30 Uhr zum gemeinsamen Vorlesen im Bett treffen. So die Theorie – an der sich entlangzuhangeln ich Ihnen rate, anstatt auf ihre strikte Einhaltung zu beharren. Struktur darf fließend und flexibel sein, sich an unsere Bedürfnisse anpassen und ohne jegliche Form der stressigen Kontrolle auskommen. Wenn Sie eine Abendplanung haben, bei der sie regelmäßig ins Schwitzen kommen, sich unter Druck fühlen oder nichts so funktioniert, wie sie es sich ausmalen, wird der Zauber eines friedvollen Abends verlorengehen und Platz machen für etwaige Konflikte, die kein Mensch braucht. Noch einmal: Es geht nicht darum, dass Sie als Eltern machtvoll den Ton angeben, sondern viel eher darum, Ihrem sensiblen Kind freundliche Angebote zu machen, bis Sie entdecken, was es braucht, um den Tag abgeben zu können. In dieser Bewegung fühlt es sich an wie Tanzen, nicht wie Marschieren. Und so bedeutet es auch weniger Arbeit für Sie, denn Sie müssen weniger streiten, weniger beharren, weniger enttäuscht sein.

Ich weiß natürlich, wie ungemein herausfordernd die Abende mit einem sensiblen Kind sein können (vor allem, wenn uns das frühe Aufstehen am kommenden Morgen im Nacken sitzt). Und manchmal helfen auch die besten Ratschläge nichts. Egal was Sie tun, für den Abend gilt: Keine Vorwürfe. Weder an Sie selbst, noch an Ihre Kinder. Schlaf ist eine hochkomplexe Fähigkeit für unser menschliches Gehirn, und es kann schon mal ein paar Jahre in Anspruch nehmen, bis es »funktioniert«. Darum ist es wichtig, dass Sie, so gut es geht, für sich selbst sorgen und nicht schon am Nachmittag Angst vor dem Abend haben müssen. Damit das gelingt, gebe ich Ihnen diese Ideen mit, die Ihnen und Ihrem sensiblen Kind helfen können:

Übung: Erdung

Geeignet, wenn Ihr Kind ...

- schon stehen, laufen und springen kann
- zu den kognitiv, mental starken Kindern gehört und am Tag durch komplexe Fragen oder Ideen glänzt
- am Abend plötzlich »kopflos« durch die Gegend rennt und keinen Halt zu finden scheint
- einen gefühlvollen oder emotional intensiven Tag hatte
- abends generell eher intensiv wird und Sie das Gefühl haben, dass es Ruhe und Integration brauchen könnte.

So geht's:

- Nehmen Sie sich einen einfachen Stuhl und stellen Sie ihn in der Mitte des Raumes auf – idealerweise so, dass um Sie und den Stuhl herum ein wenig Platz ist.

- Bitten Sie Ihr Kind zu sich, und lassen Sie es sich auf den Sitz des Stuhls stellen.
- Nehmen Sie beide Hände Ihres Kindes in Ihre, und nun lassen Sie, begleitet von Ihren Händen, das Kind vom Stuhl auf den Boden springen.
- Beim Aufkommen darf der Boden richtig beansprucht werden, es darf das dumpfe Geräusch eines Aufpralls machen, oder mit anderen Worten: Ihr Kind darf richtig fest mit den Füßen auf den Boden springen.
- Wiederholen Sie das drei- bis fünfmal, und wenn Sie mögen, erhöhen Sie die Sprungtiefe am nächsten Abend (zum Beispiel indem Sie den Stuhl durch einen Hocker oder eine kleine Leiter ersetzen).

Achtung: Natürlich gibt es hier – je nach Alter – eine Verletzungsgefahr für das Kind. Darum machen Sie das Spiel immer gemeinsam, und achten Sie gut darauf, Ihr Kind beim Springen zu schützen.

Das Ziel dieser Übung ist es, das somatische Erleben zu unterstützen und das Kind »vom Kopf in den Körper« zu bringen. Sie werden schnell nach der Übung spüren, dass Ihr Kind ruhiger wirkt. Der harte Aufprall auf dem Boden verbindet den Körper Ihres Kindes mit dem Erdboden und signalisiert dem gesamten System »Ich bin hier«. Dies hilft uns, unsere Gedanken zu verlangsamen und unseren Körper besser wahrzunehmen. Wann immer wir zu sehr »im Kopf« sind, hilft diese einfache Übung, unser Bewusstsein eine Etage tiefer sinken zu lassen und wieder mehr zu spüren als zu denken. Probieren Sie es selbst einmal aus, aber nicht vergessen: Es muss beim Aufkommen wirklich ordentlich »Kawumms« machen!

Übung: Schütteln und Abklopfen

Geeignet, wenn Ihr Kind …

- minutenlang auf einer Ungerechtigkeit, einem Konflikt, dem anstehenden Zähneputzen, der Unlust auf die Schule morgen oder einer anderen Tatsache »herumkaut«
- kaum zur Ruhe findet und selbst nach dem Toben noch unruhig ist
- viele Gefühle zeigt, immer wieder zu streiten beginnt, weint oder aufgewühlt ist
- einen harten Tag, viele Aufgaben, viel zu fühlen oder nicht viel zu lachen hatte
- sich schwer von den Gefühlen anderer abgrenzen kann

So geht's:

- Versuchen Sie, diese Übung nicht zu »pädagogisch« aufzuziehen. Sie ist wirklich für so ziemlich jeden Ort, jede Tageszeit und jeden Umstand geeignet. Und sie ist eine Übung fur beide: Eltern und Kinder. Beginnen Sie einfach, gern sehr spontan, wenn Sie den Eindruck haben, Sie alle brauchen mal eine andere Perspektive.
- Beginnen Sie zu schütteln – und zwar den ganzen Körper. Denken Sie nicht groß darüber nach. Schütteln Sie die Arme, die Beine, die Schultern, den Kopf (hier ein wenig Achtung und gut nachspüren!), sodass Ihr gesamter Körper in Bewegung kommt. Laden Sie Ihr Kind ein, es Ihnen gleichzutun.
- Damit Ihr Kind Lust bekommt, mitzumachen, empfiehlt es sich, das Ganze mit Musik zu verbinden. Was ist Ihr Lieblingslied? Machen Sie es an, und schütteln Sie dazu herum. Je alberner es aussieht oder sich anfühlt, umso hilfreicher

wird es sein. Ihr Kind möchte keine Musik? Dann verbinden Sie das Ganze mit einem selbst ausgedachten Lied. Aus der Schule meiner Kinder kenne ich zum Beispiel mehrere Variationen von: »Schüttel schüttel rechts rechts, schüttel schüttel links links. Schüttel schüttel ooooooben, schüttel schüttel uuuuuunten«. Lassen Sie sich selbst eine Melodie einfallen, oder nutzen Sie einfach die eines bekannten Liedes.

› Schütteln Sie wenigstens zwei Minuten, lieber fünf. Dann atmen Sie einige Male tief ein und aus.
› Zum Schluss klopfen Sie Ihren gesamten Körper ab. Dafür nehmen Sie einfach Ihre Hände und beginnen bei den Armen, Schultern und Händen, wandern klopfend über die Brust, den Bauch, das Gesäß, die Hüften, die Beine, bis herunter zu den Füßen. Lassen Sie keine Stelle aus, und ermutigen Sie Ihr Kind, sich selbst abzuklopfen. Dabei geht es nicht um richtig oder falsch, es geht um Stressabbau. Also zerdenken Sie das Ganze nicht. Es ist schließlich nur Abklopfen.
› Zum Ende der Übung bleiben Sie einen Moment zusammen stehen, atmen Sie ruhig, fragen Sie Ihr Kind, wie es sich anfühlt. Kuscheln Sie sich einen Moment zusammen, oder bleiben Sie einfach einige Sekunden stehen oder sitzen. Sie können spüren, wie die Energie langsam durch Ihren Körper fließt und ihn nun auch verlässt. Sie werden merken, dass es in Ihnen langsamer und ruhiger wird – und so auch bei Ihrem Kind.

Diese Übung wird Ihrem Körper sofort Entlastung bringen. Nach einigen Tagen ist es sogar möglich, dass Ihnen eine kleine Runde gar nicht mehr reicht und Sie mehr brauchen als drei Minuten Schütteln. Dann erlauben Sie sich mehr! Schütteln und Zittern sind seit Jahrhunderten eine vom Körper sehr ausgeklügelte Form, Stress- und sogar Traumaenergie loszuwerden. Sie werden die positiven Effekte sofort wahrnehmen, ganz genau wie Ihr Kind. Das Beste: Wenige Minuten reichen vollkommen aus, um das zentrale Nervensystem zu entlasten und zu beruhigen.

Übung: Boxatmung

Geeignet, wenn Ihr Kind …

- Schwierigkeiten hat, runterzukommen, Ihnen gestresst oder aufgedreht vorkommt oder Sie bemerken, dass es beim Einschlafen (oder auch am Tag) durch den Mund atmet
- gern Bewegung, Spiel oder Atmung mit Visuellem verbindet
- bereits im Bett liegt und zur Ruhe kommen darf, aber auch früher am Abend
- KEIN Asthma oder eine andere (schwere) Herz-Lungen-Krankheit hat

So geht's:

- Nehmen Sie sich ein weißes Blatt Papier und einen Buntstift. Wenn Sie bereits mit dem Kind im Bett liegen, können Sie auch in die Luft zeichnen.
- Zeichnen Sie auf das Blatt (oder in die Luft) ein Quadrat.
- Lassen Sie Ihr Kind das Quadrat mit dem Finger nachfahren. Vielleicht möchte Ihr Kind das Quadrat auch ausmalen.

- Jetzt üben Sie gemeinsam, während Sie die linke Seite des Quadrats mit dem Finger abfahren, wie lang Sie beide dabei durch die Nase einatmen können. Idealerweise schaffen Sie beim gemeinsam Einatmen bis drei oder vier zu zählen. (Das Zählen können Sie übernehmen, während Ihr Kind einatmet.) Ist es zwischen drei und vier, legen Sie sich auf die kleinere Zahl, also die Drei fest. Gehen Sie aber spielerisch heran und machen Sie langsam. Nur so viel: Eins ist zu kurz.
- Fahren Sie mit dem Finger die Oberseite des Quadrats entlang, und zählen Sie dabei laut so lang, wie das Kind eingeatmet hat, also bis drei oder vier. In dieser Zeit hält Ihr Kind die Luft an (drei bis vier Sekunden).
- Fahren Sie mit dem Finger die rechte Seite des Quadrats entlang, und zählen Sie dabei laut so lang, wie das Kind eingeatmet hat, also bis drei oder vier. In dieser Zeit atmet Ihr Kind durch die Nase aus.
- Fahren Sie mit dem Finger die Unterseite des Quadrats entlang, und zählen Sie dabei laut so lang, wie das Kind eingeatmet hat, also bis drei oder vier. In dieser Zeit hält Ihr Kind die Luft an (drei bis vier Sekunden).
- Machen Sie eine kleine Pause, lassen Sie Ihr Kind wieder normal durch die Nase atmen, und klären Sie ab, ob das gut ging, Ihr Kind sich dabei sicher fühlte und auch sonst alles okay ist. Wenn ja, beginnen Sie von vorn.
- Besprechen Sie, wie es sich fühlt, und nehmen Sie sich die Zeit, das Quadrat farblich zu gestalten oder auszumalen.
- Diese Übung ist wunderbar für uns alle geeignet und darf täglich wiederholt werden.

Unsere Atemqualität bestimmt auch die Qualität unseres Stressempfindens. Je funktionaler wir atmen, umso sicherer fühlen wir uns im Umgang mit Stress und umso besser kann sich unser Nervensystem regulieren. Breathwork, wie oben beschrieben, sowie jede Form der Atemübungen oder Atemtherapie sind extrem empfehlenswert für sensible Kinder.

Ein besonders feinfühliges Nervensystem braucht besonders viel Regulation, die durch kaum etwas so positiv zu beeinflussen ist wie durch unseren Atem.

Es empfiehlt sich also, sich mit diesem Thema zu beschäftigen und Ihrem Kind von Anfang an sinnvolle Strategien und Methoden mitzugeben, um ein funktionales und gesundes Atemmuster zu entwickeln. Vor allem, wenn Sie bemerkt haben sollten, dass Ihr Kind häufig durch den Mund atmet.

Der Journalist James Nestor wagte einst ein krasses Experiment, bei dem er sich über einen Zeitraum den Nasen-Rachen-Raum medizinisch blockieren ließ, um nur noch durch den Mund zu atmen und so die Mundatmung zu erforschen. Nach wenigen Tagen verschlechterte sich sein körperlicher Allgemeinzustand massiv, er war erschöpft und häufiger krank. In seinem Buch *Breath – Atem. Neues Wissen über die vergessene Kunst des Atmens* beschreibt er eindrücklich, was er herausfinden konnte. Fakt ist: Je dysfunktionaler wir atmen, umso gestresster sind wir, denn ein schlechtes Atemmuster bedeutet permanenten Stress für unseren Körper. Die Mundatmung in der Nacht sorgt für einen schlechten und unruhigen Schlaf, für Erschöpfung am nächsten Morgen und für weitere Herausforderungen, die unser Körper zu stemmen hat.

Wie an jeder Stelle in diesem Buch geht es für Sie darum, herauszufinden, ob Ihr Kind eine Anleitung für seine Persönlichkeit benötigt oder ob es die Stressbelastung um es herum ist, die zu einem veränderten Verhalten führt. Die Atmung Ihres Kindes zu überprüfen ist das A und O – nicht nur, was die Schlafqualität angeht! Sollten Sie hier einen Anhaltspunkt gefunden haben, empfehle ich Ihnen, sich eine:n gute:n Atemtrainer:in in Ihrer Nähe zu suchen und sich Unterstützung zu holen. Wir sprechen hier tatsächlich vom Fundament für das Stresserleben Ihres Kindes. Sollten Sie weiterlesen wollen, wie sich die Atmung Ihres Kindes verbessern kann, empfehle ich Ihnen *Always breathe correctly* von Patrick McKeown, das Ihnen hilfreiche Tipps und viele weitere tolle Übungen zum gesunden Atmen für Ihr Kind bringt.

»Das ziehe ich nicht an!« – Kratzen, Piksen, Jucken, Reiben. Was Kleidung können muss

Stellen Sie sich vor, Sie tragen einen Pullover aus Schmirgelpapier. Nicht etwa das Feine für den letzten Schliff, sondern das grobe Papier für die alte Holzkommode. Und ebenjenes Material drückt Ihnen nun auf die Haut, kratzt und brennt bei jeder Bewegung. Als Sie den Pullover nach einigen Stunden ausziehen, ist Ihre Haut gerötet, und obwohl Sie Ihr Lieblingsshirt anziehen und den Pullover weit weg legen, hört es nicht auf, zu ziepen. Auch Stunden später nicht. Würden Sie diesen Pullover wieder anziehen? Und wenn Sie es täten, mit welcher Begründung? Wäre es ein »Stell dich nicht so an« oder ein »Reiß dich zusammen, ist doch nur ein Pullover«? Welches Argument kann wichtig genug sein, ein Kleidungsstück zu tragen, das uns diesem Stress aussetzt? Es gibt gesellschaftliche Gründe für überdurchschnittlich unbequeme Kleidung. Eine Hochzeit zum Beispiel, für die weißes Kleid und Smoking gilt. Ich habe mich stundenlang mit viel zu hohen Schuhen und kneifendem Etuikleid durch die Nacht meiner Hochzeit gequält, bis ich mich endlich traute, alles abzuwerfen, was mir den Spaß raubte. Und es gibt Meetings mit wichtigen Leuten, für die es wohl zum guten Ton gehört, nicht im Schlabberlook zu erscheinen.

Wir werden später noch auf einige der blockierenden Glaubenssätze rund um diese Themen eingehen, aber für den Moment frage ich Sie: Morgens um 7.30 Uhr, wenn Ihr Kind in die Kita oder in die Schule geht, steht da eines der oben genannten Szenarien an? Ein wichtiges Meeting? Oder eine Hochzeitsfeier? Ob und wie wichtig es in einem dieser Fälle wäre, sich schick zu kleiden, sei dahingestellt, aber so oder so bleibt die Frage, ob Kleidung nicht in allererster Linie funktional und bequem für uns sein sollte, anstatt schick auszusehen, um am Ende eher anderen zu dienen. Es ist also gut möglich, dass Sie eine wunderbare Winterjacke gekauft haben, die toll aussieht und wärmt, Ihr Kind diese aber verweigert. Vielleicht erkennen Sie auf den ersten Blick nicht, wieso, stellen dann aber fest, dass es der Reißverschluss sein muss, der kratzt. Denken Sie an das Schmirgelpapier: Ungefähr so kann es sich anfühlen. Oder ein Shirt, das Ihr Kind doch so unbedingt haben wollte, liegt ständig unbenutzt im Schrank, weil der Pflegehinweis im Nacken kratzt. Erinnern Sie sich an Schmirgelpapier ... Vielleicht geht der Stress auch schon bei den Socken los, die zu eng sind, kneifen, drücken oder die falsche Farbe haben. Ich sage nur: Schmirgelpapier. Wir können es uns nicht vorstellen, bis wir es uns vorstellen. Auf den ersten und sicherlich auch auf den zweiten Blick haben Klamotten nichts mit Schmirgelpapier zu tun. Wir können Monate damit zubringen, uns zu fragen, wie denn bitte schön die Socken so ein Problem darstellen können, und niemals zu einer logischen Antwort kommen. In all den Jahren der Beratung (hoch)sensibler Familien ließ sich das Kleidungsthema immer nur auf zwei unterschiedliche Quellen zurückführen:

1. Die Kleidung fühlte sich für das Kind subjektiv eben an wie Schmirgelpapier, und es dauerte Monate, bis die richtigen Stoffe und Materialien gefunden wurden, damit Kleidung im wahrsten Sinne des Wortes erträglich wurde.

2. Endogener oder exogener Stress. Endogen (also aus dem Kind heraus, z. B. Angst am Morgen vor dem Tag in Kindergarten oder Schule, schlechte Träume, der Konflikt am Morgen war schon zur Gewohnheit geworden) oder exogen (zu grelles Licht im Schlafzimmer, ekliger Geschmack der Zahnpasta, Kälte im Badezimmer, zu enge Taktung der morgendlichen Struktur), der dazu führte, dass an dieser quasi letzten Stelle der morgendlichen Kette ein Ventil gebraucht wurde, um den Stress der vergangenen Stunden seit dem Aufwachen abzubauen.

Für eine sensible Haut, die Kleidung als zu viel oder unangenehm empfindet, gibt es keinen Trick. Auch wenn ich Sie hier enttäuschen muss: Ja, natürlich können Sie es mit Ergotherapie oder Sensory Integration Therapie versuchen, und möglicherweise schlägt dies sogar an. Oder Sie nehmen Ihr Kind mit auf die Shoppingtour, bestellen die Kleidung im Internet, sodass Sie von einer Retoure Gebrauch machen können, und achten penibel genau darauf, dass sie die Kriterien erfüllt, die Ihr Kind braucht. Glauben Sie mir:

Je weniger Stress Sie den kleinen heranwachsenden Körper durch äußere Einflüsse aussetzen, umso wahrscheinlicher ist es, dass er sich an Kleidung gut gewöhnen kann.

Kriterien werden bleiben (ich kenne sensible Kinder, die nur bestimmte Pullover, keine Jeanshosen und auch im Jugendlichenalter noch immer die Socken auf links tragen, damit die Naht nicht piekst), auch nach Jahren noch – aber das ist das gute Recht eines jeden Menschen. Schon bald entsteht so häufig ein zwar minimalistischer und funktionaler, aber vor allem stressfreier Kleiderschrank.

Sie tun gut daran, nicht weiter Energie darauf zu verwenden, Ihr Kind in die Kleidungsteile zu bringen, die Sie als gut bewerten, und dafür all jene zu finden, die es selbst für gut befindet. Im ersten Kindergartenwinter meines Sohnes sprach mich eine Erzieherin eines Tages mit der Bitte an, doch mal mit meinem Kind zu sprechen und ihm zu erklären, dass es leider nicht mit in den Garten dürfte, wenn es weiterhin die Winterjacke verweigere. Ich war verwundert, hatten wir doch bisher keine Probleme mit der Jacke gehabt. Nachdem ich die grundsätzliche Logik dieser Strafe hinterfragt hatte, willigte ich ein, meinen Sohn zu befragen, wo denn das Problem mit der Jacke sei. Schnell fand ich heraus, dass sie am Kragen so fies ins Kinn schnitt, dass seine von der kalten Luft ohnehin schon gebeutelte Haut rot wurde und brannte. Da er zu dieser Zeit Schals verweigerte, hatten wir sie immer ein Stück offen stehen lassen, die Erzieherinnen aber zogen sie ganz zu, um eine Erkältung zu vermeiden. Ich zeigte meinem Sohn, wie er den Kragen der Jacke nach innen schlagen konnte, damit das kalte Metall nicht mehr an der Haut rieb, und weihte die Erzieherinnen ein. Ich übernahm außerdem die Verantwortung für etwaige grippale Infekte und bat sie, sich daran zu halten. Für den Fall, dass das mal nicht weitergegeben wurde, erklärte ich meinem Kind vorsichtshalber noch, dass es – sollte jemand ihm die Jacke bis oben hin zuziehen – meine Erlaubnis habe, sie wieder zu öffnen und umzuschlagen. Es dauerte einige Tage, bis sich alle Beteiligten daran gewöhnt hatten. Doch nach einer Weile war das Problem aus der Welt geschafft.

Der lästige Streit um die Anziehsachen hat auch die Qualität, uns vom eigentlichen Thema abzulenken. Wir sind dann minutenlang damit beschäftigt, im Schrank nach den perfekten Leggins zu kramen oder sämtliche Etiketten aus allem herauszuschneiden, und vergessen in diesem Wahn den Moment des Durchatmens. Geht es hier gerade wirklich um die Nähte? So erinnere ich mich an Justus, dessen Eltern einst bei mir eine Beratung aufsuchten, da er morgens ganz fürchterliche Tränen weinte, wenn nicht die richtige Hose bereitlag (und es war nie die richtige). Es dauerte eine Weile und erforderte gute Beobachtung, bis wir herausfanden, dass 15 Minuten früheres Aufwecken und der Wechsel von Decken- zu Kerzenlicht den alles entscheidenden Unterschied herbeiführten. Es war nie um die Hose gegangen. Der Konflikt darum war nur das nötige Ventil, um die Anspannung des Morgens herauszuweinen. Überprüfen Sie also nicht nur Etiketten und Stoffe, sondern auch folgende weitere Dinge, die Ihr Kind beschäftigen könnten:

› Uhrzeit: Können Sie Ihr Kind zehn Minuten länger schlafen lassen, oder muss es zehn Minuten eher geweckt werden, um optimal in den Tag zu starten?
› Schlafqualität: Siehe vorheriges Kapitel. Wird Ihr Kind schon übermüdet wach?
› Tageszeit zum Anziehen: Muss Ihr Kind am Morgen angezogen werden, oder kann es die Jogginghose bereits am Abend vorher anziehen und damit schlafen? Gerade für Kindergartenkinder ist das oft der Gamechanger, denn das lästige Anziehen am Morgen stört nicht mehr beim Spielen!
› Licht-, Geräusch- und Reizeinflüsse: Decke wegziehen, Rollos hoch, Deckenfluter an – das Horrorszenario, das wir aus Filmen kennen. Auf die Spitze getrieben, fragen Sie sich, ob Ihr Kind es genauso empfinden könnte, selbst wenn Sie nicht ganz genauso vorgehen. Wechseln Sie am Morgen von Deckenlicht auf eine kleine, sanfte Nachttischlampe oder

Kerzen, von einem panischen Weckerklingeln auf einen angenehmen Ton oder von viel Gespräch und vom gemeinsamen Frühstück auf ruhiges, isoliertes Spielen. Für ein sensibles Kind ist es manchmal unglaublich hilfreich, mit so wenig Reizen wie möglich in den Tag zu starten.

› Temperatur: Nicht nur im Winter genießen es Kinder, wenn die Kleidung ein wenig vorgewärmt wurde. Legen Sie die Hosen und Shirts einige Minuten auf die warme Heizung oder in die Morgensonne, bevor Sie sie Ihrem Kind geben. Die Wärme signalisiert Geborgenheit und lässt das System direkt entspannen.
› Termindruck: Muss es morgens schnell gehen? Falls ja, schauen Sie, wo Sie entlasten können. Gerade bei gefühlsstarken Kindern ein unheimlich wichtiger Punkt: Bloß nicht in Stress geraten oder holprige Übergänge riskieren! Überprüfen Sie, wo Sie Zeit einsparen und sich selbst oder Ihr Kind am Vortag vorbereiten können. Planen Sie Übergänge und Abfahrtszeiten großzügig ein, sodass Sie idealerweise auch dann nicht in Stress geraten, wenn Ihr Kind »trödelt« oder ein großes Gefühl dazwischenkommt.

Gerade weil Übergänge für sensible Kinder eine so elementare Rolle spielen, wenden wir uns ihnen jetzt noch einmal gesondert zu.

Wenn alles zu schnell geht – Übergänge sensibel begleiten.

Gastkapitel von Denise Piecha

Die Eingewöhnung in die Kita oder der Start in der Schule sind große Übergänge im Leben von hochsensiblen Kindern. Es kommt viel Neues auf sie zu, und sie müssen lernen, in neuen Situationen mit neuen Menschen und mit neuen Bedingungen umzugehen. Aber auch im Alltag gibt es immer wieder Übergänge für kleine Kinder zu bewältigen, die ihnen nicht leichtfallen. Was ich meine, wenn ich von Übergängen spreche: Übergänge sind Wechsel von Personen, Tätigkeiten und Örtlichkeiten im Familienalltag. Sie sind Brücken zwischen Altem und Neuem. Erproben, lernen und testen Kinder an diesen kleinen Situationen ihre Erfahrung, so können sie diese auf die späteren, größeren Übergänge wie Schulstart und Kita-Eingewöhnung übertragen.

In vielen Familien sorgen das Loskommen am Morgen zur Kita, das Rausgehen zum Beschäftigen am Nachmittag oder aber auch das Einschlafen am Abend für stressige Situationen. Wenn Sie als Eltern eines hochsensiblen Kindes wissen, was Ihr Kind für die zahlreichen Übergänge im Alltag braucht, und ein Verständnis für seine Herausforderungen entwickeln, dann entspannt sich der Familienalltag automatisch – denn Wissen und Verständnis nehmen der Hilflosigkeit den Raum und lassen somit schon eine ordentliche Portion Entspannung einziehen. Wenn Sie jetzt gedanklich durch den Morgen oder durch einen anderen Zeitpunkt Ihres Tages gehen, kommen da einige Übergänge zusammen – vielleicht sogar deutlich mehr, als Sie sich vorher vorgestellt haben. Bedeutet nun jeder Übergang eine kleine Herausforderung, so wird der Familienalltag anstrengend für alle. Vielleicht wäre es dann das Beste, Übergänge weitestgehend oder gar komplett zu vermeiden, um den Familienalltag zu retten?! Leider nein. Denn Vermeidung ist bei diesem Thema vollkommen kontraproduktiv. Kinder benötigen Erfahrungen aus vielen einzelnen Situationen, um Strategien zu erproben und sich somit sicher fühlen zu können. Umso jünger Kinder sind, desto intensiver erleben sie Übergänge. Ihnen fehlt, wie oben genannt, die Erfahrung, sie haben häufig noch nicht die Möglichkeit, ihre Bedenken zu kommunizieren (sie sind eher ausgeliefert), und durch die noch sehr begrenzte Erlebenswelt sind Veränderungen in ihrer Welt häufig gravierender. Haben Sie mal ein Kind bei seinem ersten Erleben von Schnee beobachtet? Oder einem neuen Geschmack? Da herrscht maximale Verwirrung und Unsicherheit.

Vermeidung verhindert Erfahrung. Wichtiger ist es, gemeinsam mit den Kindern durch diese Übergänge zu gehen, sie an die Hand zu nehmen und in ihrer Angst zu begleiten.

Aber was macht sensiblen Kindern dabei genau Angst? Übergänge zu schaffen bedeutet für Ihr Kind, eine Veränderung einzugehen. Klar, es muss eine Sache abschließen und in eine Neue starten. Ein Grund, warum sensible Kinder bedächtiger in neuen Situationen sind, länger brauchen, um in Situationen anzukommen und grundsätzlich zurückhaltender wirken, ist ein aktives Achtsamkeitssystem, das grundsätzlich eher zu Vorsicht und Aufpassen neigt als bei weniger sensiblen oder nicht hochsensiblen Kindern. Ein einfacher Einkauf im Supermarkt wirft in ihrem Kopf viele Fragen auf: »Wo gehen wir hin? Wird es da laut sein? Wird es da hell sein? Wird es da kalt sein? Wird es da warm sein? Wie wird Mamas Laune sein? Gehen wir mit dem Einkaufswagen? Gehen wir zu Fuß? …« Abgekürzt: »Was passiert wann? Wie wird es sein? Und mit wem wird es sein?«

So ist es für sensible Kinder besonders wertvoll, wenn sie an der Gestaltung von Übergängen aktiv beteiligt werden. Das ermöglicht ihnen ein sorgenfreies Ankommen in der neuen Situation. Es macht also Sinn, Ihrem Kind mit größtmöglicher Transparenz, Vorhersehbarkeit und viel Klarheit in Bezug auf die Fragen, die Gestaltung und die mögliche Sicherheit, die Sie ihm bieten können, zu begegnen. Vielen Kindern hilft es schon, zu wissen, dass ihnen die Zeit gegönnt wird, die sie benötigen, sie also nicht zeitlich gedrängt werden. Sie können ihre eigene Veränderung entspannter gestalten, wenn sie wissen, dass sie liebevoll angenommen und geborgen begleitet werden. Manchmal benötigen Sie mehr Zeit, um den Stress Ihres Kindes zu reduzieren und gegebenenfalls noch mal einen Moment innezuhalten, zu kuscheln oder noch offene Fragen zu klären. Denn natürlich spielt auch der kognitive Entwicklungsstand Ihres Kindes eine entscheidende Rolle: Anforderungen aufzunehmen, zu verarbeiten und umzusetzen benötigt manchmal eine ein wenig längere Bedenkzeit. Mit etwas Zeit, die Gedanken zu sortieren, und ein wenig Geduld helfen Sie Ihrem Kind, seine Meinung noch einmal zu überdenken, und das erste laute »Nein«, das eng an das dringende Bedürfnis nach Autonomie und Selbstwirksamkeit geknüpft ist, zu verändern oder zu erklären. Dafür brauchen wir Eltern vor allem eines: Klarheit in unserer Haltung.

Mit einer klaren inneren Haltung sind Sie in der Lage, Ihre Entscheidungen zu vertreten und so auch Ihrem Kind die Sicherheit mitzugeben, den kommenden Übergang zu gestalten und an den Erfahrungen zu wachsen.

Hierbei können Ihnen folgende Fragen helfen:

› Muss dieser Übergang jetzt sein? Warum braucht es das jetzt? Was braucht es, um entspannt zu bleiben – für alle Beteiligten?
› Wem nützt der Übergang? – Und seien Sie auch sicher: Selbst wenn dieser Übergang jetzt »nur« Ihnen als Bindungsperson dient, so ist das ein guter Grund. Bewahren Sie auch dann Ihre Klarheit für den Übergang.

Beantworten Sie diese Fragen mit einem liebevollen Blick, aber auch mit einer klaren Haltung. Ihre Klarheit wird Ihnen helfen, kleine Unterschiede zu gestalten, die Ihnen am Ende allen das Leben erleichtern.

Sie stellen fest, dass Ihr Kind keinen Ihrer Vorschläge annimmt und absolut nichts von dem, was Sie vorhaben, mitmachen möchte? An dieser Stelle ist es elementar, sich mit der Kooperationsbereitschaft zu beschäftigen: Stellen Sie sich vor, dass es in uns allen ein Fass gibt, aus dem wir im Zusammenleben mit anderen Menschen schöpfen, wenn es darum geht, sich einander anzunähern oder anzupassen. Am Morgen ist dieses Fass randvoll und wir sind in der Lage, unglaublich viele Dinge zu tun, auf andere einzugehen und auch die eine oder andere Bemerkung unseres Gegenübers wegzulächeln. Doch mit jeder Tätigkeit, die wir ausführen, schöpfen wir auch eine Kelle »Kooperation« aus diesem Fass, bis es am Abend irgendwann leer ist. Für unsere Kinder, mit einem deutlich kleineren Fass, geht es viel schneller, bis der Leerstand ausgerufen wird. Ein Tag im Kindergarten beispielsweise fordert sehr viel Kooperation, genau wie das Spiel mit den Geschwistern oder wenn Eltern am Nachmittag Termine haben, die nicht unbedingt Spaß machen. Grundsätzlich ist es der Wunsch unserer Kinder, zu kooperieren, sich einzufügen und dazuzugehören. Doch selbst das beste und größte Fass ist irgendwann ausgeschöpft. Ab diesem Punkt beginnen Kinder, sich zu verweigern und nicht mehr einfach zu folgen. Diese Situationen treten häufig nach der Kita auf. Manche Eltern schaffen es noch nicht mal mehr nach Hause. Das Kind verweigert dann schon das Anziehen, das Einsteigen, Anschnallen, Aussteigen aus dem Auto … scheinbar plötzlich und ohne klar erkennbaren Grund ist einfach alles herausfordernd.

Was Ihrem Kind nun hilft, ist nichts weniger als Selbstwirksamkeit und Autonomie. Diese füllen den Tank und machen Kooperation wieder möglich. Und um den Tank gar nicht erst oder zumindest nicht so schnell leer laufen zu lassen, wird es Ihrem Kind am besten damit gehen, wenn es in Ihrem Familienalltag ein

Wechselspiel aus Autonomie, Selbstbestimmung und Kooperationsbereitschaft gibt. Sie sehen: Auch an dieser Stelle ist wieder wichtig, wie sehr wir unsere Kinder mitwirken und mitentscheiden lassen und wie viel Vertrauen wir ihnen entgegenbringen.

Um Übergänge sensibel zu begleiten, können Sie folgende Fragen beachten:

- Ist Kooperation gerade möglich, oder ist mein Kind gerade »leer«, erschöpft und braucht eine Pause und Selbstbestimmung?
- Bin ich klar in meiner Entscheidung und in der Lage, emotional wie körperlich, die möglicherweise auftretenden starken Gefühle meines Kindes zu trösten, wenn ich den Übergang einleite?
- Habe ich ausreichend Transparenz geschaffen und meinem Kind genau erklärt, was wir nun vorhaben, was passieren wird und was es erwarten kann?
- Ist ein ausreichender Zeitpuffer eingeplant?
- Welche Rituale helfen uns?

Neben einer engen, liebevollen Begleitung durch die Übergänge, deren Herausforderungen und die möglicherweise aufkommende Angst gibt es einige kreative und lustige Ideen, wie Sie mit Ihrem Kind Übergänge wieder entspannter gestalten können.

Tipp 1: Rituale schaffen

Es mag banal klingen, doch Rituale und die damit verbundene Struktur helfen Ihrem Kind. Es weiß dann genau: Jetzt geht es los!

Rituale können unterschiedlich gestaltet sein. In vielen Institutionen werden Übergänge im Alltag besungen oder gar mit Aktionen begleitet: Eine Polonaise zum Händewaschen, ein Lied oder Spruch zu Beginn des Essens, das Packen eines Rucksacks oder ein Wettspiel zum Anziehen – all das sind Rituale, die Spaß machen. Sie sind allerdings nur wirksam, wenn sie auch eingehalten und verinnerlicht werden können. Falls Ihnen das mal durchgeht, wird Ihr Kind Sie gewiss erinnern. Auch Orte können zu Ankerpunkten für Übergänge werden. Dies kann ein gemütlicher Gaderobenbereich, eine Couch, ein bestimmter Platz am Esstisch sein – egal was es sein mag und was Ihr Kind annimmt: Alles ist erlaubt. Wichtig ist nur, dass der Ort der Gleiche bleibt und seine Gemütlichkeit und Attraktivität zum Warten und Verweilen einladen. Gestalten Sie das Warten Ihres Kindes, wenn Sie noch eben schnell die Brotdose fertigstellen, mit einer Kramkiste, einigen Büchern oder einem Spielzeug, das im Flur wartet.

Tipp 2: Abschied und Neubeginn

Kindern fällt das Beenden von Situationen oft schwer, denn ihnen erschließt sich schlicht und ergreifend nicht, wofür sie nun ihr wahnsinnig intensives Spiel mit den Playmobilfiguren beenden sollen. Ein behutsames Einläuten des Endes dieser Aktivität sollte durch Sie stattfinden: Ankündigen, erinnern und gemeinsam beenden können unheimlich hilfreich sein. Beispiel:

»Ich glaube es ist schon spät, die Feuerwehrleute gehen jetzt in die Mittagspause, auf die Arbeit …«

»Oh, dein Bild ist aber bunt, komm wir stellen es aus, damit du es später direkt sehen kannst.«

Die beliebten Spielsachen können auch selbst den Übergang begleiten, zum Anziehen mitkommen, auf den Wickeltisch oder ins Auto für die Fahrt. Übergangsobjekte schaffen den Kindern Erleichterung und spenden ihnen Trost. Wir erinnern uns: Übergänge sind vor allem im Kleinkindalter noch schwer zu bewältigen und dürfen Zeit, Unterstützung und weitere Hilfsmittel brauchen.

Tipp 3: Einladende Wenn-dann-Szenarien

Ziehen sich bei dieser Formulierung schon Ihre Zehennägel hoch, und erwarten Sie Manipulation oder Erpressung? Dann dürfen Sie die Schultern sinken lassen. Dieser Tipp bringt Erleichterung und Entspannung in die Gestaltung von Übergängen, und zwar durch Wohlbefinden.

Im Winter hilft es sensiblen Kinder ungemein, in die warme Decke gekuschelt aufs Sofa getragen zu werden oder mit vorgewärmter Kleidung in den Übergang begleitet zu werden. Nach dem Spielplatzbesuch wartet zum Beispiel etwas Tolles auf dem Weg nach Hause (ein Besuch an der Baustelle oder beim Nachbarshund) oder gar zu Hause (etwas Leckeres zu essen, eine Folge der Lieblingssendung oder Vorlesezeit mit Kakao). Oder Sie fahren nach dem langen Tag in der Kita noch den kleinen Umweg zum Lieblingsbäcker. Spielen Sie hier mit der Motivation rund um das, was wartet, und machen Sie sich klar, dass das fernab jeder Belohnung, Bestrafung oder Manipulation funktioniert. Ungefähr so: »Wenn du aus der Badewanne kommst, wartet hier ein kuschelig warmes Handtuch auf dich.« Lassen Sie uns erneut klarstellen, dass unsere Kinder ganz schön viel für uns tun, kooperieren und mitmachen – da ist ein warmes Handtuch, das anstelle des kalten Badezimmerbodens wartet, doch eine liebevolle Geste und warmherzige Einladung, den ungeliebten Übergang nun so langsam zu starten.

Tipp 4: Tragen

Sensible Kinder brauchen im Kleinkindalter oftmals eine sehr enge Begleitung. Ihnen hilft das Angebot, sie zu tragen oder möglichst nah bei Ihnen zu bleiben, sehr. So ist ein Übergang für das Kind schon einfacher, wenn es nach der Kita nicht mehr selber laufen muss oder am Morgen zum Auto getragen wird, wenn es noch müde ist. Manchen Kindern reicht eine Hand, andere brauchen engen Kontakt. Ich weiß, dass die Alarmglocken in den Köpfen der meisten Eltern läuten, wenn sie ihr Kind mit vier Jahren noch tragen sollen. Die Frage ist allerdings: Was stresst mehr? Der Frust, die Tränen und beidseitiger Stress durch den Übergang und die damit verbundenen Ängste oder das Tragen zum Auto?

Tipp 5: Kleiderkette

Dieser Tipp ist besonders geeignet, wenn Ihr Kind das Anziehen schon allein bewältigen kann. Sie suchen am Morgen oder am Abend vorher die Kleidung für den kommenden Tag aus. Nach dem Frühstück werden die Kleider in der Reihenfolge des Anziehens auf dem Boden ausgelegt: erst die Socken, dann die Hose, dann der Pullover, dann die Jacke, dann die Schuhe (optional mit Unterwäsche, Schal, Mütze usw.). So behält Ihr Kind den Überblick und springt spielerisch in die Kleidung, die auf es wartet. Wenn Sie möchten (und es zu Ihrem Kind passt), können Sie sogar einen Wettbewerb daraus machen:

»Ich wette, dass ich meine Kleidung schneller angezogen habe als du/ihr!«

In unserem Familienalltag hieß es oft: »Ich wette, dass ich meine Hose schneller angezogen habe als du deine Schuhe.« Natürlich gewinnt immer das Kind, um Frust und Unlust zu vermeiden. Ziel sollte es sein, gemeinsam Übergänge freudig und spaßig zu gestalten, sodass Ihnen und Ihrem Kind Frust und Stress erspart bleiben. Achtung: Es ist meist besser, um Ärger unter Geschwistern und auch Frust vorzubeugen, die Wette nicht auf die Kinder zu beziehen, sondern die Kinder ausschließlich gegen einen Elternteil antreten zu lassen.

Tipp 6: Feuerwehreinsatz

Für diesen Tipp braucht es etwas Spaß an Rollenspielen und ein wenig Kreativität: Noch bevor Ihre Kinder aufgestanden sind, verteilen Sie einige Kuscheltiere oder Spielsachen im Vorgarten. Gerade als Sie mit Ihrem Kind losgehen wollen, geht ein Anruf bei Ihnen in der Leitstelle ein. Sie, die Feuerwehrhauptfrau oder der Feuerwehrhauptmann, nehmen den Anruf entgegen und stellen den Auftrag klar: »Katze entlaufen! Zuletzt gesehen im Vorgarten!« Dann geht der Spaß los.

»Alle Feuerwehrfrauen/-männer zum Einsatz. Jacke, Schuhe, Helm (Mütze) an. Schnell, schnell – der Einsatz startet!!« Ein schnelles Anziehen ist vorprogrammiert, zwar meist nicht ganz ordentlich, aber was soll's? Schnell rennt die gesamte Mannschaft los, um die entlaufene Katze zu suchen.

Häufig braucht genau dieser Schritt viel Überwindung. Denn neben dem Anziehen der Kleidung steht auch das Austreten aus der Komfortzone »Zuhause« an. In diesem Rollenspiel aber ist er entspannt, aufregend und spaßig für alle Beteiligten. »Weiter geht's ... Alle Feuerwehreinsatzkräfte auf ins Auto – die Katze muss zurück zu ihrem Besitzer.« Im Auto angekommen, sind die Kinder meist von der Aufregung und dem Suchen schon ein wenig erschöpft und freuen sich auf eine ruhige Fahrt.

Natürlich können Sie das Spiel bis zum Kindergarten weiterführen. Vielleicht kommt noch ein Funkspruch, der Sie zur Kita führt, oder dort ist die Feuerwache ... Ihrer Fantasie sind keine Grenzen gesetzt!

Erlauben Sie sich, mit Spaß an die Übergänge in Ihrem Familienalltag heranzugehen und Prioritäten so zu setzen, dass Sie weder alle Übergänge vermeiden müssen noch dass sie immer in Stress ausarten. Mit Blick auf die großen Übergänge, die im Leben Ihres Kindes anstehen, schaffen Sie somit gemeinsam ein buntes Repertoire an Strategien und, vielleicht noch wichtiger, das Vertrauen, diese Übergänge eines Tages allein und aus eigener Kraft, meistern zu können.

Gefühle sensibler Kinder erkennen, verstehen und co-regulieren

Mit sensiblen Kindern über Gefühle zu sprechen ist einfach. Das Einzige, was es kompliziert macht, ist unsere erwachsene Herangehensweise. Wenn wir versuchen, Gefühle zu differenzieren, zu erklären, oder wenn wir glauben, erst ein bestimmtes Setting arrangieren zu müssen, um ein »ernsthaftes« Gespräch mit unseren Kindern führen zu können. Erst dann wird es unhandlich, holprig, stockend und, viel schlimmer noch, pädagogisch oder didaktisch. Feinfühlige Kinder haben Antennen für alles Mögliche: die Gefühle und Stimmungen ihrer Mitmenschen, die drohenden Konsequenzen, das morgige Wetter. Besonders gut funktionieren diese aber vor allem in Bezug auf die Unsicherheiten und Methoden ihrer Eltern. Mit diesem Impuls möchte ich den folgenden Teil eröffnen: Entwickeln Sie das Vertrauen und den Mut, Ihrem sensiblen Kind von vornherein Ihre wahren Gefühle mitzuteilen, ohne dabei verletzend oder fordernd zu sein – auch wenn es schwer ist. Das Umformulieren der Tatsachen – und mögen Sie noch so hübsch verpackt sein – nimmt Ihr Kind intuitiv wahr. Es wird Sie durchschauen, Ihre wahren Emotionen spiegeln und sowieso entlarven, worum es tatsächlich geht.

Der beste Weg, mit Ihrem sensiblen Kind zu kommunizieren, ist der ehrliche.

Für uns Eltern kann es hier schwierig werden. Etwa, weil wir unsere Kinder fragen: »Wie geht es dir?«, und ein »Gut« zurückbekommen. Das hilft uns dann zwar vielleicht kein Stück dabei, herauszufinden, wie der Schultag oder das Gespräch mit der Lehrkraft war oder ob das Butterbrot geschmeckt hat, aber ehrlich geantwortet hat das Kind schon. Es ärgert uns. Und löst bisweilen ambivalente Gefühle aus: Wir wünschen uns, viel mehr von unseren Kindern zu erfahren, und wissen doch nicht so recht, wie wir das anstellen sollen. Mit sensiblen Kindern über ihre Gefühle zu sprechen ist aber eigentlich einfach. Allerdings dürfen wir lernen, unsere Blickwinkel für ihre so spezielle Art der Kommunikation zu erweitern, damit wir auch wirklich verstehen, was sie sagen wollen. Ich empfehle Ihnen daher, diese wichtigen Punkte stets im Blick zu behalten:

Keine pädagogische Methode! Seien Sie einfach Sie selbst

Gespräche mit feinfühligen Kindern laufen zu 50 Prozent über die Worte ab, die Sie wählen, und zu 50 Prozent über alle nonverbalen Zeichen. Vielleicht haben Sie schon selbst bemerkt, wie Ihr Kind Ihre Mimik imitiert, Ihre Gestik nachahmt, den Klang Ihrer Stimme ausprobiert. Sie beobachten, dass es Ihren Lippen beim Sprechen folgt, selbst wenn sein Blick ganz woanders ist. Und selbst wenn Ihr Kind gar nicht direkt am Gespräch beteiligt ist, sich parallel mit etwas ganz anderem beschäftigt und gar nichts sagt, kann es im Nachhinein wichtige Details und Eckpunkte der Konversation wiedergeben.

Ihr Kind hört Ihnen nur zu 50 Prozent mit den Ohren zu – die andere Hälfte der Unterhaltung führt sein Gespür mit Ihnen.

Genau aus diesem Grunde ist es besser, auf eine säuselnde Stimme zu verzichten, wenn Sie gerade eine klare Aussage treffen wollen.

Und aus diesem Grund bringt es auch nichts, zu fragen, ob Ihr Kind es sich heute denn vorstellen könnte, den Weg vom Schultor mal allein zu laufen, wenn Sie in Wahrheit sagen wollen, dass Sie völlig entnervt sind und nicht mehr mitgehen möchten. Es geht also auch hier um unsere innere Klarheit, die zu einer Haltung wird, die unsere Kinder wiederum wahrnehmen und lesen. Genau wie sie die Worte hören, die wir sprechen.

Eines meiner Kinder beginnt den Tag mit Vorliebe mit dem Satz »Ich gehe heute nicht in die Schule!«. Es ist sozusagen seine Art, »Guten Morgen« zu sagen. Und ob er tatsächlich geht und in welcher Stimmung, hängt maßgeblich davon ab, wie wir Eltern ihm begegnen. Verdrehen wir die Augen, seufzen, meckern oder schimpfen gar herum, wird der Tag garantiert mit einem handfesten Konflikt beginnen. Atmen wir selbst jedoch erst einmal durch und begleiten seine Äußerung mit Liebe und Zuversicht (»Ich weiß, gleich nach dem Aufwachen ist es immer am blödesten. Aber ich weiß auch, wenn du nachher ganz wach bist, wirst du wieder viel Freude am Unterricht haben. Komm, wir werden jetzt erst mal langsam wach und gehen es ganz langsam und ohne Stress an!«), zieht spürbare Ruhe ein. Das können wir nicht immer! Auch wir sind manchmal müde, entnervt und herausgefordert. Mehr als ein »Nicht schon wieder« geht auch bei uns phasenweise nicht. Doch in unserer Haltung sind wir klar – und dies wiederum unterstützt das Kind. Denn Klarheit signalisiert ihm in diesem Fall nicht, kein Mitspracherecht, keine Wahl und auch sonst nichts zu melden zu haben, sondern vielmehr »eine Sorge weniger«.

Es ist sein gutes Recht, morgens keinen Bock zu haben, sich muffelig zu fühlen und zu überprüfen, welche Chance es für ihn geben könnte, die Schule zu schwänzen. Zeigen unsere Worte und Taten ihm, dass heute ein Wochentag ist, dass er in die Schule gehen wird, dass wir ihn lieben und auch seine schlechte Laune mit ihm tragen, kann er sich fallen lassen – und wenn es die morgendliche Unlust ist. Ihn dabei zu unterstützen, einen guten Weg in die Schule zu finden, ist hier nicht pädagogisch. Es ist ein warmes Nestkuscheln, das ihm zeigt, dass seine Gefühle valide und wir verfügbar sind, sie alle mit ihm zu erkunden. Das ändert nichts an der grundsätzlichen Schulpflicht und auch nichts an unserer Haltung. Viel wichtiger: Es zeigt ihm, dass wir ihm zuhören und für ihn da sein können, selbst wenn wir anders fühlen als er.

Kurzum: Es macht keinen Sinn, in Situationen, in denen wir nicht einer Meinung sind, darüber nachzudenken, welche Art der Äußerung, welche Wortwahl, welcher Blick und welche Tonlage unser Kind braucht, um ein bestimmtes Ziel zu erreichen. Mein Sohn würde nicht dringender zur Schule gehen wollen, weil ich den Klang meiner Stimme verändere. Wohl aber, wenn ich die Zeit in Verbundenheit mit ihm verbringe. Sobald wir Dinge tun oder sagen, nur weil sie didaktisch oder pädagogisch Sinn machen, kann unser Kind nichts mehr von dem fühlen, was wir da sagen. Die wichtigen Signale, die es braucht, um uns überhaupt zu verstehen, kommen nicht an – und es fehlen ihm gute 50 Prozent für ein grundlegendes Verständnis innerhalb unserer gegenseitigen Kommunikation! Jeder Versuch – egal, wie wertvoll er sein mag, und egal, in welchem Ratgeber Sie ihn gelesen haben mögen –, etwas pädagogisch Sinnvolles zu tun, prallt an sensiblen Kindern ab. Ihre kleinen Antennen werden sich immer in Richtung unserer inneren Wahrheit ausrichten und jede noch so kleine Unebenheit sofort aufdecken. Ich sage Ihnen daher:

Riskieren Sie lieber, danebenzuliegen, sich eine Abfuhr zu holen oder sogar kalt stehen gelassen zu werden, solange Sie dabei authentisch sind und wirklich aussprechen, was Sie fühlen. Alles andere ist den Versuch gar nicht erst wert.

Lernen Sie gemeinsam Vokabeln

Gefühle sind diffus. Auch wir als erwachsene Menschen haben Schwierigkeiten, sie zu verstehen oder gar auszudrücken. Haben Sie mal überprüft, wie viele Vokabeln Sie für Ihre Emotionen kennen? Manchmal sind es nicht mehr als fünf Stück – und davon ist noch eine, nämlich »gut«, nicht mal eine Emotion oder ein Gefühl. Was antworten Sie auf die Frage »Wie geht es dir?« Und wovon ist das abhängig? Ich zum Beispiel brauche zur Beantwortung dieser Frage immer erst mal einen Moment. Die Antwort ist selten eindeutig. Und dann hängt meine Antwort ja auch noch davon ab, wer fragt und wie vertraut wir sind. Meiner Freundin erzähle ich von Herzen gern, was in mir vorgeht. Meinem Steuerberater antworte ich eher einsilbig. Bei vielen Gesprächen aber hören meine Kinder mir zu. Wie helfen wir ihnen, einzusortieren, wann und warum wir mit »gut« oder mit Tränen antworten? All das ist wahnsinnig diffus und komplex. Weil es das ist UND weil wir in der Regel selbst als Kinder nicht gelernt haben, mit der facettenreichen Gefühlspalette menschlichen Lebens umzugehen, vergessen wir, nun Erwachsene, manchmal, dass wir es doch eigentlich anders machen wollten. Vor uns steht dann manchmal ein gefühlsstarkes Kind, das vor Wut bebt, und konfrontiert uns völlig unvorbereitet mit dem, womit wir am allerschlechtesten umgehen können: uns selbst.

Ich empfehle Ihnen daher, sich neue Vokabeln anzueignen. Gehen Sie vor, als würden Sie eine neue Sprache erlernen, so albern es Ihnen auch im ersten Moment vorkommen mag. Drucken Sie sich eine Gefühlewolke oder eine Liste aus, auf der Sie viele unterschiedliche Ausdrücke für Ihre Gefühle entdecken können. Fragen Sie sich immer wieder selbst, was Sie fühlen, bevor Sie antworten oder gar in das rosenbergsche Vier-Schritte-Modell der gewaltfreien Kommunikation[2] einsteigen. Denn natürlich ist die Idee, grundsätzlich friedvoll zu kommunizieren eine schützenswerte und absolut erstrebenswert – doch sie wird nicht besser umgesetzt, weil wir eine Methode erlernen, anstatt uns mit unserer Wahrhaftigkeit zu konfrontieren.

Beschäftigen Sie sich mit Ihrer Hilflosigkeit und Ihrer Verzweiflung, mit Ihrer Trauer und Ihrer Angst. Fragen Sie sich, was Wut und was Aggression ist, wann sie müde sind und wann erschöpft. Beobachten Sie sich, wenn sie Vorfreude oder Freude empfinden und wenn Sie Unlust verspüren. Trennen Sie Scham von Lethargie und Ekel von Verachtung. Mit anderen Worten: Lernen Sie selbst Ihre Gefühle, Ihre Worte dafür und die Verkörperung all dessen kennen, bevor Sie versuchen, dies Ihrem Kind beizubringen. Sie werden den Unterschied ganz schnell spüren. Wie fühlt sich das an?

Übung: Gefühle entdecken

Gut ist kein Gefühl. Doch die Art und Weise, in der wir Fragen stellen, lädt vor allem Kinder manchmal dazu ein, nichts weiter als »Gut« oder »Schlecht« zu antworten. Das tun sie nicht, weil sie nicht mit Ihnen sprechen wollen, sondern vor allem, weil ihnen die Worte fehlen. Den ersten Schritt in Richtung neuer Gespräche am Familientisch machen Sie, indem Sie neue Fragen stellen. Lassen Sie ab von »Wie war es in der Schule?« oder »Wie war das Mittagessen?«. Versuchen Sie auch, Fragen so zu stellen, dass Ihre Kinder nicht nur »Ja« oder »Nein« antworten können. Und dann lassen Sie sie kreativ sein.[3] Sie dürfen mit Vokabeln unterstützen, sofern Sie selbst welche nutzen. Erlauben Sie auch Beschreibungen, dies ist schließlich kein Vokabeltest. Ein paar Fragen, die Ihnen helfen können, ins Gespräch zu kommen, könnten sein:

- Was war heute das Beste in der Schule?
- Welches Fach hat dir am meisten Freude gemacht und warum?
- Welche Stunde hast du gar nicht genossen und wieso?
- Mit wem hast du gespielt? Und was habt ihr gespielt? Wie waren die Regeln des Spiels?
- Wo auf dem Schulhof habt ihr gespielt, und wie sah es da aus?
- Wie fühlst du dich, wenn du an das Spiel zurückdenkst?
- Hat dich heute etwas traurig gemacht, und was war es?
- Hast du dich über etwas/jemanden geärgert, und möchtest du darüber reden?
- Wie hat sich das angefühlt? Im Bauch, zum Beispiel. Wie hat sich dein Bauch/Herz/Kopf dabei angefühlt?

Um sich und Ihren Kindern zu helfen, können Sie sich auch eine Gefühlswolke basteln, eine Liste möglicher Wörter an den Kühlschrank hängen oder – ganz klassisch – auswendig lernen.

Übung: Bedauern und feiern

Wenn ich meine Kinder am Abend ins Bett bringe, schließen wir den Tag gemeinsam mit diesem kleinen Gespräch ab. Jeder von uns darf wenigstens eine Sache des heutigen Tages feiern und eine Sache bedauern. Sollte »bedauern« keine geläufige Vokabel sein, erklären Sie natürlich zunächst, was zu tun ist. Und dann geht es einmal reihum. Wir beginnen grundsätzlich damit, etwas zu bedauern, nicht zuletzt, damit wir den Tag mit dem Feiern abschließen können. Doch seien Sie auch hier unbesorgt: Sollte Ihr Kind mal nichts zu feiern haben, darf auch das zum Leben dazugehören. Ich selbst achte darauf, dass ich immer als Letzte spreche. Sowohl beim Bedauern als auch beim Feiern. Denn je nach Tiefe der Erlebnisse kann es unendlich hilfreich sein, als Eltern die Gesprächsführung zu lenken und in jedem Fall noch etwas Positives zum Abschluss zu bringen.

Ganz wichtig: Erlauben Sie Ihren Kindern hier brutale Ehrlichkeit. Es darf das Gemotze der Eltern, die schlechte Stimmung, die doofen Hausaufgaben, der Streit am Nachmittag oder ein Gefühl bedauert werden, das möglicherweise mit Ihnen zusammenhängt. Vielleicht sind Ihre Kinder anfangs noch zurückhaltend und trauen sich nicht so recht, zu sagen, was schwer für sie war. Dann bedauern Sie erst recht etwas, das

Ihre Kinder sich vielleicht nicht anzusprechen trauen. Zum Beispiel: »Ich bedauere, dass ich heute so rumgeschrien habe, und wünschte echt, ich wäre nicht so müde gewesen, sondern hätte mir eine Pause genommen. Das bedauere ich sehr, dass es da doof zwischen uns war.« Wiederholen Sie das Spiel idealerweise jeden Abend, und planen Sie hierfür einige Minuten ein. Sie werden schnell bemerken, wie es die Kommunikation zwischen Ihnen positiv beeinflusst, und werden selbst Neues über sich und Ihre Gefühle erfahren.

Keine Angst vor großen Worten! Wer groß fühlt, drückt sich auch groß aus

Wenn ich meine E-Mail-Anfragen durchgehe, finde ich regelmäßig Nachrichten von Müttern oder Vätern, die sich an mich wenden, weil ihr Kind Dinge äußert wie »Ich wünschte, ich wäre nicht mehr da«, »Ich will tot sein« oder »Du hast mein Herz verletzt«. Ich würde lügen, wenn ich behauptete, das ließe mich kalt – aber ich zucke auch nicht mehr verschreckt zusammen.

Stellen Sie sich vor, Sie sind einem Gespräch ausgesetzt, das vor lauter Angst, Kritik, negativer Zukunftsperspektive oder Depressivität kaum einen einzigen optimistischen Gedanken zulässt. Wie fühlen Sie sich anschließend? Sind Sie »genervt«, oder haben Sie eher das Gefühl, dieses Gespräch hat Ihnen so viel Kraft geraubt, dass es ist, als hätte jemand den Stecker gezogen, als seien Sie unfassbar müde, könnten kaum noch stehen, nicht mal mehr die Augen öffnen?

Wer (hoch)sensibel ist, der ist nicht traurig, wütend, gestresst oder ängstlich. Diese Begriffe werden einer tiefen Emotion überhaupt nicht gerecht! (Hoch)sensible Menschen zerfließen in Trauer, haben in Wut das Bedürfnis, alles anzuzünden, sind im Stress vollkommen neben der Spur und nehmen nichts mehr auf. Sie sprechen nicht von Angst, sondern von Panik, Alarmbereitschaft, Nicht-mehr-atmen-Können, Lähmung, völliger Unfähigkeit, einen klaren Gedanken zu fassen.

Erwachsene Menschen verfügen über einen umfangreichen Wortschatz und können sich entsprechend äußern. Nun stellen Sie sich vor, Sie sind fünf Jahre alt. Sie haben noch nicht mehrere Jahrzehnte Lebenserfahrung und noch keine hundert Ratgeber gelesen. Aber vielleicht haben Sie schon ein paarmal etwas vom Tod gehört, bei Checker Tobi zum Beispiel. Und dabei das gleiche Gefühl gespürt wie jetzt, wo es kein Eis mehr gibt. Es fühlt sich stark an und groß, intensiv und fies. Und es ist nicht »traurig« – das wird dem, was sie spüren, so gar nicht gerecht. Sie erkennen den Vergleich. Wenn Kinder in so einer Situation dann sagen, sie wünschten, sie wären gar nicht erst geboren, hat das nichts mit Erpressung zu tun und sicherlich auch nichts damit, Sie als Eltern besonders verletzen zu wollen. Es ist ein Versuch, das starke Gefühl zu beschreiben mit einem Wort, das dem Gefühl auch tatsächlich gerecht wird.

Wer groß fühlt, der drückt sich auch groß aus.
Darum: Haben Sie keine Angst vor den »großen Wörtern«, die Ihr Kind an Sie richtet.

Atmen Sie kurz durch, und versuchen Sie herauszufinden, welche andere Vokabel Ihrem Kind helfen kann, sich selbst verständlich auszudrücken. Ihr Kind kann, auch wenn es noch sehr klein ist, mit Wörtern wie »hilflos«, »verzweifelt«, »völlig erschöpft«, »verletzt«, »ängstlich« oder »ausgeschlossen« hantieren. Trauen Sie es Ihrem Kind zu – und sich selbst auch –, große, bedeutungsvolle Vokabeln in Ihren Wortschatz einzubauen. Es wird Ihr Kind langfristig unterstützen, in Klarheit Emotionen auszusprechen, und hoffentlich dazu führen, dass es von der Gesellschaft nicht als Mimose dargestellt, sondern viel eher für diese Deutlichkeit bewundert wird.

Ein Wort zum Trost

Wir Erwachsenen treffen immer wieder auf Situationen, wie ein unangenehmes Telefonat, durch die wir – tatsächlich und buchstäblich – »durch müssen«, an denen wir nicht einfach so vorbeikommen. Es gibt für uns Regeln und Vorgaben, an die wir uns halten müssen, da eine Nichtbeachtung für uns im schlimmsten Fall gemeine Konsequenzen hätte. Und manchmal klopft unser Herz vor Angst, Aufregung und Sorge bis zum Hals. Wir sind nicht unbefangen und gelöst, wenn wir in einer Krise stecken. Nein, es fällt uns selbst oft genug ziemlich schwer. Wir suchen das Gespräch, Rat bei Freund:innen oder der Partner:in, wir suchen – Trost. Und jemanden, mit dem wir unsere schwierige Situation meistern können. In den seltensten Fällen geht es als Erwachsener darum, jemanden zu finden, der uns das Problem selbst abnimmt – mal abgesehen davon, dass das vermutlich auch nicht möglich ist. Wir wünschen uns Ratschläge, wenn wir danach fragen, und ein achtsames Zuhören, wenn nicht. Was wir aber auf keinen Fall brauchen, sind Sätze wie »Da musst du schon selber durch«, »Da kann ich dir nun wirklich nicht helfen!«. Oder gar: »Tja, selbst schuld!«

Wieso also sollte so ein Satz unseren Kindern helfen? Warum sollten wir Kinder durch Trauer und Angst schicken, ohne uns ganz bewusst zu machen, dass es furchtbar für sie ist? Dass die Tränen der Verzweiflung echt sind und dass sie getröstet werden müssen? Wieso sollten wir unsere Kinder ohne Begleitung, ohne Beistand und warme Worte, ohne das echte Gefühl, dass wir da sind, in schwierigen Situationen allein lassen? Ohne ein »Es wird alles gut!« oder »Du schaffst das! Ich glaube fest an dich!«?

Und doch begegnen sie uns noch manchmal. In schwierigen Situationen wie der Eingewöhnung in die Kita oder in den ersten Wochen nach der Einschulung. Manchmal hören wir sie noch Jahre später, wenn sich Konflikte unter Mitschüler:innen ergeben oder die Mitarbeit in der Schule so schwerfällt. Als Eltern kennen Sie diese Sätze in Richtung Ihrer Kinder vielleicht von Lehrkräften und Erzieher:innen, die der Überzeugung sind, Kinder seien »alt genug« und müssten etwaige Lebenskrisen nun sowohl allein als auch ohne Trost bewältigen. Doch siehe oben – noch als Erwachsene wünschen wir uns oft insgeheim nichts weiter als ein liebevolles Zuhören oder emotionale Unterstützung durch geliebte Menschen. Es stimmt. Manchmal lassen sich Situationen nicht ändern. Menschen sind unterschiedlich, haben unterschiedliche Bedürfnisse und Träume – und sie alle haben ihre Berechtigung. Und vieles davon betrifft auch automatisch unsere Kinder. Und so entscheiden wir uns irgendwann vielleicht für einen Weg, der sich eher wie ein Kompromiss anfühlt, weil er die Trauer des Kindes einkalkuliert. Mit der Eingewöhnung eines sensiblen Kindes in eine Betreuung verhält es sich oft genauso. Denn sosehr wir uns Unterstützung wünschen (oder manchmal auch dazu gezwungen sind, weil die Elternzeit endet und wir zurück in den Job müssen), so sehr spüren wir oft auch, welche große Leistung unsere Kinder erbringen müssen und wie sehr der Anfang schmerzen kann. Das lässt Kinder und Eltern gleichermaßen in diesen herausfordernden Situationen verzweifeln – und alles, was man dieser Emotion entgegenstellen soll, ist: »Na ja. Da müsst ihr wohl jetzt durch! Schließlich kann euch das keiner abnehmen«?

Mir reicht das nicht, und ich zweifle an, dass es jemals eine ausreichende Erklärung für eine derart emotionale Situation gewesen sein soll. Es gibt einen Unterschied zwischen den wenig tröstenden Worten »Da musst du jetzt wohl durch!« und dem verständnisvolleren »Das ist jetzt doof. Eine echt blöde Situation, die ich dir nicht abnehmen kann, die dir aber so schwerfällt, Bauchweh und Herzklopfen macht. Aber ich bin da, ich bin hier, und ich unterstütze dich. Und du wirst da stärker rausgehen, als du reingegangen bist!« Und selbst wenn – zum Beispiel aufgrund des Alters Ihres Kindes – nicht der genaue Wortlaut Sinn macht, so aber zumindest – altersunabhängig – die Botschaft: »Du musst nicht allein da durch, auch wenn du da durch musst. Denn ich bin für dich da, in all jenen Situationen, die sich leider nicht ändern lassen. Das ist das Leben, das du fühlen darfst, mit all seinen Facetten. Deine Gefühle sind dein gutes Recht, und zwar alle! Sie sind willkommen!« Echter Trost lässt uns wachsen – über uns hinaus! Vielleicht sind Sie als Eltern vor die Herausforderung gestellt, Ihr Kind in eine Betreuungseinrichtung oder Schule zu bringen, die jene Form von Trost nicht leisten kann. Und hier das gesamte System zu verändern ist möglicherweise eine Mammutaufgabe, der Sie sich nicht gewachsen fühlen. Das müssen Sie auch nicht!

Für Ihr Kind werden Ihre Wertschätzung und Anerkennung und das Gesehenwerden von den eigenen Eltern eine große Ressource sein und immer bleiben.

Trauen Sie sich selbst zu, Ihr Kind ermutigen, aufbauen, trösten und unterstützen zu können, auch wenn Ihnen bei den Elternsprechtagen immer wieder erklärt wird, das Verhalten Ihres Kindes oder Ihr Kind selbst seien »nicht normal«. Ich weiß, dass es mit jedem Vorwurf schwerer wird, das Kind in seinen Gefühlen und Schwierigkeiten zu sehen und nicht zu zweifeln. Aber Sensitivität braucht Geduld, viel Raum für Gespräche und jede Menge Trost. Und ich weiß, dass Sie das leisten können, auch wenn Sie nicht rund um die Uhr danebensitzen können.

Ich erinnere mich, wie ich als Kind einmal ein Gespräch mit meiner Mutter über schwierige Situationen führte. Ich erklärte ihr, wie sehr ich es hasste, Situationen durchziehen zu müssen, obwohl sie mir so schwerfielen. Meine Mutter antwortete damals: »Das kann ich gut verstehen. Aber weißt du, solche Situationen, die wirst du im Leben immer wieder haben. Das hört nie auf. Immer wieder wirst du etwas tun müssen, bei dem dir das Herz bis zum Halse schlägt, und das wird nie besser, außer du stumpfst ab. Aber das wirst du nicht. Und bei jedem weiteren ersten Mal klopft das Herz wieder bis zum Hals – aber du lernst etwas dazu und bist beim nächsten Mal stärker.«

Wenn Sie also das nächste Mal denken oder vielleicht sogar zu hören bekommen, dass Sie Ihr Kind durch etwas hindurchschicken müssen, es nicht verwöhnen dürfen und bloß nicht denken sollten, Sie könnten ihm etwas abnehmen, dann leihe ich Ihnen die Worte meiner Mutter gern. Das echte Verständnis und die Annahme meiner Gefühle wurden für mich zum Anker, der mich heute noch begleitet. Nicht nur, wenn ich meine sorgenvolle Miene an einem dieser »Da muss ich durch«-Tage selbst im Spiegelbild erkenne und mich selber trösten muss, eben weil ich mein eigenes Herz schlagen höre, sondern auch, wenn meine Kinder vor Situationen stehen, durch die sie gehen müssen, und ich wünschte, ich könnte sie ihnen abnehmen. Dann nehme ich ihre Hand, tröste und halte sie. Und ich verspreche: Wenn du da schon durchmusst, dann komme ich wenigstens ein kleines Stück mit dir mit.

»Die Entscheidung, ein Kind zu haben ist von großer Tragweite. Denn man beschließt für alle Zeit, dass das Herz außerhalb des Körpers herumläuft.«

Elisabeth Stone

Geborgenheit ist der Schlüssel

Wir wachsen, jeden Tag. Und irgendwo sehr tief in uns erinnern wir uns auch an Geborgenheit. Manchmal ist das genau die Resilienz, die uns hilft, weiterzumachen. Dann nämlich, wenn wir uns wach und bewusst an nichts Gutes erinnern und nur noch irgendwo unglaublich tief abgelegt ist, dass es etwas gibt, für das es sich zu leben lohnt. Geborgenheit ist das Erste, was wir erleben, wenn wir zu existieren beginnen. Intrauterin ist alles »schön«. Es ist warm und geborgen, und wir sind automatisch im Gleichgewicht. Der erste Störer, die erste Herausforderung, das erste Mal, bei dem unser emotionales Immunsystem für uns kämpfen muss, ist unsere Geburt in dieses Leben.

Geborgenheit ist die allererste unserer Erinnerungen – sie ist unser Fundament. Geborgenheit ist, wo wir schlussendlich alle herkommen. Selbst wenn es nur wenige Augenblicke waren. Oder nur diese 40 Wochen. Und selbst wenn wir aktiv jetzt gerade nichts anderes erinnern können, steckt sie tief in uns und in unseren Zellen, angelegt als Teil unseres Selbst. Immer wenn es um uns herum chaotisch, verkrampft, einsam oder taub wird, sich ein Störer, ein Eindringling, ein Erreger oder Trigger zeigt, eine andere Erinnerung sich anschleicht, dann dürfen wir uns intuitiv darauf verlassen, dass die Erinnerung an Geborgenheit in uns ist! Sie ist da. Vielleicht vergraben, möglicherweise sehr weit entfernt und vielleicht nur ein leises, kaum hörbares Flüstern. Aber sie ist da. Und es ist Teil unseres emotionalen Immunsystems, genau danach zu suchen.

Wenn es chaotisch wird, wir zu streiten beginnen, wir ängstlich, panisch, taub, abgetrennt, isoliert, wütend, launisch, depressiv oder ungerecht werden, dann sind das vielleicht Gedächtniszellen, die sich daran erinnern, uns vor schlimmerem Weh zu schützen. Aber wenn es still ist, ruhig und friedlich, wenn wir lächeln, meditieren, schreiben, aus dem Fenster schauen oder einfach so mit uns im Reinen sind, dann ist das auch ein Zeitfenster, in dem wir eine andere Erinnerung finden können, mit der wir auf diese Welt gekommen sind. Weil es vielleicht keine stärkere, keine größere Empfindung gibt als die Erinnerung an Geborgenheit.

Wenn wir Kinder bekommen und sie auf ihrem Lebensweg begleiten, dann stellen sich plötzlich jede Menge Fragen, die wir uns vorher im Leben ohne Kinder vielleicht nie gestellt haben: Welche Windeln haben die wenigsten Schadstoffe? Welche Babytrage ist die richtige? Welche Kita wählen wir? Und welche Schule? Um sie zu beantworten, beginnen wir, Bücher und Blogartikel zu lesen, uns nahestehende Menschen zu befragen und uns zu informieren. Nicht immer fallen uns die Antworten leicht, doch immer wollen wir sicherstellen, dass unsere Entscheidungen zum besten Wohl unseres Kindes führen. Das ist die Voraussetzung, und all unsere Überlegungen gehen in diese Richtung. Nicht weniger müssen die Entscheidungen für das seelische und psychische Wohl unserer Kinder mit sich bringen. Wir müssen verstehen, dass die Frage nach dem richtigen Kindergarten oder der richtigen Schule, nach der nächsten Sportart oder dem richtigen Verein viel weniger mit der Ausstattung, dem Freizeitangebot oder der zu erzielenden Leistung zu tun haben sollte als mit dem gelebten und erlebten Gefühl von Geborgenheit.

Bleiben Sie in dem Vertrauen, dass jede Erinnerung an Geborgenheit, die Sie dem System Ihres Kindes schenken können, eine fürs Leben ist. Ungefähr so stark, wenn nicht stärker, wie eine Schutzimpfung gegen eine schwere Krankheit, die ebendiese im besten Fall abhält, auf jeden Fall aber ihren Verlauf mildert.

Die Entscheidungen, die Sie als Eltern treffen, dürfen (und sollten) sich immer darum drehen, wie sicher, geborgen und schön sie das Leben Ihres Kindes machen – und Ihr eigenes. Je sicherer und geborgener Ihr Kind sich fühlt, umso besser kann es lernen, kreativ sein, gestalten und sich selbst entdecken. Vor allem (aber nicht nur) mit sensiblen Kindern ist die Suche nach Geborgenheit von elementarer Bedeutung. Ein nicht ausgereiftes, sensibles Nervensystem tendiert von Haus aus zu Stress, und der wiederum greift das persönliche Toleranzfenster an – und damit die eigene Resilienz. Um Ihr Kind davor zu schützen und für das Gegenteil – also Geborgenheit – zu sorgen, dürfen Sie »faule« Kompromisse loslassen und Herz und Augen für die bestmögliche Begleitung Ihres sensiblen Kindes in allen Lebenslagen wählen. Entscheiden Sie dafür nicht nur aus dem Bauch heraus, sondern vor allem aus dem Hier und Jetzt. Die »beste« Schule zum Beispiel ist nicht ausschließlich die, die Ihrem Kind die beste Bildung bietet, die größte Qualität oder die beste Auszeichnung. Möglicherweise ist es viel eher die kleine, reizarme Dorfschule, die seit Bestehen noch keine einzige Auszeichnung erhalten hat. Stellen Sie sich und der bevorstehenden Situation oder Institution, die Teil Ihres Lebens werden darf, stets folgende Fragen:

› Was braucht mein Kind, um sich geborgen und sicher zu fühlen?
› Welche Handlung erzeugt für mein Kind das Gefühl von Geborgenheit?
› Welche Farben, welches Licht, welche Wärme, welcher Geruch helfen meinem Kind, sich geborgen und sicher fühlen zu können, auch wenn ich nicht da bin?
› Welche »Trösterchen« können unterstützen?
› Wie wünsche ich mir Gespräche mit den weiteren Bezugspersonen, um Sicherheit für mein Kind (wieder)herzustellen, wenn es sich unsicher fühlt?
› Wie wird in der Institution mit Unsicherheiten und Konflikten umgegangen?
› Fühle ich mich als Eltern dort selbst sicher?
› Wie fühle ich mich in Gesprächssituationen? Empfinde ich Wertschätzung und Respekt, und wird mir dies gleichermaßen entgegengebracht?

- Wie ist der Umgang mit Entspannung und Stressabbau? Wie wird ein Gefühl der Geborgenheit und Ruhe hergestellt?
- Wie werden Risikobereitschaft, Wachstum und Lernen definiert und begleitet?
- Wie ist die Aufteilung innerhalb der Gruppe/Klasse? Gibt es Klassenhelfer:innen, Praktikant:innen oder weitere Unterstützung durch die Eltern? Stichwort: Stressbelastung der Lehrkräfte/Erzieher:innen

KAPITEL 3

Wie das kindliche Gehirn sich in der Krippen-, Kindergarten- und Schulzeit entwickelt

Früher glaubte man, dass wir Menschen quasi »fertig« geboren würden, unsere Hirnentwicklung mit der Geburt also abgeschlossen sei. Heute wissen wir, dass das nicht stimmt – streng genommen zu keinem Zeitpunkt in unserem Leben. Dank der Forschung rund um die Neuroplastizität[1] wissen wir, dass unser Gehirn bis zu unserem letzten Tag in der Lage ist, seine einmal angelegten Nervenzellverschaltungen immer wieder anzupassen, zu verändern und neu zu organisieren. Unser Gehirn passt sich unserer Nutzung an – das heißt, die Herausbildung und Festigung der neuronalen Verschaltungen sind davon abhängig, wie und wofür wir unser Gehirn benutzen. Dafür stellt die Natur alle Weichen. Denn jene Verschaltungen sind eben nicht besonders »fest« und »starr« angelegt, wie beispielsweise bei einer Computerfestplatte, sondern im Gegenteil besonders weich. Dies ermöglicht es unserem Gehirn, sich mit jedem Reiz, der auf es trifft, verändern zu können. Gerade weil unser Denken, Fühlen und Handeln nicht von Geburt an durch genetische Programme festgelegt sind, kann es sich so flexibel gegenüber psychosozialen Einflüssen, Erfahrungen mit anderen Menschen und Emotionen sowie Lernen und eigener Entwicklung verhalten. Dies macht das menschliche Gehirn besonders anpassungsfähig und hilft, die gemachten Veränderungen auch noch im Laufe des Lebens zu verankern.

Noch einmal zur Erinnerung: Lediglich 50 Prozent unserer Persönlichkeit werden durch die Genetik bestimmt. Die übrigen 50 Prozent werden durch Strukturen, Einflüsse und unsere Umwelt beeinflusst. Dabei prägen uns (frühe emotionale) Erfahrungen, Gefühle und Empfindungen sowie zwischenmenschliche Beziehungen. Konkret bedeutet das, dass die Bedingungen, unter denen ein Kind aufwächst, ganz entscheidend dafür sind, wie es seine angeborenen Stärken und Schwächen nutzen kann, um sein Potenzial zu entfalten. Es ist also niemals zu spät, Umstände anzupassen, Verhalten oder gar Gedanken zu verändern. Das ist es, was uns das Wissen um Neuroplastizität hat schenken können!

Unser Gehirn ist ein wandlungs- und anpassungsfähiges Geschenk, das mit seinen Aufgaben wächst. Und zwar bis zum allerletzten Atemzug. Dieses flexible Gehirn ist eines der wesentlichen Merkmale der Spezies Mensch, und es ermöglicht uns, uns an so ziemlich alles anzupassen. Um seine Flexibilität zu erhalten und sicherzustellen, dass jedes Kind ein Nervenzellsystem hat, das genau zu seiner Umwelt passt, werden nicht nur alle Verbindungen abgebaut, die nicht genutzt (und nicht gebraucht) werden, sondern auch jene weiter ausgebaut, die von hohem Nutzen sind. Vielleicht kennen Sie den Vergleich bereits, der zur Veranschaulichung gern genutzt wird: Führen wir eine Tätigkeit beispielsweise nur einmal aus, so entsteht quasi ein kleiner Trampelpfad in unserem Gehirn – ganz so, als liefen wir zum allerersten Mal über eine Blumenwiese. Wiederholen wir die Tätigkeit oder gehen wir diesen kleinen Pfad wieder und wieder, so tritt sich der Boden fest, verbreitert sich und wird immer stabiler. Genauso sieht es auch in uns aus: Je öfter wir Dinge wiederholen, umso stärker verschalten Sie sich, und umso einfacher wird es für uns, die Informationen dafür wieder abzurufen. Nach mehrfacher Wiederholung und mit ein wenig Geduld wird aus unserem kleinen Trampelpfad irgendwann ein sicherer Weg – oder sogar eine vierspurige Autobahn. Auf dieser Grundlage funktionieren natürlich auch die Lernsysteme in der Schule. Doch nicht alles, was wir erlernen können, dient uns grundsätzlich auch. Für viele Dinge ist diese Neuroplastizität ein Wahnsinnsgeschenk. Doch so, wie sich all die positiven Dinge in uns verfestigen, verfestigt sich auch das Negative. Glaubenssätze zum Beispiel oder negative Gedanken, die wir immer wieder denken.

Absolut jede Lernerfahrung wird abgespeichert und, sofern sie als wichtig eingestuft und genutzt wird, ausgebaut und vertieft Das lässt uns schneller, aktiver und sicherer werden – beim Lesen wie auch im Umgang mit unseren Gefühlen, in Gesprächen oder in zwischenmenschlichen Interaktionen. Unsere Kinder brauchen von uns also keine Bedienungsanleitung fürs Leben und sicher auch keine Erziehung, die sie in die alles entscheidende Richtung drängt. Sie brauchen Begleitung in emotional herausfordernden Situationen, Trost und Geborgenheit. Sie wollen wissen, dass wir ihnen den Rücken stärken, wollen sich gehalten und geliebt fühlen, ihre eigenen Erfahrungen machen und Hilfe bekommen, diese einzuordnen. Sie brauchen Eltern, die ihre eigenen Standpunkte vertreten und ihre eigenen, persönlichen Grenzen aufzeigen. Menschen, die sich sichtbar machen, kommunizieren und ihnen dabei helfen, sicher durch das Leben zu navigieren. Fehler sind unvermeidbar und, wie Sie sehen, auch wichtig. Denn jede Reaktion, falsch oder richtig, formt unser Gehirn.

Wir lernen aus dem, was wir tun, was wir denken und wie wir uns bewegen – und zwar für immer. Eltern sind nicht dafür da, Kinder in bestimmte Richtungen zu verschalten, denn das kann das kindliche Gehirn schon ganz allein. Vielmehr sind sie dafür da, ihr Kind dabei zu unterstützen, die bestmöglichen Verschaltungen anzulegen, sich ideal an seine Umwelt anzupassen und Veränderungen stets so durchzuführen, dass sie zu seinem Besten sind. Nicht ganz unabhängig davon, was in dieser Umwelt passiert – sondern eher im Fluss mit ebendieser.

Krippe, Kindergarten und Schule – Fluch oder Segen für sensible Kinder?

Krippe, Kita und Schule sind für (hoch)sensible Kinder in der Regel anstrengende Orte, bezogen auf ihre Anpassungs- und Regulationsfähigkeiten, denn:

- Es ist ständig laut.
- Es halten sich viele andere Menschen dort auf, und es gibt nur wenige Rückzugsmöglichkeiten.
- Viele Eindrücke und Reize prasseln auf das Gehirn ein, bei gleichzeitig wenigen Pausen.
- Das Kind ist angehalten, auf die Lehrkraft oder die Erzieher:in zu achten und den Regeln zu folgen.

- Der Tag verläuft in geschlossenen Räumen mit wenig frischer Luft, eingeschränktem Tageslicht und zu wenig Raum, um sich mental-emotional zu entfalten.
- Es kommen zahlreiche weitere Sinneseindrücke dazu, wie Farben, Töne, Gerüche etc.

Ein (hoch)sensibles Kind zeigt in diesem Kontext häufig Überforderung oder Stressbelastungen in unterschiedlicher Intensität (bis hin zu Erschöpfung). Die einzige Chance, die Kinder in dieser Situation haben, um Reize zu reduzieren, ist, dass erwachsene Menschen feinfühlig auf ihre sensible Wahrnehmung und ihre Empfindungen eingehen und sie dabei unterstützen, reizärmere Räume zu schaffen. Viel zu oft aber werden ihnen Tyrannei und Boykott unterstellt, obwohl es die Umwelt ist, die es ihnen so unerträglich schwer macht. Bevor wir also Wege finden, es Ihrem Kind so angenehm wie möglich zu machen, gebe ich Ihnen die für die folgenden Kapitel wichtigste Frage mit:

Ist Ihr Kind möglicherweise vollkommen erschöpft und gestresst, oder versucht es *wirklich*, die Betreuungs- oder Lehrkraft zu boykottieren?

Kinder reagieren auf belastende Situationen in der Regel mit Frust. In unserem bestehenden System ist es jedoch normal für Tageseltern, Erzieher:innen und Lehrkräfte geworden, dass Kinder weinen und rebellieren. Erziehungskonzepte und Systeme sollen dafür sorgen, die Vielzahl unterschiedlicher Charaktere und Persönlichkeiten so zu formen, dass alle mitmachen und gut funktionieren. Doch es sind die Umstände, die an die Vielfalt angepasst werden müssen – nicht die Kinder.

Es mutet seltsam an, zu hören, dass unser evolutionärer Prozess seit gut und gern 100 000 Jahren abgeschlossen ist[2] – und doch entspricht es der Wahrheit. So erlernen wir zum Beispiel Laut- und Schriftsprache, Kultur, bewährte Rituale, Gewohnheiten und Gegebenheiten, Wissen sowie Fähigkeiten und Erfahrungen als Überlieferung oder Weitergabe, müssen die grundsätzliche Fähigkeit dazu aber auf kognitiver oder neuronaler Ebene nicht mehr ganz neu anlegen. Das Fühlen ist weitestgehend gleich geblieben – wir reagieren noch genauso, wie es schon unsere Vorfahren taten. Droht Gefahr, schütten wir Stresshormone aus. Der wichtigste Motor für Veränderungen und unsere Entwicklung sind bis heute die Unterschiedlichkeit unter uns Menschen, die Konflikte, die wir austragen, und die Krisen, die wir zu meistern versuchen. Reibung erzwingt Veränderung und ermutigt uns, immer neue Lösungen zu finden, um miteinander leben zu können. Wir Menschen brauchen Herausforderungen und Krisen, um wachsen zu können. Und im zwischenmenschlichen Kontext bedeutet das, dass uns Konflikte – sosehr wir sie auch fürchten – immer zum Wachstum verhelfen. Wir reorganisieren die Verschaltungen in unserem Gehirn, ganz unwillentlich und unbewusst. Das tun wir sowohl bei positiven als auch bei negativen Erfahrungen. In beiden Fällen ändern sich im Anschluss an die Situation unsere Bewertung und in aller Regel auch unsere Herangehensweise beim »nächsten Mal«. Im Laufe der Entwicklung eines Kleinkindes geschieht das auf zwei verschiedenen Wegen:

- Eigendynamisch
  Diese völlig autonome und weitestgehend selbstorganisierte Weiterentwicklung des Gehirns sehen wir ganz besonders stark in der Entwicklung unserer Kinder in den ersten drei Lebensjahren. Nie wieder in unserem menschlichen Leben lernen wir so viele Fertigkeiten und Fähigkeiten in so kurzer Zeit. Im ersten Lebensjahr lernen Babys, selbstständig zu atmen, zu essen, zu schauen, zu hören, zu rollen, zu sitzen, zu krabbeln, zu stehen, zu laufen. Sie lernen die ersten Töne und ihre Körpersprache. Sie verfolgen die Blicke, Mimik und Gestik ihrer Hauptbindungspersonen und erfahren, was Reaktion bedeutet. Sie lernen Verlässlichkeit und Autonomie. Und sie tun all das, ohne dass ihnen jemand dafür einen Übungszettel schreibt.

- Von außen verursacht
  Sensorische Impulse aus der Außenwelt werden über unsere Sinneskanäle aufgenommen und verarbeitet. Wie wir bereits aus dem vorigen Kapitel wissen, formt jeder dieser Reize unser Gehirn. Je mehr Verbindung wir zur Außenwelt aufnehmen (also: je älter unsere Kinder werden), umso mehr ist die Entwicklung des Gehirns durch Erregungsmuster beeinfluss- und manipulierbar.

Ab hier wird es spannend. Denn wie oft haben Sie sich vor der Eingewöhnung in die Kita gefragt, ob das wirklich das Richtige ist für ihr so sensibles Kind? Wie lang haben Sie mit der Wahl der »richtigen« Schule gehadert, bis sie endlich eine gefunden haben, die Ihnen ein gutes Gefühl vermitteln konnte? Und wie gehen Sie mit Konflikten beim Sport oder beim Hobby Ihres Kindes um? Eltern sind in hellem Aufruhr, wenn ein Konflikt sich auftut. Hier zeigt sich häufig eine große Angst, zum Beispiel vor Ausschluss, Unsicherheit oder Verletzung des Kindes. Manchmal bis hin zur Entscheidung, es gleich ganz zu lassen und das sensible Kind so lang im Schoße der Familie zu behalten, bis es von sich aus so weit ist, der Welt gegenüberzutreten. Vielleicht fragen Sie sich auch, ob Sie Ihr sensibles Kind, gerade weil es so sensibel auf Reize reagiert, vor ebenjenen schützen sollten? Doch wenn ja, wie soll das gehen?

Ein sensibles Kind ist bestens ausgestattet, um in unserer Welt zu leben. Es gibt also keinen Grund, es von Haus aus anders zu behandeln oder gar vom Leben fernzuhalten. Doch die Angst, die sehr häufig gerade in den ersten Lebensjahren mit einem (hoch) sensiblen Kind aufseiten der Eltern entsteht, zeigt, dass das nicht so einfach ist. Wir wünschen uns eine große Packung Watte, in die wir unsere Kinder packen können. Manchmal, weil wir ihren Schmerz und ihren Stress sehen und ihnen nichts mehr wünschen als ein entspanntes und ruhiges Leben. Manchmal aber – Hand aufs Herz – auch, weil wir selbst dem Stress kaum noch etwas entgegensetzen können, wenn unser Kind nicht ausgeglichen ist. In beiden Fällen drohen wir in defizitäre Gedanken abzurutschen. Doch es entbehrt nicht einer gewissen Ironie, ein Kind von Gleichaltrigen fernzuhalten, weil wir diese als bedrohlich empfinden. Genau dafür sind sie schließlich bestens ausgerüstet!

Es geht also niemals darum, den Fehler im Kind oder im System zu finden – sondern viel eher darum, ressourcenorientiert mit dem umzugehen, was uns und die Situation ausmacht. Wenn wir unsere Kinder aufgrund ihrer Sensibilität von vornherein von sämtlichen Einrichtungen wie Kita, Kindergarten oder Schule fernhalten, um sie zu schützen, nehmen wir ihnen unter Umständen auch wichtige Lernräume weg.

Orte wie Kita oder Schule eignen sich hervorragend, um menschliche Qualitäten zu erlernen und zu trainieren, wie zum Beispiel die Wirkung auf andere Menschen, die Selbstwirksamkeit, die Verlässlichkeit unterschiedlicher menschlicher Beziehungen und das aus all diesen Erfahrungen resultierende Gefühl von Selbstsicherheit.

Jetzt, da wir wissen, dass Verschaltungen im Gehirn nur ausgebildet werden können, wenn Kinder schon als Säuglinge vielfältige Erfahrungen machen, ist klar, wieso sie sich im Fortschritt der Entwicklung auch immer weiter von den Hauptbindungspersonen entfernen. Denn überall dort, wo sie die schützende Komfortzone verlassen, liegen neue Herausforderungen, Krisen und Konflikte, für die sie neue Lösungen und neue Verschaltungen brauchen. Die Voraussetzung für diese Prozesse: sichere emotionale Beziehungen und Geborgenheit im »Nest« der Familie.

Kurzum: Kinder brauchen sowohl Probleme, an denen sie wachsen, als auch Unterstützung und Geborgenheit durch die

Hauptbindungspersonen. Mit diesen Qualitäten in der Waage sind sie bestens ausgerüstet, um das Leben zu meistern. Eine (Hoch-) Sensibilität, Neurodiversität oder Hochbegabung allein sollte nicht der Grund dafür sein, Ihr Kind von der lauten, bunten Welt fernzuhalten.

Vielleicht ist es Ihre Überzeugung, Ihre Kinder frei lernen zu lassen, alternative Schulen zu suchen oder sie selbst zu betreuen, anstatt sie in den Kindergarten zu bringen – dagegen gibt es keine Einwände! Sollte in Ihnen aber eine Angst vorherrschen, die ihnen verbietet, ihr sensibles Kind in die Hände anderer Vertrauenspersonen zu geben, sie stets vor Reibereien oder negativen Erfahrungen zu schützen, dann ist es an der Zeit, nach Ressourcen und Kräften zu suchen, die Sie und Ihr Kind dabei unterstützen, Ihren ganz persönlichen Weg – mit oder ohne außerfamiliäre Betreuung oder Schule – zu gehen.

Setzen Sie Ihr volles Vertrauen in Ihre Fähigkeiten, Ihrem Kind als liebende Eltern volle Geborgenheit zu schenken, die Wellen des Lebens zu reiten und Risiken und Gefahren in Chancen zu verwandeln – und Sie müssen keine Angst mehr haben, dass Ihr sensibles Kind ohne Sie nicht klarkommt.

Schule, Kita, Vereine und alle anderen Orte, an denen sich andere Menschen und Herausforderungen tummeln, sind keine Gefahren und auch nicht unter allen Umständen zu meiden – im Gegenteil. Es sind Chancen für Sie alle, zu wachsen.

Betrachten wir (Klein-)Kinder im Spiel, stellen wir schnell fest, dass sich ihre Beziehungen in aller Regel nicht dadurch aufbauen, dass sie sich anfangs Geschenke machen, Listen der persönlichen Grenzen oder größten Werte austauschen. Sie hauen sich Schaufeln auf die Köpfe, schubsen sich, streiten um Ressourcen und fragen doch am nächsten Tag, ob sie wieder miteinander spielen können. Das Anstrengende an diesen Situationen ist nicht der Konflikt selbst – der ist schließlich maßgeblich an der Entwicklung und Reifung des Gehirns Ihres Kindes beteiligt –, sondern die Gefühlsarbeit, die Sie als Eltern zu leisten haben. Der Trost für die vielen Tränen, die Lautstärke des langen Schreiens, die Wutausbrüche später zu Hause, wenn es ein bisschen zu viel Aufregung war. Uns Eltern macht das Angst, und es macht uns unsicher, und beides ist berechtigt. Es braucht gute Strategien, jede Menge Ressourcen und auch Trost für Sie, um das immer wieder zu verkraften. Sie und Ihr Kind können lernen, in all diesen bisweilen unbequemen Situationen einen kühlen Kopf und ein ruhiges Herz zu bewahren. Manchmal braucht es Zeit und Wiederholung, manchmal mehr, als wir leisten zu können glauben. Aber vertrauen Sie mir und, viel wichtiger, der aktuellen Wissenschaft. Hier liegt Ihr Versprechen dafür, dass Ihr Kind lernen kann, mit so ziemlich allen herausfordernden Situationen klarzukommen – genau wie Sie!

KAPITEL 4

Sensibilität in der Krippenzeit – von der Geburt bis zum dritten Lebensjahr

Dank der Bindungstheorie, die John Bowlby und Mary Ainsworth[1] begründeten, verstehen wir, welch starkes Band Bindung ausmacht, wie sie das menschliche Leben beeinflusst und wie sich Bindungsverhalten und -muster auf unsere Weltanschauung (zum Beispiel, ob wir ganz grundsätzlich anderen Menschen vertrauen oder nicht, ob wir in der Lage sind, uns verletzlich zu zeigen, oder in Beziehungen eher verschlossen und misstrauisch sind etc.[2]) und unsere Resilienz auswirken. Laut Bowlby geht es darum, ein sicheres inneres Modell herzustellen und aufrechtzuerhalten, das (zwischenmenschliche) Bindungsbeziehungen ermöglicht sowie ein Gefühl von Urvertrauen ins Leben, in andere Menschen und in sich selbst entstehen lässt. Wenn wir in der Lage sind, sichere Bindungen herzustellen und einzugehen sowie Vertrauen und Verbindung in zwischenmenschlichen Beziehungen zu erfahren, dann ist auch unser Oxytocinhaushalt ausgeglichen. Oxytocin, auch bekannt als das »Liebes- oder Bindungshormon«, stellt in uns ein Gefühl von Geborgenheit, Liebe und Sicherheit her. Zudem sichern uns Bindungsfähigkeit und ein tief in uns ankerndes Empfinden, sich auf andere Menschen »verlassen« zu können (anstatt beispielsweise eher zu misstrauen oder sich nicht einlassen zu können), natürlich Nähe und soziales Miteinander, die neben Ruhe und Sicherheit zu den Grundbedürfnissen eines Menschen zählen. Sind diese erfüllt, lernen wir langfristig, auch gut für uns und alle weiteren Bedürfnisse zu sorgen. Ein Baby, das vor lauter Hunger brüllt, wird erst wieder zu spielen beginnen, wenn der Hunger gestillt ist – ganz einfach, weil das existenzielle Grundbedürfnis über allen anderen steht. Lernt es, dass es sich auf feinfühlige Bindungspersonen verlassen kann (hier: seinen Hunger gestillt bekommt), stellt sich ein Gefühl von Sicherheit und Geborgenheit ein. Es lernt: Wenn ich hungrig bin, bekomme ich etwas zu essen, dann geht es mir gut und ich kann spielen. Bleibt diese Bedürfnisbefriedigung aus, wird abgespeichert, dass das Kind in Gefahr ist, und es bleibt immer wichtiger, die existenzielle (Hungers-)Not zu beenden. Spielen oder andere Bedürfnisse rücken in den Hintergrund. Und so kann sich auch in vielen anderen Bereichen ein grundsätzliches Empfinden von Sicherheit oder Unsicherheit einstellen, das direkten Einfluss darauf hat, wie sich der Umgang mit Bedürfnissen im Leben eines Kindes entwickelt und wie gut es langfristig für sich selbst sorgen kann.

Kurz nach der Geburt geht es also vorrangig in all unseren Bemühungen, unserem Verhalten und unseren Reaktionen darum, Bindung herzustellen und zu stabilisieren. So lernen wir schon als Babys eine überlebenswichtige Sache, nämlich, dass unerfüllte Bedürfnisse uns enormen Stress bereiten. Das zuverlässige und feinfühlige Eingehen auf unsere Bedürfnisse durch unsere Hauptbindungspersonen bildet die Basis für unsere stabile psychische Gesundheit. Über das Einordnen und Spiegeln der Gefühle anderer lernen Babys ihre eigenen Gefühle kennen, später lernen sie, sie zu benennen, sich in andere hineinzuversetzen und ein Recht auf ihre eigenen Gefühle zu haben. Mit anderen Worten: Schon von Anfang an lernen Kinder dadurch die Basis sozialer Kompetenz, die wiederum zur Basis für alle weiteren Lernprozesse im Leben wird. Dabei ist es die Aufgabe der Eltern, die Frustration so gering zu halten, dass sich unsere Kinder nicht ohnmächtig, ungesehen oder vernachlässigt fühlen, um sich optimal entwickeln zu können. Ab hier wird es für Eltern sensibler Kinder besonders spannend. Denn Frustrationen erleben Sie und Ihr Kind wahrscheinlich oft. Nichts scheint ihm zu gefallen, alles wird mit Schreien oder Weinen quittiert, und Sie können sich kaum vorstellen, einen Vormittag bei den Tageseltern problemlos zu überstehen.

Ist Ihr Kind im Babyalter, gibt es für Sie keinen wichtigeren Job als Co-Regulation. Dies geschicht in den ersten zwei Jahren vorrangig über emotionale körperliche Nähe, liebevolle Blicke, Spiegeln der auftauchenden Gefühle und Trost. So leicht, wie es klingt, ist das aber nicht immer. Denn sensible Babys fallen oft in die Kategorie der »Schreibabys« (»hochreaktive Babys«[3]), die ihren eben angesprochenen Frust durch stundenlanges Weinen äußern. Dies wiederum zehrt an den Kräften der Eltern. Und Sie erinnern sich: Kinder mit schwierigem Temperament sind anfällig für negative Erziehung. Im Stress fangen wir an zu brüllen, zu schimpfen, sind erschöpft und werden krank.

Es gehört also nicht nur zu den wichtigsten Zielen, Ihr Baby zu regulieren, sondern auch sich selbst! Zum Beispiel durch Ihre Atmung, Entspannungstechniken oder Bewegung.

Also gilt jetzt doch »Entspannte Eltern, entspanntes Kind«? Nein. So wenig tröstlich, das jetzt für Sie klingt, aber Ihr Baby wird weiter weinen, weiter brüllen, weiterhin mit sich und der Welt überfordert sein. Aufgrund seiner speziellen Sensitivität sind diese ersten Jahre unglaublich fordernd, und Ihrem Kind wird es vermutlich in den allermeisten Situationen eher egal sein, ob Sie entspannt durch die Nase atmen oder nicht – wenn Frust, dann Frust. Gleichzeitig aber legen wir auch hier eine Basis, die durch Wiederholung ausgebaut wird und in den folgenden Jahren einen maßgeblichen Unterschied machen kann, wenn es für Ihr Kind darauf ankommt, sich auch ohne den elterlichen Schutz daran zu erinnern, dass es sich beruhigen, gut für sich sorgen und – ja, auch das – durch die Nase atmen kann. Die Co-Regulation Ihres Babys sorgt für den Ausbau seiner eigenen Regulationsfähigkeiten. Und um das wiederum ermöglichen zu können, brauchen wir Eltern Selbstfürsorge, Regulation unserer Nervensysteme – und Pausen. Je mehr wir davon weitergeben können, umso mehr wird unser Kind in der Lage sein, sich aus der inneren Ruhe heraus entwickeln zu können, anstatt unter Druck und Stress dem Zwang der Leistung nachzugehen. Gleichwohl ist das auch eine wichtige Voraussetzung für die psychische Gesundheit – doch dazu kommen wir zu einem späteren Zeitpunkt.

Raus aus dem Nest! Wenn zum ersten Mal weitere Bindungspersonen ins Leben des Kindes treten

Je nach individueller Lebenssituation beginnt die Betreuung durch Tageseltern oder die Krippe schon recht früh. Die Frage, ob es empfehlenswert sei, ein sensibles Kind so früh in eine Betreuungseinrichtung zu geben oder mit weiteren Bezugspersonen zu konfrontieren, kann ich nicht beantworten, ohne die Geschichte der Familie und Sie selbst zu kennen. Denn so einfach ist es nicht! Es gibt Kinder, die unglaublich gern bei ihren Tageseltern sind und diese als erweiterte Familie annehmen. Und es gibt Kinder, die unter dem Druck der Anpassung so leiden, dass es das gesamte Familiensystem in Schieflage bringt. Um hier eine gute Entscheidung zu treffen, braucht es den feinfühligen Blick auf Ihr Kind, auf seine Fähigkeiten und Strategien, darauf, wie stabil es ist, und natürlich auch auf die Umstände, die manchmal gar keine Wahl zulassen. Eine sichere, stabile und liebevolle Betreuung zusätzlich zu den Eltern kann manchmal eine so wichtige Unterstützung für die Eltern sein, dass sie auch die psychische Gesundheit sichert – und dann sind Bedürfnisse abzuwägen und zu »unden«[4].

Die wichtigsten Lektionen meines Lebens habe ich von meinen Kindern gelernt. Von diesen klugen kleinen Menschen, die so sehr im Moment, so sehr bei sich, so sehr in ihrer Intuition sind, dass sie uns immer die Wahrheit zeigen. Ich vermisse meine Kinder, wenn sie nicht da sind. Aber das bedeutet nicht, dass ich ständig mit ihnen zusammen bin. Denn in meinem Leben gibt es meine Arbeit, die ich liebe und weitermachen möchte, es gibt meine

Partnerschaft, die ich auch in Exklusivzeit verbringen möchte. Es gibt Freunde und Hobbys, die meine Familie nicht teilen möchte. Und es gibt Tage und Momente, manchmal sogar ganze Wochen, an denen ich eher wenig Lust auf Kinderlieder, Spielen auf dem Teppich oder zehnsekündliches »MAAAAMAAA«-Rufen habe. Diese Tage verbringen wir manchmal getrennt voneinander. Darüber sind meine Kinder manchmal traurig, und das dürfen sie sein. Denn ich bin es auch. In einer perfekten Welt gäbe es vielleicht die Fähigkeit, alle diese Bedürfnisse gleichbedeutend zu stillen und unter einen Hut zu bringen. Dann hätte der Tag vielleicht mehr als 24 Stunden und die Rahmenbedingungen wären andere. Aber wir leben in keiner perfekten Welt. Es darf Traurigkeit und vielleicht auch Verzweiflung, Wut und schwere Gefühle geben.

Der Ausgleich, der die Welt wieder in ihr Gleichgewicht bringt, besteht nicht darin, ständig zusammen zu sein und auf Dinge zu verzichten, die Sie eigentlich lieben. Nein, der Ausgleich ist die Erlaubnis, allen Gefühlen ihren Platz zu geben und zu trösten. So lernen Ihre Kinder, mit gewissen Zumutungen und auch mit den unterschiedlichen Bedürfnissen ihrer Mitmenschen umzugehen. Mit Geduld und Raum für ihre Gefühle und der Gewissheit, dass sich unsere Beziehung, unsere Liebe und unser Zusammenleben nicht für immer verändern, weil wir einen Tag nicht zusammen sind oder wir gemeinsam auch mal Dinge erleben, die nicht perfekt sind.

Eines Tages holte ich meinen Sohn bei seiner damaligen Tagesmutter ab und brachte ihn nach Hause. Dort angekommen, erzählte er mir, dass er mich vermisst habe. Vielleicht kennen Sie dieses stechende schlechte Gewissen, das dann kurz auftaucht?

Doch er beruhigte mich gleich im nächsten Satz, in dem er mir, irgendwie im Vorbeigehen, die wichtigste Lektion rund um dieses so komplexe Thema beibrachte: »Ich bin einfach traurig darüber, dass wir nicht immer zusammen sein können.« Kummer und Akzeptanz im gleichen Satz. Die Traurigkeit, sich trennen zu müssen, darf immer sein. Denn diese Gefühle sind unser gutes Recht – von Anfang an. Und wenn die Phase der Trennung, des Vermissens und der Trauer darüber vorbei ist, dann darf wieder einziehen, was wir an unserer Familie, an unseren Kindern, an unserem Leben so lieben: die Klarheit, das Wissen darüber, dass es nichts Schöneres gibt, als zusammen zu sein.

Wenn Sie nun, da Ihr Kind in die Betreuung gehen soll, zum ersten Mal in die Situation geraten, Gefühlsarbeit, Trösten, Entscheidungen, die auf Ihrem Wertesystem beruhen, oder den Umgang mit den Werten Ihres Kindes mit weiteren Bindungspersonen besprechen und aushandeln zu müssen, treffen Sie unter Umständen auch auf ganz neue Ansichten. Jene Menschen, die fortan den Vormittag mit Ihrem Kind verbringen, »outen« sich da möglicherweise mit kruden Erziehungsansichten oder Maßnahmen, die Sie so nicht mittragen wollen. Für den Fall, dass die schmerzhafte Trennung, die lange Eingewöhnung, die Tränen beim Mittagsschlaf oder die Diskussion um die Schnürsenkel ein quälendes Dauerthema bei den Übergabesituationen sind, lade ich Sie ein, sich zwei Dinge immer wieder vor Augen zu führen: 1. Der Umgang mit Sensitivität darf sich entwickeln, und 2. Die Gefühle Ihres Kindes sollten angenommen und akzeptiert werden.

Der Umgang mit Sensitivität darf sich entwickeln

Nicht jeder nimmt Sensibilität auf dieselbe Weise wahr. Es braucht Gespräche und Verständnis für beide Seiten. Das Wichtigste dabei ist und bleibt, dass Ihr Kind sich sein Temperament, seine Persönlichkeit oder sein Wahrnehmungslevel nicht selbstbestimmt ausgesucht hat und dass es in den Gefühlen, die diese neue Lebenssituation in ihm auslöst, begleitet werden sollte. Gleichzeitig ist Ihr sensibles Kind aber vielleicht auch das »erste seiner Art« für die neue Bindungsperson, die nun auch Zeit braucht, es zu verstehen. Besondere Rahmenbedingungen in den Einrichtungen und bei Tageseltern lassen eine sehr engmaschige Eingewöhnung in der Regel nicht so einfach zu. Zum Beispiel weil die Träger der Einrichtungen ganz schön Druck ausüben und Eingewöhnungen auf ein Zeitfenster von maximal 14 Tagen beschränken – dann hat das Kind angekommen zu sein. Ich empfehle Ihnen daher, in einem engen Austausch mit den Leitungen und Tageseltern zu bleiben, sich und Ihr Kind zu beschreiben, ohne sich zu rechtfertigen, sowohl Angebote zu machen, als auch zu verlangen, was Sie brauchen, um ankommen zu können, und immer im Hinterkopf zu behalten, dass es sich am Ende des Tages um eine Dienstleistung handelt, die man Ihnen entgegenbringt – nicht eine, für die Sie die besten Voraussetzungen erst schaffen müssen. Im persönlichen Kontakt gibt es dann oft sehr viele bunte Ideen, die komplexe Situation für alle Seiten zufriedenstellend in den Griff zu bekommen. Um das zu erreichen, braucht es Beziehung und Wertschätzung füreinander und für Ihr Kind.

Die Gefühle Ihres Kindes sollten angenommen und akzeptiert werden

Am besten nicht nur von Ihrer Seite. Es ist wirklich so einfach: Gefühle können beruhigt und reguliert werden, wenn wir uns ihnen zuwenden. Wenn wir sie unterdrücken und hinunterschlucken, werden sie in der Regel nur größer. Doch wir erinnern uns: In den ersten Jahren Ihres Babys geht es darum, den Frust so klein wie möglich zu halten, damit das Nervenzellnetzwerk, das sich auf- und ausbaut, von Sicherheit und Geborgenheit geprägt ist und optimale Bedingungen schafft, damit Ihr Kind lernen, sein Potenzial entfalten und ein wunderbares Leben leben kann. Wir verhindern diese Prozesse, wenn wir ihnen Gefühle absprechen. Doch wenn wir uns Gefühlen aufmerksam zuwenden, beispielsweise durch so etwas »Einfaches« wie unseren Atem oder ein Gespräch, kann die Energie durch den Körper fließen und sich auch ganz einfach wieder auflösen.

Bilden Sie ein Team mit den Tageseltern oder Erzieher:innen Ihres Kindes. Schaffen Sie Trost, Beruhigung und Souveränität. Und erwarten Sie Gleiches vonseiten der betreuenden Person. Die Eingewöhnung eines sensiblen Kindes ist nicht in zwei, drei Tagen geschafft – in der Regel nicht. Stellen Sie sich auf eine Zeit ein, in der alle möglichen Gefühle Achterbahn fahren, in denen es Ihnen zu schnell und dann nicht schnell genug geht und in der Sie gleichzeitig Ihr Kind vermissen und trotzdem Vertrauen in die neue Bindungspersonen lernen dürfen. Führen Sie Gespräche, und stehen Sie für sich und Ihr Kind ein. Sicherlich klopft Ihr Herz bis zum Hals, und es fordert Sie immer wieder heraus – doch es ist mit nichts auf der Welt zu bezahlen, Ihr Kind »nur« zu vermissen, anstatt sich den ganzen Vormittag Sorgen über seinen Gemütszustand machen zu müssen.

Sicherheit für die Eingewöhnung mitgeben

Dr. Joachim Bensel ist Wissenschaftler der Forschungsgruppe Verhaltensbiologie des Menschen und Autor umfassender Fachliteratur[5] für pädagogische Einrichtungen und Betreuungsinstitutionen. Er entwickelte einen konkreten Leitfaden für die Eingewöhnung in Kita und Kindergarten, dessen Ziel es ist, Kinder nicht einfach nur schnellstmöglich an die neue Einrichtung zu gewöhnen, sondern die Zeit der Eingewöhnung – vor allem seitens des Kindes – als Erfolg zu verbuchen. Das neue Umfeld, auf das das Kind bei der Eingewöhnung trifft, zeigt nicht automatisch von Anfang an seine bereichernden Momente. Es wirkt fremd und nicht kontrollierbar. Eltern geben das Kind in dieser Umgebung »ab«, die Trennung und Nichterreichbarkeit führen zu einem stressreichen Kontrollverlusterlebnis, welches das Kind erst schrittweise bewältigen lernen muss. Dr. Bensel zieht evolutionsbiologische Hintergründe heran und vergleicht das Verhalten von Kindern in der Eingewöhnung mit anderen Säuglingen. Ein Primatenjunges beispielsweise flüchtet bei drohender Gefahr nicht in erster Linie weg vom Gefahr und Stress auslösenden Objekt, sondern hin zu seinem Elterntier, wo es den effektivsten Schutz erwartet. Menschen sind sogenannte »Kollektivbrüter«, bei denen neben den Eltern auch andere Personen bei der Betreuung und Aufzucht helfen, um das Überleben zu sichern. Historisch betrachtet ist ein Menschenjunges quasi noch nie ausschließlich bei den Eltern groß geworden. Das hatte immer auch zur Folge, dass Kinder zeitweise von ebendiesen getrennt waren. Nur in einem Pflegeverbund konnte die Menschheit eine derart aufwendige, anspruchsvolle und lange Kindheitsphase überhaupt bewältigen[6]. Diese Erkenntnis zeigt, dass ein Großwerden mit mehreren Bindungspersonen unserer Natur entspricht und damit sogar ein Stück weit vorgesehen ist. Unser modernes westliches Leben jedoch ist darauf nicht eingestellt. Familien sind für so ziemlich alles allein zuständig, und Betreuung innerhalb des »Clans« ist eher die Ausnahme geworden. In speziellen Situationen wie einer Eingewöhnung muss auf gewisse Gegebenheiten ganz besonders geachtet werden, um die Anpassung an andere Bezugspersonen zu ermöglichen. Bensel empfiehlt für eine behutsame, elternbegleitete und individuelle Eingewöhnung die folgenden sieben Säulen:

1. Das individuelle Anpassungstempo des Kindes

Damit das Kind schrittweise neue Beziehungen zu Tagesmutter/-vater oder Erzieher:in aufbauen kann, muss vor allem Zeit gegeben sein, denn diese müssen sich erst »bewähren«. Das bedeutet, vor allem in Belastungs- oder Stresssituationen des Kindes verfügbar, feinfühlig und verlässlich sein. Kindliche Gefühlskonflikte entwickeln sich langsam und ihre Bewältigung in sehr individuellem Tempo. Eine vorher festgelegte Zeitspanne kann – muss aber nicht – destruktiv sein.

2. Der Umgang mit dem gestressten, bedürftigen Kind

Dieser Umgang stellt die Beziehungsweichen! Das Kind entdeckt, wie einfühlsam und empathisch seine neue Bezugsperson auf seine Gefühlskonflikte eingeht. Dazu gehört auch, herauszufinden, welche Strategie vom Kind am besten angenommen wird. Wann lässt das Kind die Erzieher:in an sich heran, wann blockt es ab? Welche Strategie bewährt sich und schafft Vertrauen? Hier zählen Feinfühligkeit und Geschick.

3. Frühe externe Regulationshilfe

Um sich in den ersten Jahren beruhigen zu können, braucht das Kind die sogenannte Co-Regulation durch (Haupt-)Bindungspersonen. Durch Trost, das Spiegeln der eigenen Gefühle in Worten und Mimik sowie (körperliche) Nähe lernen Kinder im Laufe der Zeit, sich selbst zu regulieren. Das kennen wir bereits aus dem Babyjahr: Je früher wir einem weinenden Baby Trost schenken, umso schneller wird es sich beruhigen können. Dies gilt ebenso für die Eingewöhnung und geschieht über die Bezugsperson, also das Angebot, das diese ihm macht. Wie es dann schlussendlich lernt, selbst mit Stress umzugehen, ist maßgeblich davon abhängig, welche Beziehungserfahrung es bereits in diesem Stadium macht. Eine feinfühlige Begleitung lässt das Kind die Bedeutung seiner Gefühle erfahren und lernen, was es selbst tun kann, um seine Situation und sein Befinden zu verbessern (Selbstwirksamkeit).

4. Nicht zur frühen Trennungsfähigkeit erziehen

Stattdessen sollte eine stabile Eltern-Kind-Bindung als Basis bestehen, auf die das Kind vertraut. Denn darauf wiederum bauen weitere zusätzliche Beziehungen auf, sodass stundenweise auf den Kontakt zu den Hauptbindungspersonen verzichtet werden kann. Das Ziel ist es, die Zeit ohne die Eltern dann zu einer Zeit voller Freude und Genuss zu machen, so gut es eben geht. Erst dann kann das Kind abspeichern, dass es sich auch »lohnt«, diese Zeit ohne die Eltern oder Hauptbindungspersonen zu verbringen, und auch, dass die »neuen« Bindungspersonen genauso schöne Erlebnisse kreieren können. Trennungsfähigkeit im eigentlichen Sinne kann man nämlich nicht anerziehen – sie muss sich über einen bestimmten (individuellen) Zeitraum langsam entwickeln.

5. Elternbegleitung

Die Elternbegleitung ist ein maßgeblicher Schwerpunkt für das Gelingen. Das Kind hat im Beisein seiner Eltern weniger Stress und ist offener für Kontakt zu den Erzieher:innen. Die Eltern haben obendrein das Gefühl, ihr Kind zu begleiten und es nicht einfach »abzuschieben«. Die gelungene Eingewöhnung wird als erster gemeinsamer Erfolg von Eltern und Kind erlebt.

6. Bezugspersonenorientierung

Die Bezugsperson ist nicht nur fester Ansprechpartner, sondern auch die Person, der die Eltern einen Vertrauensvorschuss geben. Es ist wichtig, bei dieser einen Person Orientierung zu erfahren und so Schritt für Schritt auch Verlässlichkeit. Auch die Erzieher:innen lernen so das Kind genau kennen, wissen, was es braucht, geben Halt und Orientierung. So entsteht eine Beziehung, die sich auch in Konflikten und unter Belastung bewähren kann. Und so kommt es auch in dieser Beziehung zum Erfolg:

nämlich wenn gemeisterte Trennungsphasen gemeinsam durchgestanden werden.

7. Abschiedsbewusstsein

Das bedeutet: eine klare Trennung, ein eindeutiges Weggehen und ein eindeutiges Wiederkommen mit Rückkehrversprechen. Nicht »einfach gehen«, wegschleichen oder davonstehlen, wie es leider häufig gehandhabt wird. Das Kind kann dies als Versehen deuten, sich unter Umständen vergessen oder verloren gegangen fühlen. Ein klarer Abschied der Eltern vermittelt dem Kind hingegen ihr inneres Einverständnis und das Gefühl, dass sie es für in Ordnung halten, zu gehen, wiederzukommen, und dass sie dem Kind zutrauen, die zeitweise Trennung von ihnen zu bewältigen.

Die Dauer einer elternbegleiteten Eingewöhnung lag in einer Berliner Studie von 2004 übrigens zwischen null und 30 Tagen.[7] Von einem Kleinkind also genau 14 Tage oder kürzer zu verlangen kann für den Prozess hinderlich sein. Wenn wir den Faktor der Sensitivität noch »draufschlagen«, ist es sicher hilfreich, deutlich mehr Zeit für die Eingewöhnungsphase einzuplanen.

Legen Sie die Eingewöhnung nicht knapp vor den Wiedereinstieg in Ihre Arbeit, sondern vielleicht auf ein bis zwei Monate vorher. Dies geht zwar von Ihrer gemeinsamen Zeit ab, sichert Ihnen aber die Chance, von weniger Zeitdruck und Ihrer sicheren Bindung zu profitieren.

Pausentage während der Eingewöhnung

Unsere negativen Glaubenssätze zum Thema »Pause« und »Erholung« sitzen tief – und sind fies. Sie beginnen unheimlich früh, nämlich eigentlich schon direkt nach der Geburt. Dann dürfen Eltern nämlich nicht mehr faul auf der Haut herumliegen oder etwas nur für sich selbst tun. Sie müssen präsent sein, ihren Kindern das Beste bieten und die Entwicklungen bestmöglich begleiten. Den Haushalt schaffen, arbeiten gehen und dabei auch noch gut aussehen. In der westlichen Welt ist es harte Arbeit, die uns voranbringt, und Pause ist etwas für Faulenzer.

Was das alles mit Ihrem Kitakind zu tun hat, fragen Sie sich? Alles. Denn derartige Überzeugungen ziehen nicht erst in unseren Köpfen ein, wenn wir bereits arbeiten, sondern werden uns – buchstäblich – in die Wiege gelegt. Vom ersten Moment an beobachten wir Eltern, wie sie an ihre Grenzen gehen, und tun es ihnen eines Tages gleich. Unterstützt werden sie durch die falsche Annahme, eine Eingewöhnung müsse beispielsweise »durchgezogen« werden und zwischendurch zu fehlen führe zu einem Rückschritt. Mit sensiblen, herausragend feinfühligen Kindern, habe ich eher gegenteilige Erfahrungen gemacht. In meinen Beratungen aber höre ich es immer wieder: verunsicherte Eltern, die an ihre Grenzen stoßen, und Erzieher:innen, die davon abraten, mal einen Tag zu Hause zu bleiben. »Ich habe gehört, dass es dann für Luise *noch* schwerer wird, wenn wir am nächsten Tag wiederkommen.«

Ich möchte Sie warnen, diese Gedanken schon so früh zu denken, geschweige denn ihnen so früh schon zu glauben. Stattdessen behalten Sie im Blick, was Ihr Kind in der Phase der Eingewöhnung alles leisten muss. Es prallen Tausende neue Reize in einer vollkommen fremden Umgebung auf es ein, sein bisher gekannter Tagesablauf verändert sich vollständig, und noch dazu muss es sich an Menschen gewöhnen, die es nie zuvor gesehen hat. Auch der Faktor »Sprache« ist verunsichernd, weil im Alter der Eingewöhnung in aller Regel noch nicht ausgereift. Das bedeutet, dass die Kinder auch noch lernen müssen, sich so auszudrücken und zu zeigen, dass die neuen Bezugspersonen auch verstehen, was sie meinen und sie die Verlässlichkeit erfahren, dass hier auf ihre Bedürfnisse eingegangen werden kann. Das sind wahnsinnig schwerwiegende Aufgaben – und die kleinen Menschen sind nach einigen Tagen fürchterlich erschöpft.

Einen Tag Pause zu machen bringt nicht automatisch das bis hierher Gelernte ins Wanken! Es führt häufig viel eher dazu, dass sich integrieren kann, was bald zum neuen Leben dazugehören soll.

Das geht wie alles Lernen am allerbesten in der Entspannung und im sicheren Umfeld. Es zaubert außerdem noch ein weiteres Heilmittel auf den Plan, nämlich dass auch Sie als Eltern sich kurz entspannen können. Das wiederum spürt Ihr Kind und genießt den Tag mit Ihnen wie einen kleinen Urlaub. Aufgetankt mit Geborgenheit und Vertrauen kann es dann die Eingewöhnung weitermachen, und Sie werden sehen, dass es ihm schon bald viel leichter fallen wird.

KAPITEL 5

Sensibilität zwischen drei und sechs Jahren

Nie wieder lernen wir so viele so wichtige Dinge in so kurzer Zeit wie in den ersten drei Lebensjahren. Kinder legen in dieser Zeit ein unglaubliches Tempo und ein unglaubliches – sogar im Verhältnis zur Körpergröße gesehen – Wachstum hin. Sind die ersten drei Jahre abgeschlossen, wird es an dieser Stelle ein wenig langsamer, und der Fokus der Entwicklung verschiebt sich weiter in Richtung soziale Welt. Die kleinen Menschen entdecken nun die Welt außerhalb des schützenden Nests und auch, wie sie selbst in der Welt wirken. Das Spiegeln von Mimik und Gestik, das Sprechen sowie physische und emotionale Verbindungen werden immer wichtiger und dadurch auch ihr Bedürfnis nach Co-Regulation. Es gibt viel Neues zu entdecken, zu fühlen und zu experimentieren. Denn jetzt geht es darum, Verlässlichkeiten zu überprüfen.

Im sozialen Miteinander geschieht dies vor allem dadurch, dass Kleinkinder »provozieren«, was oft (fälschlicherweise) als ein »Austesten von Grenzen« gedeutet wird. Dabei sind ihnen diese, gelinde gesagt, vollkommen egal. Tatsächliche Priorität hat in diesen Jahren, die Entwicklung eines eigenen Wertesystems und die Welt um sich herum in gewisse Verlässlichkeiten einzusortieren. Und dies tun Kleinkinder vor allem dann, wenn wir etwas von ihnen verlangen, was ihre Integrität, den Spieltrieb, die eigene Freiheit oder ihre intrinsische Motivation stört. Daraufhin müssen sie, um sich zu verteidigen und in der Welt eine Wirkung und ein Gefühl von Selbstwirksamkeit zu erzielen, manchmal Unmut produzieren. Das ärgert uns vor allem dann, wenn es uns um ganz einfache Dinge wie Schuhe anziehen, spazieren gehen oder das Ende einer Spieleinheit geht.

Doch das wichtigste Learning für Kinder in diesen drei Jahren ist: »Ich werde geliebt« – und zwar trotz aller Anstrengung, all der möglicherweise von Ihnen oder der Familie wahrgenommenen schwierigen Facetten, und auch wenn ich anderer Meinung bin als meine Eltern. Sie äußern ihre Bedürfnisse ohne Rücksicht auf jegliche Verluste, verteidigen ihre Autonomie gegen den Rest der Welt und lernen, dass all das okay ist, über die Beständigkeit der elterlichen Liebe.[1] Denn diese schafft die Basis und den Raum für alle für Ihr Kind notwendigen Entwicklungsschritte und Kompetenzen, um am sozialen Leben teilzunehmen. Und mehr noch: Durch das Erlernen von Kooperation und Verhandlungsgeschick sowie das Schließen etwaiger Kompromisse werden sie selbst zum entscheidenden Teil der Gestaltung sozialer Gemeinschaft.

Im Spiel mit Gleichaltrigen lernen Kinder jetzt, andere Perspektiven einzunehmen, Wünsche, Bedürfnisse und Ideen auszusprechen und zu verhandeln, Regeln auf- und umzustellen, sich daran zu halten oder die Konsequenzen zu tragen, wenn sie es nicht tun. Im Zusammenleben mit Erwachsenen wird es für sie immer schwerer, zu verstehen, warum »die Großen« mehr zu sagen haben als sie selbst. Auch dies nehmen sie mit in Rollenspiele mit Gleichaltrigen, üben Streiten, Sichvertragen und wie weit sie gehen können, den Umgang mit starken Gefühlen wie Wut, Kummer, Frust und Angst und auch, was sie tun können, wenn ihre geäußerten Wünsche kein Gehör finden oder nicht erfüllt werden können. Das übergeordnete Ziel dieser Entwicklung ist, all die Erfahrungen auszubauen, die sie als Baby bereits gemacht haben. Ihre kleinen Trampelpfade im Gehirn zu möglichst großen Straßen zu machen und darüber Verlässlichkeit und Sicherheit zu erfahren. Wie Sie Ihrem Kind bis hierhin dabei geholfen haben, Emotionen zu regulieren, und wie ihr innerfamiliärer Umgang mit ebendiesen ist, hat jetzt schon einen maßgeblichen Einfluss darauf, wie Ihr Kind sich im Spiel und in Konflikten mit anderen Kindern verhält.

Was Ihr Kind jetzt braucht und immer wieder suchen wird, sind das freie Spiel mit Gleichaltrigen, liebevolle Bezugspersonen und Beziehung zu Ihnen und anderen.

Überall dort, wo soziale Kompetenzen gefragt sind, brauchen wir unsere Gefühle. Je stärker wir in Verbindung mit unserem Körper, unseren Stärken und unserem Bewusstsein sind, umso erfolgreicher können wir mit anderen leben. Ihr sensibles Kind wird in diesem Alter außerdem seine Sprache entwickeln und ausbauen, Ihnen mehr Fragen stellen und Antworten fordern. Sie werden die klugen Zusammenhänge, die es erkennt, voller Bewunderung verfolgen und sich manches Mal erschrecken über die unglaubliche Entwicklung, die es bis jetzt schon hingelegt hat. Plötzlich wirkt

Ihr Kind »groß« – und manchmal noch viel schneller viel »erwachsener«, als Sie es sich wünschten.

Die Verarbeitungstiefe macht es möglich: Ihr Kind hat Sie und andere Menschen jetzt drei bis sechs Jahre intensiv studiert und Sie in etlichen Situationen beobachtet. Vielleicht *glauben* Sie, dass es dies oder jenes doch noch gar nicht können müsste und diese oder jene Situation doch noch gar nicht erlebt haben kann, und doch *weiß* es sie einzusortieren. Während sich die soziale Interaktion unter den Kindern selbst verändert und viel mehr Streitereien Einzug erhalten, wird es zwischen Ihnen und Ihrem Kind nun vielleicht viel mehr Reflektieren geben. Diese Zeit ist besonders gut geeignet, um Kommunikation zu vertiefen und mit echten Gesprächen anzufangen. Sie werden jetzt spüren, wenn Vokabeln fehlen, und die Lücken füllen können.

Sehr wahrscheinlich ist, dass Sie in dieser Zeit auch selbst gefordert sind, was Ihre eigenen Emotionen angeht. Ihr Kind fühlt immer noch so stark und intensiv wie eh und je, doch es wird ganz neue Wörter nutzen, und auch sein Zorn richtet sich, was so ziemlich alle Probleme angeht, zunächst gegen Sie. Sie sind schuld an allem! Denn wenn es nach unseren Kindern geht, sind wir schließlich der Nabel der Welt. Und jetzt hin und wieder auch die schlechtesten Eltern, die es haben könnte. Ihr Kind droht mit Auszug, damit, nie wieder zu schlafen, oder verlangt, das Geschwisterkind »wieder wegzugeben«.

Es gilt für Sie als Eltern also jetzt ganz besonders, gut für sich selbst zu sorgen. Nur die eigene Regulation und Fürsorge schafft die Möglichkeit und Fähigkeit für die Geborgenheit, die wir und unsere Kinder als Fundament für jedes Lernen brauchen. Es ist auch ein Chance, sich dem Thema »Gefühle« jetzt ganz bewusst zuzuwenden und so auch als Familie ganzheitlich daran zu wachsen. Ihr Kind kommt nun sicher häufiger aus der Betreuung heim und berichtet von Ungerechtigkeiten, von gemeinen anderen Kindern und Konflikten, die Sie selbst zutiefst berühren. Es fordert uns auf allen Ebenen heraus, stabil zu bleiben und die Sicherheit auszustrahlen, die nachdenkliche, einfühlsame und emotionale Kinder jetzt brauchen. Es gilt, die Waage zu halten und unsere Kinder nicht zu überfordern, eben weil sie schon so »groß« wirken, und gleichzeitig nicht zu unterfordern, weil wir sie noch zu sehr in die »Babyschublade« stecken. Je mehr intensive Gefühle sie Ihnen dabei präsentieren und je mehr Sie dabei trösten müssen, umso mehr neigen Sie vermutlich selbst zu Erschöpfung. Das A und O in dieser Zeit, wie eigentlich konstant mit einem sensitiven Kind, ist für Sie also, sich immer wieder selbst darin zu üben, sich zu trösten um sich selbst zu kümmern und zu regulieren.

Suchen Sie Gespräche zu weiteren Bindungspersonen, wenn Ihnen eine Situation über den Kopf wächst, und bauen Sie das Vertrauen in sich selbst und die angeborenen Talente und Gaben Ihres Kindes aus.

Im Vorschulalter oder im letzten Kindergartenjahr stellen Sie vielleicht fest, dass Ihr (hoch)sensibles Kind plötzlich kein Interesse mehr daran zeigt, mit anderen Gleichaltrigen zu spielen, und sich stattdessen plötzlich an Erwachsene klammert. Auch die Einrichtung weist Sie darauf hin, nicht selten gepaart mit einem sorgenvollen Gesicht. Ich möchte Sie beruhigen und auch hier daran erinnern, auf Ihr Kind zu vertrauen. Denn auch diese plötzliche Zuneigung zu den Erwachsenenjobs hat einen guten Grund, nämlich den der Vorbereitung.

Ihr Kind hat im Alter von fünf Jahren schon so einige Male den Begriff »Schule« gehört. Vielleicht hat es die Einschulungsfeier des Patenkindes oder älterer Geschwister besucht. Möglicherweise haben Sie das Thema schon mal angesprochen oder beginnen gerade damit. Bedenken Sie, dass das Wort allein es Ihrem Kind nicht erklärt. Nur weil wir zu Hause erwähnen, dass es nächstes Jahr in die Schule geht, heißt das noch lange nicht, dass Ihr Kind die Tragweite dieser Veränderung versteht. Tatsächlich machen die Gespräche es manchmal sogar viel schwieriger, zu verstehen, weil wir Erzählenden so schwer einschätzen können, welche Aspekte der Vorbereitung unser Kind tatsächlich benötigt. Und so erklären wir voller Inbrunst, dass es lesen und schreiben lernen wird und einen Ranzen bekommt, während sich das Kind vielleicht viel eher fragt, ob der Toni aus der Gruppe auch mit in die Klasse geht und wie lange Mama dann dableiben darf. Unter Umständen fragt sich Ihr Kind, ob der Mittagsschlaf da mit Hell oder Dunkel passiert?

Was es aber in jedem Fall wahrnehmen wird, ist die Bedeutung, die unsere Worte ausstrahlen. Denn während wir sprechen, schwingt etwas mit. Vorfreude im besten Fall. Angst im schlimmsten. Beides ist bedeutungsvoll, und so gut wie Kinder in den ersten Jahren mit uns verbunden sind, so sehr spüren Sie auch unseren Bezug zu diesem einzigartigen und vollkommen unbekannten Thema. Sie erinnern sich: Das menschliche Gehirn ist viel eher ein Sozialorgan als ein Denkapparat. Also tun sensitive Vorschulkinder in Kita und Kindergarten eben, was für sie naheliegend und Erfolg versprechend ist: Sie tendieren nach oben in Richtung Erwachsene. Sie kopieren, machen nach, gestalten mit, halten fest und lernen. Ab hier ist es für Ihr Kind viel wichtiger, zu verstehen, wie »Erwachsensein« geht, als nur die ersten Buchstaben zu schreiben (was es mit seinem sensitiven, vielbegabten Gehirn vermutlich sowieso auch tun wird). Denn Erwachsensein ist gleich Schule und Arbeiten, ist gleich das, was offensichtlich von ihm verlangt wird.

Die allermeisten Kinder verstehen den Vorbereitungsbohei um die Schule nicht. Sie suchen, genau wie Sie, nun nach Ressourcen, die ihnen in dieser Zeit eine wertvolle Stütze sind. Doch anders als wir kaufen sie keine Bleistifte und Alu-Brotboxen, sondern lernen Verhaltensweisen und typische Handlungsweisen, die sie als das deuten, was man zu brauchen scheint, um sozial zurechtzukommen. Und so räumen sie im letzten Kitajahr mit den Erzieher:innen die Spülmaschinen aus und ein, suchen besonders viel Nähe, führen intensivere Gespräche und wollen an Alltagsaufgaben teilhaben. Für das Gehirn des sensitiven Menschen, das Beziehung und Gemeinschaft sucht, ist das die beste Vorbereitung – darum empfehle ich Ihnen auch, es ganz einfach dabei zu belassen. Unterstützen Sie jede soziale Entwicklung mit offenen Armen, und helfen Sie auch, den Erzieher:innen den Druck zu nehmen. Es geht jetzt nicht so sehr um tolle Projekte oder Besichtigungen von Polizei und Feuerwehr (auch wenn die nicht ausbleiben sollten und Ihrem Kind sicherlich trotzdem Freude bereiten), sondern darum, all dies *in einer Gemeinschaft* zu tun, der sich Ihr Kind zugehörig fühlt. Das kann – neben der Kitagruppe – der Turnverein, die Erzieher:innen-Gruppe oder die Familie sein. Dabei ist der innere Radar Ihres Kindes stets auf die Erwachsenenwelt ausgerichtet, stets erkundend, wie das geht, sich einer vollkommen ungewissen Zukunft zu stellen und bald »groß« sein zu müssen.

Schon bald werden Sie bemerken, dass es in den Diskussionen mit Ihrem Kind nun intensiv wird und es zunehmend um etwas zu kämpfen scheint. Heißen Sie die Werte Ihres Kindes willkommen! Mit Beginn des sechsten Lebensjahres etwa setzt die sogenannte »Wackelzahnpubertät« ein, die diesen Begriff nicht einfach so trägt. In dieser »Zwischenwelt« verliert Ihr Kind mehr und mehr das »Kleinsein« und legt letzte Züge aus den Babyjahren endgültig ab. Aber so richtig »groß« oder »bereit« fühlt es sich auch noch nicht. Es spürt, dass neue, aufregende Welten offen stehen und erfahren werden wollen, ist aber noch nicht so weit, den elterlichen Schoß dafür aufzugeben. Je nach Temperament und Persönlichkeit Ihres Kindes geht das entweder recht schnell oder dauert ein paar Jahre.

Und genau wie der Körper sich nun immer mehr verändert, größer, stärker und stabiler wird, tut sich auch seelisch wieder jede Menge. Ihr Kind hat in den letzten Jahren mit Ihnen Ihre Werte kennen- und ganz gewiss auch akzeptieren gelernt. Nun aber stellt es eigene auf. Denn auch das gehört zum »Großwerden« dazu: zu wissen, was wir wollen, brauchen und was uns ausmacht. Kinder sind dann oft dazu bereit, bedingungslos für sich selbst einzustehen. Darum kann plötzlich in Ihnen lebendig werden: »Muss ich jetzt härter durchgreifen?« Denn auch hier ist der Einstieg in die

Schule schon »im Feld«, und auch Sie wissen, was da alles auf die Kinder zukommt. Am besten kommen wir durch das bestehende System, wenn wir in der Lage sind, uns anzupassen und zu funktionieren. Ihr sensitives Kind zeigt Ihnen jetzt, dass es das allein nicht sein kann – und vielleicht auch, dass es nicht bereit ist, dies einfach so mitzumachen. Erinnern Sie sich immer wieder, dass das unendlich wertvolle Qualitäten sind, die wir unseren Kindern auf keinen Fall abgewöhnen sollten!

Glauben Sie mir – spätestens wenn Ihr Kind mit 17 auf einer Party ist oder mit 19 ins Ausland gehen will, werden Sie genau dies von ihm verlangen oder sich wünschen: für sich einzustehen, auf sich aufzupassen und bloß nicht gedankenlos oder blind gehorsam zu sein.

Ist mein sensibles Kind bereit für die Schule?

Sechs Jahre gehen schnell vorbei. Wenn Sie sich und Ihr Kind auf den Schuleinstieg vorbereiten oder bereits ein Kind eingeschult haben, werden Sie das verstehen. Plötzlich stehen wir vor der Herausforderung, unsere Kinder nicht mehr nur für das Spielen im Park oder die Mittagspause auszustatten, sondern sie an »das System« zu übergeben. Dies setzt einen Vertrauensvorschuss an völlig unbekannte Menschen voraus, die wir uns nicht wie in den Jahren zuvor teilweise selbst aussuchen können, sondern die eben da sind. Wir setzen unsere Kinder neuen Regeln und Pflichten aus, bei denen wir sie nicht mehr so intensiv begleiten können, wie wir es zuvor getan haben. Nach dem Vormittag sind von heute auf morgen nicht mehr grenzenlos Freizeit und Spielen angesagt, sondern erst einmal die Frage: »Hast du Hausaufgaben auf?«

Die ganze Welt unserer Familie ändert sich mit dem Zeitpunkt, an dem unsere Kinder einen Schulhof betreten und durch ein Törchen gehen, von dem wir gebeten werden, es beim Rausgehen hinter uns zu schließen. Keine wochen- oder monatelange Eingewöhnung, schon gar nicht sanft.

Die Ängste davor, unsere sensiblen Kinder in den Schultag zu schicken, liegen oft darin begründet, dass wir wissen, dass ihnen ganz »normale«, ganz alltägliche Dinge zu schaffen machen. Wir Eltern haben die Erfahrung gemacht, dass sie für gewisse Dinge länger brauchen – ganz einfach, weil ihre Gefühle dazwischenkommen. Hinterrücks schleicht sich der Gedanke ein, dass es wohl besser für alle wäre, wenn das Kind doch lieber, solang es geht, im häuslichen Nest bleibt. Doch welches Entwicklungspotenzial Institutionen wie Schule und Kita im sozialen Kontext mit sich bringen, haben wir ja bereits herausarbeiten können. Wie aber lernt man als Eltern nun, das eigene sensible Kind auf die Schule vorzubereiten und so einzustimmen, dass der Übergang gut funktioniert?

Im Jahr 2016 veröffentlichten die Wissenschaftlerin Dr. Judith Homberg und eine Forschungsgruppe am Donders Institute for Brain, Cognition and Behaviour, Centre for Neuroscience in Nijmegen in den Niederlanden, die »Arbeitsrelevanten Vor- und Nachteile« der Hochsensibilität. Dazu gehören ein »höheres Bewusstsein für umweltbezogene Feinheiten«, die »tiefere Verarbeitung von sensorischen Informationen« und die »stärkere emotionale Reaktivität«. Ein Experiment der Psychologiestudentin

Friederike Gerstenberg an der Technischen Universität in München aus dem Jahre 2012 ergab, dass hochsensitive Menschen bei visuellen Wahrnehmungsaufgaben schneller und besser abschnitten, und sowohl Homberg als auch Aron erläuterten, dass mit einer Hochsensibilität eine erhöhte Kreativität in mindestens einem Lebensbereich einhergeht. Zu betonen ist zudem die besondere Empathiefähigkeit Ihres (hoch-sensiblen Kindes: Jene Spiegelneuronen, die für das Mitgefühl zuständig und zentral sind, sind im sensiblen Gehirn Ihres Kindes besonders aktiviert[2], und so können (hoch)sensible Kinder nicht nur das Wohlergehen, sondern auch die Kooperationsfähigkeit einer Gruppe erhöhen.

Machen Sie sich klar, welch unglaubliche Bereicherung Ihr Kind für eine Gemeinschaft wie ein Klassenzimmer sein kann!

All diese ihm innewohnenden Fähigkeiten sind eine gute Basis und wichtige Eigenschaften dafür, grundsätzlich an einem sozialen Lernort wie der Schule (oder vergleichbaren Zusammenkünften) fröhlich und verbunden in das Lernen einzutreten. Und natürlich ist Ihre Sorge trotzdem nicht ganz unbegründet. Denn was ich Ihnen bis hierher verschwiegen habe, ist, dass in beiden Studien ein signifikanter Zusammenhang zwischen Sensitivität und sogenanntem »Arbeitsstress« erkannt wurde. So beobachtete Gerstenberg ein erhöhtes Stresslevel im Anschluss an das Experiment und Homberg die erhöhte Anfälligkeit für Überstimulation. Beide erkannten zudem einen Zusammenhang zwischen Sensitivität und Neurotizismus (die Tendenz, vor allem negative Emotionen stärker wahrzunehmen, bei gleichzeitig starker Verletzlichkeit), der wiederum laut einer Beobachtung der Psychologin Christina Maslach der University of Berkeley, California, als »sichere Vorhersage für Burn-out« gilt.[3] Nehmen wir uns also an dieser Stelle vor, den Schultag Ihres Kindes als seinen Arbeitstag zu betrachten und seine Schulpflicht als seinen Job, so haben wir relativ eindeutige Richtlinien, worauf es für uns als Eltern zu achten gilt.

Sensible Kinder bringen wertvolle Qualitäten in eine Gemeinschaft mit ein, sind kreativ, verarbeiten tief und haben das Potenzial, gute Leistungen zu erbringen, sofern wir das erhöhte Stresslevel im Blick behalten und ihre Empathie und Verletzlichkeit nicht in Aufopferung ausartet oder zur Angriffsfläche wird.

Natürlich ist auch dieser Kontext wieder multidimensional. Denn sosehr sich der Wesenszug der Sensibilität für Gemeinschaften eignen kann, so sehr treffen herausragend feinfühlige Menschen eben auch auf unterschiedlichste Individuen – ohne jahrelange Lebenserfahrung im Gepäck zu haben, die sie durch die Persönlichkeiten und Eigenarten hindurchnavigiert. Mit sechs Jahren können wir natürlich nicht davon sprechen, dass Ihr Kind sich super allein reguliert und von Ihnen nichts mehr braucht oder gar auf Coregulation verzichten kann. Mit dem erhöhten arbeitsbedingten

Stresslevel müssen sie halt irgendwie klarkommen! Und je länger ein Schultag dauert, umso mehr staut sich an. Dazu kommt noch der wahrgenommene oder gefühlte Druck des großen Systems, der überhaupt nicht greifbar ist. Und wie damit umgehen, wenn ich mal etwas nicht kann, es aber von mir verlangt wird? Wohin mit meinen Gefühlen, die so groß, so stark und so allmächtig in mir wirken, wenn 30 Augenpaare auf mir liegen? Sensible Kinder haben mit unheimlich vielen Herausforderungen zu hantieren, auf die wir sie nicht vorbereiten können. Und gleichzeitig so viele wertvolle Ressourcen im Gepäck! Denn möglicherweise gibt es keinen guten Weg, die einzelnen Situationen und Konflikte zu trainieren, sehr wohl aber diverse Maßnahmen, sich selbst und das eigene Kind emotional und mental auf das einzustimmen, was uns erwartet.

Welche Schule ist die richtige?

Die herausfordendste Frage von Eltern sensibler Kinder ist: »Welche Schule ist die richtige?« – und sie ist alles andere als leicht zu beantworten. Denn viele Faktoren spielen in diese Entscheidung und Bewertung hinein, allen voran natürlich die, wie dort mit der Sensitivität umgegangen wird.

In vielen Regelschulen hat in den letzten Jahren eine wahre Transformation stattgefunden. Die Klassenzimmer wurden umstrukturiert, es gibt Kopfhörer, mit deren Hilfe der allgemeine Klassenlärm und alle auditiven Reize gedämmt werden können, und entspannungspädagogische Angebote. Gleichwohl gibt es aber auch immer noch Schulen, in denen nichts davon existiert. Sofern Sie eine Wahl haben und nicht die nächstgelegene Schule nehmen müssen oder es im Ort nur diese eine gibt, lege ich Ihnen ans Herz, diese Wahl tatsächlich ernst zu nehmen. Es wird ein Jahr voller Hospitationen, Besichtigungen und Gespräche – aber je mehr Zeit Sie für das Auswahlverfahren aufbringen, umso mehr sparen Sie, sobald Ihr Kind die Schule besucht.

Für viele Familien ist eine Privatschule die beste Alternative. Sie weichen auf freie, Waldorf- oder Montessorischulen aus. Während Montessorieinrichtungen dafür bekannt sind, dass sie Kinder in ihrer Selbstwirksamkeit und Eigenverantwortung unterstützen, finden sie in den ersten Jahren der Waldorfschule vor allem eine familiäre, geborgene Atmosphäre, die den Kindern noch viel abnimmt. Auf einer freien Schule können gefühlsstarke, sensible Kinder freie eigene Entscheidungen treffen und mitgestalten. Gleichzeitig kenne ich auch Kinder, die das überfordert. Und bei all dem Angebot darf auch betont werden, dass mir Eltern immer wieder von Regelschulen berichten, die »die beste Entscheidung überhaupt« waren. Es gibt also nicht die eine Richtung, in die ich Sie lenken will. Am Ende entscheiden vor allem Ihr Bauchgefühl und Ihr Vertrauen in die Schule, die Sie für Ihr Kind wählen. Einige wichtige Punkte, die Sie bei der Wahl unterstützen, gebe ich Ihnen als gedankliche Stütze mit.

Strafen & Belohnungssysteme

Überprüfen Sie, ob und wie mit Fehlern der Kinder vor Ort umgegangen wird. Sitzen Kinder vor der Tür, wenn sie den Unterricht stören? Gibt es ein Belohnungssystem, das sie zum Ruhehalten bringt? Wie viel Mitbestimmungsrecht haben Kinder für die Prozesse im Klassenzimmer? Gerade in Grundschulen wird bei Elterngesprächen und Hospitationstagen oft von Lehrkräften erklärt, dass es derartige Dinge nicht gebe, stattdessen jede Menge Kommunikation. Nach einer Weile in der Schule werden dann aber die Aufkleber im Hausaufgabenheft und die kleinen Briefe an die Eltern als ebensolche Strafen »entlarvt«. Darum empfehle ich Ihnen, die Szenarien klar auszusprechen: »Was passiert, wenn mein Kind seine Hausaufgaben nicht macht? Und was, wenn das über einen gewissen Zeitraum andauert?« – »Wie gehen Sie konkret mit Störungen im Unterricht um?« – »Wie ist die Situation auf dem Pausenhof, wenn Konflikte entstehen?«

Je konkreter Ihre Fragen oder Fallbeispiele sind, umso genauer haben Lehrkräfte die Chance, darauf zu antworten. Trauen Sie sich, diese vermeintlich unbequemen Fragen zu stellen, machen Sie sich Notizen, und befragen Sie Familien, die diese Schule bereits gewählt haben. Sammeln Sie Informationen über den Umgang mit »Unperfektheit« und auch, wie sensibel darauf eingegangen werden kann.

Bewegung & Entspannung

Fragen Sie nach, wie das Konzept von Bewegung und Entspannung für die Kinder geregelt ist. Wenn die angesprochene Person Sie fragend anschaut, ist das ein Hinweis darauf, dass Sie hier nicht bekommen, was Ihr Kind braucht. Glauben Sie mir: Eine erste Klasse, in der Ihr Kind einen Waldtag oder regelmäßige Ausflüge an die frische Luft hat, eine Grundschulzeit, die Ihr Kind in einem bewegten Klassenzimmer verbringt, oder Pausen, in denen es die Gelegenheit erhält, sich zurückzuziehen, sind bedeutungsvoll! Fehlt es an freier Bewegung, kann das sensible Nervensystem sich zwischen den anstrengenden Schulstunden und Aufgaben nicht ausreichend regulieren. Und wenn das Lernpensum hoch ist, die Pausenzeit aber ebenso vollgepackt mit turbulenten Schulhöfen, wenig Platz oder enormer Lautstärke, ist es wahrscheinlich, dass Ihr Kind schon nach kurzer Zeit eine Stressbelastung zeigt.

Es ist trotzdem möglich, ein sensibles Kind auf eine ganz »normale« Schule ohne all diese Angebote zu schicken – die meisten von uns waren vermutlich in einer derartigen Einrichtung. Sollte Ihnen nichts anderes zur Verfügung stehen oder der Preis für die Wahl zu hoch sein (etwa, weil der Weg zu weit oder die Logistik unmöglich ist), lade ich Sie ein, diese Punkte von Anfang an im Blick zu behalten und bei Bedarf das Gespräch mit den Lehrer:innen zu suchen. Wir haben selbst in der Regel nicht gelernt, uns nach einem Schul- oder Arbeitstag wirklich intensiv um unsere mentale, psychische und körperliche Gesundheit zu kümmern, doch es ist elementar. Der Schultag ist anstrengend! Ihr Kind hat hier viel zu tun! Bewegung und Entspannung sind genau die Tools, die es braucht, um den Stress der Anstrengung abzubauen. Und bleibt dies in der Schule selbst aus, müssen wir nachhelfen.

Bewertung & Notenvergabe

Einer meiner besten Freunde ist zehn Jahre alt und besucht die vierte Klasse einer Regelschule. Mit ihm führe ich wertvolle Gespräche und lerne vieles, was ich zum Teil auch in dieses Buch schreibe. Nicht nur, weil er ausgesprochen feinfühlig und besonders intelligent ist, sondern vor allem, weil er ehrlich ausspricht, was er als ungerecht oder unpassend empfindet. Also fragte ich ihn, im Zuge meiner Recherche für das Buch was eine Schule können muss, um gut zu sein. Und er antwortete, ohne lang darüber nachzudenken: »Kein Druck. Keine Noten!«

Er ist ein guter Schüler, seine Zeugnisse sind mehr als gut, seine Leistungen solide. Doch all das bedeutet ihm nichts. Eines Tages kommt er mit einem wunderschönen Bild eines Schneemanns nach Hause, für das er eine Zwei plus bekommen hat. Aber stolz ist er nicht, nicht einmal zufrieden. »Mama«, sagt er, »die Note ist Quatsch. An dem Bild ist überhaupt nichts verkehrt. Meine Lehrerin hat das Bild einfach nicht verstanden!« Denn für die Schneeflocken, die seinen Schneemann umgeben, hat er extra Deckweiß benutzt und sanft aufgetupft, damit es nicht einfach nur aussieht wie Schnee, sondern man ihn auch spüren kann, wenn man mit der Hand über das Bild streicht. Das Bild ist, da ist er ganz entschieden, perfekt. Die Bewertung eher nicht ernst zu nehmen.

Nicht jedes Kind kann mit Noten so umgehen wie mein bester Kumpel. Und auch ihm fällt es nicht immer so leicht. Darum stellen Sie sich weit vor der Einschulung die Frage, ob Sie das Bewertungs- und Wertesystem der Institution mittragen wollen, die Sie für Ihr Kind als dauerhafte Adresse wählen. Nur weil es eines gibt, heißt das ja nicht, dass wir es mitmachen wollen. In alternativen Schulen ist oft klar, dass mit der Wahl auch die Entscheidung gegen Noten fällt, denn die allermeisten kommen ohne sie aus. Ich möchte Ihnen keine realitätsfernen Tipps geben, Sie aber dringend einladen, sich Ihrer eigenen Werte bewusst zu sein. Wollen Sie klassische Bewertungen wie Noten und Zeugnisse für Ihr

Kind? Oder vielleicht eben nicht? Viel zu oft nehmen wir etwas als gegeben hin und hinterfragen es nicht. Mit dem Schulsystem und speziell den Zensuren ist das sehr häufig der Fall. Wenn Sie selbst nichts davon halten, fragen Sie sich, ob eine Schule ohne Noten nicht die bessere Alternative wäre.

Ist Neurodiversität bekannt, und wie erfolgt der Umgang damit?

Es kann bisweilen Mut erfordern, sich in die verschiedenen Schulgebäude und Elternabende zu setzen und von Neurodiversität, Sensitivität oder dem Unterschied zwischen Persönlichkeit und »Störung« zu sprechen. Glauben Sie mir, ich weiß leider, wovon ich spreche. Darum empfehle ich es Ihnen auch nicht einfach so ohne Einschränkungen. Fühlen Sie sich ausreichend vorbereitet und stabil all den Zweifler:innen und Kritiker:innen gegenüber, dann wünsche ich Ihnen gute Gespräche. Spüren Sie aber selbst noch innere Fragen oder haben ein schlechtes Bauchgefühl, dann erlauben Sie sich, so vorgehen zu dürfen, dass es sich für Sie und Ihre Kinder richtig und sicher anfühlt. Dazu gehört auch die Entscheidung, ob Sie mit der zukünftigen Schule über die Sensibilität Ihres Kindes zu sprechen – oder nicht. Eltern fragen mich oft, ob Sie denn nicht »verpflichtet« seien, »es« den Lehrkräften mitzuteilen, aber ich frage Sie: Warum?

Stellen Sie ein vergleichbares Temperament oder ein Persönlichkeitsmerkmal daneben, und überprüfen Sie, ob Sie dies auch bei der Schulanmeldung angeben würden. Zum Beispiel: »schläft noch im Familienbett« oder »ist schnell beleidigt« oder »mag keine roten Gummibärchen«. Die Schule Ihres Kindes sollte so viele

Informationen von Ihnen bekommen wie möglich, um Ihr Kind wirklich gut kennenzulernen und vor allem richtig einzuschätzen. Wenn Sie sich aber damit unsicher fühlen, ihren »Stempel« herzugeben, dann beschreiben Sie Ihr Kind lieber, als es zu »outen«.

Ein weiterer wichtiger Punkt kommt dazu: Möglicherweise wissen Sie noch gar nicht, ob Ihr Kind *möchte,* dass die Lehrkräfte über seine (Hoch)Sensibilität Bescheid wissen. Wir gehen hier mit intimen Daten um, und wir sollten sie auch ebenso behandeln. Alles, was jedoch über Gefühlsstärke, Hochsensibilität oder ausgeprägte Feinfühligkeit hinausgeht, sollte in einer geschützten und respektvollen Weise bei den Lehrkräften landen. Um entsprechend mit Ihrem Kind umgehen zu können, sollten Lehrkräfte unbedingt von einer Diagnose wissen, soweit eine bekannt ist. Das gilt insbesondere für ADHS, Autismus, Hochbegabung etc. Es hilft, beide Seiten zu verstehen und sich in Gesprächen zu begegnen. Sie müssen sich für nichts schämen, entschuldigen und gewiss nichts rechtfertigen. Holen Sie sich im Zweifel Unterstützung durch Ihre Ärzt:innen, die Schulpsycholg:innen oder Vertraute, die Sie zum Gespräch begleiten. Lassen Sie aber jede Scham gehen, denn da ist überhaupt nichts, was Sie befürchten sollten. Eine Reaktion auf diese Information, die anders als wertschätzend ausfällt, ist wiederum ein Zeichen dafür, dass Sie eine weitere Schule ansteuern und besichtigen sollten. Sie haben es verdient, dass mit Ihnen und der Feinfühligkeit Ihres Kindes angemessen, respektvoll, informiert und wertschätzend umgegangen wird.

KAPITEL 6

Sensibilität zwischen sechs und zehn Jahren

Vielleicht geht es Ihnen wie mir und vielen anderen Eltern, wenn Ihr Kind in die Schule gekommen ist: Plötzlich wirkt Ihr Kind so richtig »groß«. Kein Wunder – die Entwicklung nimmt in diesem Zeitraum noch einmal richtig Anlauf und gibt Ihrem Kind einen wahren Schub. Ab jetzt kommt ein Grundbedürfnis dazu, das unfassbar spannend zu beobachten und zu begleiten ist, uns aber auch gleichermaßen ganz schön Angst machen kann, nämlich der Wunsch Ihres Kindes, die Welt zu erkunden.

Neben Nähe und Bewegung beginnt Ihr Kind jetzt, eigene Wege zu gehen, im wahrsten Sinne des Wortes. Es möchte allein auf den Spielplatz oder den Schulweg laufen, möchte auch einmal etwas Zeit ohne Sie verbringen und seine eigenen Erfahrungen machen. Parallel merken Sie, dass sich das Kuscheln und auch die Gespräche verändern, denn all diese Autonomie und das Sichentfernen brauchen enges Miteinander, ein wärmendes Nest und auch hier wieder unglaublich viel Geborgenheit zum Ausgleich. Ihrem sensiblen Kind kann jetzt vor allem die emotionale und mentale Nähe deutlich wichtiger werden: Bei jeder sich bietenden Möglichkeit sucht es Gespräche, für die es die Geschwister oder weniger Vertraute auch mal aus dem Raum wirft. Es drückt seine

Gefühle vielleicht etwas holprig aus, äußert für Sie auf den ersten Blick zusammenhanglose Wünsche – doch hinter all diesen Versuchen steckt seine Verarbeitungstiefe. Es versucht, auf seine eigene Weise diese neue Welt zu ergründen und zu verstehen. Dafür braucht es Ihre Nähe und Gespräche mit Ihnen nun möglicherweise deutlicher als zuvor.

Außerdem: Es ist gut möglich, dass der schulische Lernstoff keine unmittelbare Priorität für Ihr Kind hat – nicht mal, wenn er ganz neu und damit wahnsinnig spannend sein sollte. Eine liebe- und vertrauensvolle Begleitung durch Eltern und Lehrkräfte sowie verständnisvolle und sanfte Führung können helfen, es Ihrem Kind zu erleichtern und das Lernen beziehungsweise die anfallenden Aufgaben in den Alltag zu integrieren. Das ist keine Garantie dafür, dass Ihr Kind dies mögen wird! Seine Gunst wird eher dem Spielen und der Erkundung zufallen, nicht den Hausaufgaben. Doch anstatt zusätzlichen Druck auszuüben, den Ihr Kind kaum nachvollziehen kann, ist es eine gute Idee, sich mit diesen Themen bewusst auseinanderzusetzen und sich Ihrem Kind liebevoll zuzuwenden.

Auch hilft es, gleich zu Beginn zu verstehen, dass (hoch)sensible Kinder die Welt – und daher auch die Schulwelt – durch ihre eigene Brille sehen. Welches Lernen gerade passiert, ist von außen betrachtet kaum zu erkennen. Vielleicht erlernt Ihr Kind in den ersten Wochen neue Verhaltensweisen, die sich erst viel später zeigen, studiert Mimik und Gestik, um diese selbst in ein paar Tagen zu nutzen, lernt im Grunde eine ganz neue Sprache. Der Schulstoff ist ein Angebot, das es ein Stück weit »aussortiert« – nicht um Sie oder die Lehrkräfte zu ärgern, sondern um zunächst jene wichtigen Prozesse zu verstehen, die es selbst als Priorität einstuft. Bedenken Sie: Das hochsensible Gehirn ist dafür gemacht, Reize intensiv zu verarbeiten. Dafür braucht es manchmal etwas Zeit. Und auf Ihrer Seite Geduld.

Bis hierhin hat Ihr Kind schon die Grundemotionen kennengelernt, und die eigene Regulation ist gereift. Es ist jetzt in der Lage, einen Perspektivwechsel vorzunehmen. Ihr Job sowie der Schwerpunkt der Entwicklung Ihres Kindes ist jetzt, diese Emotionen weiterzuentwickeln und zu differenzieren. Am besten übt sich dies unter anderem im Spiel mit Gleichaltrigen und natürlich in dem jetzt ganz neuen Lebensbereich, nämlich der Schule. Auch Vereine oder sportliche Wettkämpfe triggern diese Form des Wachstums.

Dieses Lernen verlangt Ihren Kindern einiges ab und ist nicht zu unterschätzen. Wenn nun von ihnen gefordert wird, stillzusitzen und dem Unterricht konzentriert zu folgen, wenn sie eigentlich lieber Rollenspiele machen oder den Wald erkunden wollen, dann impliziert auch das, sich zu regulieren – manchmal den gesamten Vormittag hindurch. Das heißt, dass Ihr Kind sich stundenlang darin übt, seine auftauchenden Bedürfnisse und Impulse zu regulieren.

Oft fehlt uns Erwachsenen die Wertschätzung für das, was die Kinder leisten, wenn sie vier Stunden oder länger in der Schule sitzen. Sie sind grundsätzlich dazu in der Lage und können das, doch es wird ihnen sehr viel leichter fallen, wenn wir diese Zeit nicht noch zusätzlich über den gesamten Tag ausdehnen. Es erfordert – aus der Perspektive des Kindes – Mut, sich unter Umständen auch den Lehrkräften zu zeigen, in dem Bewusstsein, dass es

»ungehorsam« sein könnte. Und auch für Sie als Eltern kann es zu einem Kloß im Hals führen, das Gespräch zu suchen, wissend, dass Stillsitzen und »Durchhalten« für die Unterrichtsdurchführung wichtig sind, und Sie nun trotzdem eine »Extrawurst« verlangen müssen, weil Ihr Kind schlicht nicht mehr kann. Außerdem werden Sie feststellen, dass es Ihrem Kind an einigen Tagen oder Wochen viel leichter fällt als an anderen. Dies hängt damit zusammen, wie viel Ruhe und ENTspannung Ihr Kind erfährt oder wie sehr sich sein Verhalten aufgrund des Stresses verändert. Um all dies zu schaffen, braucht es auch Ruhe.

Wenn es genügend Pausen, Entspannung und freies Spiel gibt, funktioniert die intrinsische Motivation am besten.

Der Einstieg in die Schule ist eine schier unglaubliche Gefühlsarbeit für Ihre Kinder. Sie brauchen Zeit, Geduld und ein beruhigendes Fundament, also auch hier: Geborgenheit. Schauen wir uns einmal an, was in dieser Zeit alles fehlt: zum Beispiel eine Eingewöhnung. Es fehlt, sich langsam an die neue Situation, die neuen Menschen, die neuen Regeln und die neue Sprache gewöhnen zu dürfen. Auf die Erfahrungen der Kindergarten- oder Kita-Eingewöhnungen kann es meist nicht zurückgreifen. Wieso sollte so eine Situation leicht zu bewältigen sein? Es ist okay, wenn Ihr Kind diesen Prozess nicht einfach so mitmacht, sondern sich verletzlich, müde, traurig und herausgefordert fühlt. Daher möchte ich Ihnen empfehlen, sich für diese Phase noch mehr Zeit zu nehmen als zuvor in der Kita-Eingewöhnung. Jetzt schlucken Sie und fragen sich, wie Sie das anstellen wollen. Und ich verstehe Sie gut – denn das gesamte Familiensystem bricht zusammen, wenn unsere Kinder nicht in die Schule gehen. Auf die Betreuung am Vormittag bauen alle möglichen anderen Zusammenhänge auf, unter anderem der, dass Sie als Eltern arbeiten gehen können.

Wir müssen also auch hier wieder kurz über die Machtverhältnisse sprechen: Damit Sie Ihrem Job nachgehen, Ihre Miete zahlen und den Haushalt finanzieren können, braucht es jemanden, der sich um Ihr Kind kümmert. Ich selbst empfinde es als Zumutung, kleine (sensible) Menschen im Alter von gerade mal sechs Jahren ins kalte Wasser und im komplett unbekannte Umstände zu werfen und davon auszugehen, dass sie am dritten Tag schon allein ins Schulgebäude kommen können. Selbst wenn Ihr Kind sich auf die Schule freut und keine Probleme damit zu haben scheint, ist hier Achtsamkeit geboten. Es erfordert eine hohe Anpassung, die wir nicht unterschätzen sollten. In den Anfängen der Schulzeit sind ein liebevoller Blick auf das Kind und eine enge Begleitung daher einer der wichtigsten Schlüssel, um die Freude möglichst langfristig aufrechtzuerhalten.

Ich habe mit vielen Lehrkräften gesprochen und kein »Stellen Sie sich nicht so an!« gehört – sondern das Gegenteil. Auch Lehrer:innen spüren die Angst und Unsicherheit bei den Kleinen. Gleichzeitig schweben die Lehrpläne wie ein Damoklesschwert über ihren Köpfen, und die teilweise unsinnigen Regeln der Schule, bis zu welcher Tür welches Kind begleitet werden darf und ab wann es was zu schaffen hat, müssen befolgt werden. Auch hier sollte uns klar werden, dass wir nur alle gemeinsam weiterkommen. Wenn wir die Gefühle der (sensiblen) Kinder in dieser vulnerablen Phase missachten und übergehen, wird sich niemals etwas ändern. Nicht zuletzt aufgrund der Probleme, die in dieser Zeit auftreten und die sensible Kinder in aller Deutlichkeit zeigen, streben immer mehr Eltern alternative Schulmodelle und Privatschulen an, in der Hoffnung, dass Ihr Kind hier besser gesehen wird. Die Plätze sind begrenzt, die Auswahlverfahren werden immer komplizierter, und Regelschulen müssen plötzlich um Kinder werben.

Unsere Schulen brauchen eine wirkliche Reform, nicht nur, um den Schuleinstieg liebevoller zu gestalten, sondern um die gesamte Zeit der wertvollen Bildung heranwachsender Menschen zu einer erfolgreichen und schönen Zeit zu machen. Es muss endlich weniger um das reine Funktionieren und um Leistung gehen, dafür aber um menschliche, soziale und intellektuelle Entwicklung. All das Wissen, das wir in den letzten Jahrzehnten darüber angesammelt haben, wird immer noch zu wenig berücksichtigt und ernst genommen.

Aber stellen Sie sich vor, alle Eltern, die gerade dieses Buch lesen, stünden gemeinsam auf und berichteten offen von ihren Sorgen und Herausforderungen. Wir brauchen Visionen für neue Schulen und neue Räume, und wenn Sie diese haben, dann möchte ich Sie dazu ermutigen, sich zu äußern und zu zeigen. Sie werden überrascht sein, wie viele neue Lehrkräfte dieses Land bereits hat, die – genau wie Sie – keine Lust mehr auf all den Druck und das Abarbeiten des Lernstoffs haben. Auch hier dürfen wir von all dem »Drama« lernen, das unsere sensitiven Kinder uns entgegenschleudern: So geht es nicht weiter! Lernen Sie, sich zu erklären und für sich und Ihr Kind einzustehen, auch wenn es scheint, als würde man Sie nicht verstehen. Es braucht Zeit und Raum für diese Veränderung – und es braucht Eltern, die darauf hinweisen, dass Unmenschliches verlangt wird, wenn dies der Fall ist.

Feinfühliger Umgang mit herausfordernden Situationen

Die Schule ist ein hartes Pflaster, nicht nur für sensible Kinder. Hier proben Kinder jeden Tag vor allem eines: soziale Interaktion und zwischenmenschliche Beziehungen. Sicherlich wünschen Sie sich für Ihr Kind, dass das friedvoll abläuft, auf Augenhöhe und gewaltfrei. Aber was, wenn das Gegenteil zum Alltag gehört und Ihr sensibles Kind tagein, tagaus weinend aus der Schule nach Hause zurückkehrt, wenn sich Mitschüler:innen auf dem Schulhof nur für Prügeleien, nicht aber zum gemeinsamen Spiel anbieten, wenn es mit dem Lehrer oder der Lehrerin schwer wird oder sich ständig ein Gefühl von »Ich bin hier fehl am Platz« einschleicht?

Nora ist sechseinhalb Jahre alt und geht in die erste Klasse. Im Kindergarten war sie nur ganz kurz – wegen der Coronapandemie fehlen ihr die letzten eineinhalb Jahre der Kindergartenzeit. Nora ist vor allem eines: superautonom. Was sie nicht will, das tut sie nicht. Sie lässt sich nur mit wirklich guten Argumenten überzeugen – oder eben gar nicht. Die komischen, schwierigen Regeln im Kindergarten konnte sie weder verstehen noch leicht einhalten. Darüber hinaus nahm Nora von Anfang an den Stress der Menschen um sie herum wahr, sodass für sie bald feststand: »Ich gehe da nicht mehr hin!« In einem unserer ersten Gespräche gesteht mir ihr Vater, dass er sich fragte, wie das einst in der Schule werden solle. »Aber ich war ja zu Hause und konnte mit ihr zusammen sein«, erklärt er weiter. »Wir mussten sie also niemals zwingen, wenn sie nicht wollte.«

Der Einstieg in die Schule war nervenaufreibend. Nora hatte es schwer, mit den neuen Strukturen umzugehen, behaupteten die Lehrkräfte. »Das stimmt so nicht«, sagt ihr Papa, »wir hatten zu Hause jede Menge Struktur. Wir haben das gut gemacht. Es war nicht die Struktur der Schule, die sie herausgefordert hat – es waren die anderen Kinder.« An dieser Stelle horche ich auf und frage nach, wie er das meine. »Am Anfang ging sie den Raufereien aus dem Weg. Sie berichtete oft, dass sie in der Pause am Rand stehe und nicht mitspiele – sich zu kloppen, das ist einfach nichts für sie. Sie hatte Angst, Ärger zu bekommen, wenn sie mitmischte, und noch dazu macht ihr das einfach keinen Spaß. Aber die Mädchen der Klasse sagten zu ihr: ›Du darfst nur mitspielen, wenn du dies oder jenes tust‹, und die Jungen prügelten sich und tobten über den Schulhof. Beides war nichts für sie. Und so spielte sie dann irgendwann mit niemandem mehr.« Nora entzog sich der Gemeinschaft, weil es ihr zu wild und zu körperlich war. Sie entpuppte sich bald als sehr gefühlsstarkes Kind, das mit den vielen Stimmungen überhaupt nicht gut klarkam – schon gar nicht ohne elterliche Begleitung oder Co-Regulation durch einen Erwachsenen. Und so stand sie daneben und bekam keinen Anschluss. Auf die Frage, wem sie in der Klasse vertraue, antwortete sie nur mit dem Namen des Klassenlehrers. Kein Kind schaffte es auf ihre

Liste. »Natürlich sage ich ihr, dass sie sich wehren kann und auch zurückhauen darf, dass sie nichts über sich ergehen lassen muss. Aber sie mag es einfach nicht. Sie will sich nicht prügeln, das sagt sie ganz klar. Sie will keine Gewalt – sie will einfach, dass die anderen sie in Ruhe lassen.«

An dieser Stelle bricht sich nicht selten ein ausgesprochen erwachsener Gedanke in uns Bahn, nämlich der an Abhärtung. Manchmal glaubt ein nicht unwesentlicher Teil in uns, dass wir doch etwas falsch machen. Dass wir es doch irgendwie schaffen müssen, unsere Kinder auf die harte, kalte Welt da draußen vorzubereiten, und dass wir als Eltern scheitern, wenn wir sie so sensibel sein lassen. Wir schlagen Selbstverteidigung vor (kann helfen!), reden auf sie ein, dass sie für sich einstehen sollen (was stimmt!) und machen es im Zweifel vor, indem wir schlecht über die Eltern der anderen Kinder reden (bringt gar nichts.). Unser Antrieb: Es soll unseren Kindern gut gehen. Am liebsten besser als uns selbst.

Noras Argumente, bei den Prügeleien nicht mitmachen zu wollen, waren gut. Sie waren integer und klar. Sie wollte sie selbst sein, ohne sich dafür mit Fäusten behaupten zu müssen. Was Nora brauchte, das waren nicht Eltern oder Lehrkräfte, die sie auf das harte Pflaster Schule vorbereiteten, und auch auf Karate hatte Nora wenig Lust. Sie wollte Polizei spielen. Oder Fangen. Und sie wollte lieber keine Freund:innen haben als solche. Die alles entscheidende Zutat für die Sicherheit, die Nora sich auf dem Schulhof so sehr wünschte, lag schlicht und ergreifend darin, sie zu sehen, wie sie war, und nicht an ihr herumzuschrauben. Sie nicht zu einem weniger sensiblen, abgehärteten Kind zu machen und ihr auch nicht einzureden, dass sie sich falsch verhalte.

In unseren Gesprächen erarbeiteten wir, dass jeglicher Druck, etwas tun oder schaffen zu müssen, von Noras Schultern genommen werden sollte. Wir versprachen ihr, die Verantwortung zu übernehmen, sodass sie nicht mehr »der Boxsack für die ganze Klasse« sein müsse, wie sie es selbst wahrnahm. Ihr Vater holte sie von der Schule ab und sprach mit ihr über den Tag. Über jedes Detail, das sie loswerden wollte, solange sie es brauchte. Er fragte immer wieder, ob es heute ein Kind gegeben habe, mit dem sie gespielt hatte. Und sobald ein Name auftauchte, fragte er, ob sie sich vorstellen könne, sich mit diesem Kind mal außerhalb der Schule zu treffen. Nora willigte ein, unter einer Bedingung: nur bei ihr zu Hause. Das überraschte mich nicht, schließlich fühlte Nora sich in der Schule völlig exponiert und traute nun nur noch dem sicheren Boden ihres Zuhauses.

Neben den ersten zaghaften Versuchen, Freundschaften zu knüpfen, suchten ihre Eltern das Gespräch mit dem Klassenlehrer. Denn ab diesem Punkt ging es nicht mehr ohne. Natürlich fragten wir uns, wie es möglich sei, dass Nora ständig irgendwelchem Schubsereien zum Opfer fiel, obwohl es doch eine Pausenaufsicht gab, allerdings ging es darum gar nicht so sehr. Vielmehr wollten wir die Energie der Gespräche in die Ruhe und den Frieden stecken, den Nora sich so sehr wünschte. Sie wollte keinen Streit – sicher auch nicht unter den Erwachsenen, die für sie zuständig waren. Ihr Vater arrangierte ein Lehrer-Eltern-Gespräch und blieb cool. Er äußerte seinen Wunsch nach einer »Partnerschaft«, die ohne Vorwürfe auf allen Seiten auskomme. Er fragte ruhig nach, ob die Schule Aufsichtsprobleme habe und ob er in irgendeiner Art und Weise unterstützen könne. Er ließ den Lehrer die Situation für einige Tage begutachten und einschätzen. Ich war beeindruckt davon, wie Nora plötzlich gesehen wurde, ohne dass dafür andere Kinder als »falsch« oder fiese Prügler abgestuft und bestraft wurden. Es war spannend, zu beobachten, wie die Eltern für ihr Kind einstanden, ohne einen Kompromiss einzugehen, aber auch, ohne ihren Frust auf den Schultern anderer abzuladen. Und wie Lehrkräfte, die immer wieder überfordert und angestrengt waren, dennoch den Ernst der Lage sahen.

Das Ende vom Lied: Nora brauchte Unterstützung dabei, sich einzugliedern. Sie war mit ihrer sensiblen Seele in einer vollkommen bunt gemischten Gemeinschaft mit unvorhersehbaren Reaktionen und Stimmungen vieler unterschiedlicher Kinder komplett überfordert, und da sie mit viereinhalb Jahren aus dem Kindergarten ausgestiegen war, hatte sie die üblichen Reibereien unter Gleichaltrigen bisher noch nicht geübt. Sie brauchte eine enge Begleitung dabei, dies nun nachzuholen. Das war kein einfacher Job und ging nicht über Nacht, doch siehe da: Nach einigen Wochen der sanften Begleitung in die bestehende Gemeinschaft hinein, nach etlichen Gesprächen, vielen Tränen und Rückschlägen, aber auch zauberhaften Erkenntnissen und jeder Menge Fortschritte fand Nora endlich ihren Lasse. Er war ein Junge, der sich bisher kaum gezeigt hatte und froh war, als der Lehrer die beiden zusammensetzte. Lasse galt als schüchtern und zart. Die beiden Kinder suchten sich fortan ein wenig eigenbrötlerisch, aber sehr verbunden ihre ganz persönlichen Spielecken auf dem Schulhof. Bis heute gehen sie den Prügeleien aus dem Weg und machen ihr eigenes Ding. Sie zoffen sich, vertragen sich, zoffen sich wieder. Und ganz altersgemäß wollen sie dann auch nie wieder miteinander spielen oder reden – und kommen ganz wunderbar ohne körperliche Interaktion aus.

Eine Gruppe ist genau so stark wie ihr schwächstes Glied – das haben wir selbst schon in der Schule gelernt. Nun dürfen wir lernen, dass es keine Lösung ist, die schwachen Glieder stärker, härter oder anders zu machen, als sie sind. Sondern sich mit all den Mitgliedern dieser Gruppe immer wieder liebevoll nach denen umzusehen, die für das eine oder andere etwas länger brauchen. Sie haben gute Gründe dafür. Und sie haben das Potenzial, uns etwas zu lehren! Glauben Sie, dass der Prozess nur wenige Wochen gedauert hätte, wenn Nora (oder Lasse) erst Karate hätten lernen müssen? Oder dass es den beiden heute besser ginge, wenn sie sich nun regelmäßig gegen ihren Willen prügelten? Oder hat die Welt durch diese beiden Kinder und ihre sensible Klarheit nicht eher ein kleines bisschen gelernt, friedvoller mit Konflikten umzugehen?

Vielleicht denken Sie, dass Nora einfach Glück hatte mit einem Lehrer, der bereit war, diesen Weg zu gehen. Doch ich glaube nicht, dass das eine Ausnahme war. Ich bin überzeugt, dass es den Lehrkräften in diesem Land nicht egal ist, wer sich mit wem auf dem Schulhof prügelt, Hauptsache, sie können in Ruhe ihren Kaffee trinken. So ist es nicht – und so sehe ich es auch in meinen Beratungen nie. Ich glaube viel eher, dass die Ausbildung unsere Lehrkräfte leider zu selten darin bestärkt, in solchen Stresssituationen den Kopf über Wasser zu halten und die Augen und Ohren überall zu haben. Das macht sie nicht schlechter, manchmal aber vielleicht ebenso hilflos wie Sie. Darum braucht es – einmal mehr – uns Eltern, die auch den Lehrkräften unter die Arme greifen und dem System dabei helfen, endlich im 21. Jahrhundert anzukommen. In einer Zeit, in der wir schon lange nicht mehr mit Pfeil und Bogen kämpfen, dafür aber mit ganz viel Herz und einer Vision für eine Welt, die unser aller Sensibilität sehr viel besser brauchen kann, als es durch Abhärten jemals geschehen kann.

Bauchschmerzen und Pausentage

Apropos abhärten: Wie oft werfen Sie ein Schmerzmittel ein, wenn Sie Kopfweh oder Ähnliches haben, weil Sie arbeiten müssen? Und wie lang wollen wir eigentlich noch so tun, als sei das okay? Vielmehr müssen wir uns alle der Tatsache stellen, dass jede einzelne Ibuprofen nicht wirklich unserem Körper dient, sondern unseren Arbeitgebern. Und damit eben wieder einmal einem übergeordneten System, das, wird es niemals hinterfragt, auch für immer und ewig so Bestand haben wird. Hinter jeder einzelnen eingeworfenen Pille steht im Grunde nichts weiter als ein verstecktes »Reiß dich zusammen! Stell dich nicht so an! Was sind schon ein bisschen Kopfschmerzen?«. Wir zwingen uns zu Leistung und zahlen dafür den Preis, nicht auf unseren Körper zu hören, obwohl dessen Signale nun wirklich eindeutig sind. Doch auch im Jahr 2022 scheint es noch überdurchschnittlich problematisch zu sein, wegen körperlicher Schmerzen oder weil man krank ist, auf der Arbeit zu fehlen. Ich frage Sie: Gibt es denn einen stärkeren Grund, zu fehlen, als körperliche oder mentale Beeinträchtigungen? Scheinbar ja. Wer fehlt, der sollte den Kopf schon unterm Arm tragen. Oder einen anderen, wirklich triftigen Grund haben. Dazu zählen Gefühlslagen, die oftmals den Alltag sensibler, neurodiverser Menschen ausmachen, wie Erschöpfung, Müdigkeit, unerklärliche körperliche Schmerzen oder Ermüdungszustände, depressive Episoden, Ängste und Reizüberflutung offenbar überhaupt nicht. Aber wenn doch, wie bereits im ersten Teil dieses Buches konstatiert, jeder von uns mehr oder weniger sensibel ist, wie kann es sein, dass unsere Vorstellung von einem »funktionierenden« System auf der Abwesenheit all dieser Dinge beruht, die eigentlich ziemlich häufig unseren Alltag ausmachen? Soll heißen: Ein sensibles Kind, das Bauchweh hat, muss gar nicht immer »wirklich« Bauchweh haben, sondern leidet vielleicht an einem der oben genannten Symptome. Aber es muss zur Vokabel »-weh« greifen, weil der Grund sonst nicht stark genug ist, um einen Pausentag einlegen zu dürfen.

Jährlich begrüße ich um die 200 Menschen in einem meiner größten Onlineprogramme »Erschöpfung überwinden, Ressourcen erkennen« – 90 Prozent davon hochsensibel. Ich sehe es immer wieder: Limitierende Glaubenssätze, ja, regelrechte Ängste vor der Pause treiben sie an. Angst davor, »schon wieder« der- oder diejenige zu sein, der oder die eine Pause braucht, im Gegensatz zu anderen, die durchziehen können. Der Gedanke, es sei nicht richtig, eine Pause zu machen, wo es doch noch so viel zu erledigen gebe. Oder gar der, man habe sich eine Pause erst zu verdienen – durch harte, am besten sichtbare Arbeit.

Der Ursprung für diese Glaubenssätze liegt nicht selten in der Kindheit, etwa weil die eigenen Eltern hart gearbeitet und kaum geruht haben, oder aber in der Schulzeit, in der sie gelernt haben, dass es viele Wiederholungen, langes, zähes Lernen und konstante

Anwesenheit im Unterricht sei, die sie für das gute Abi oder den guten Abschluss brauchen. Er liegt in Stundenplänen, die acht Zeitstunden, aber nur 80 Minuten Pause vorsehen, und in Bergen von Hausaufgaben, die Kinder stundenlang an den Tisch fesseln können und Strafen nach sich ziehen, wenn sie nicht erledigt sind. Noch einmal: Ich verteufele nicht das Lernen selbst und sage auch nicht, dass Wiederholungen durch Hausaufgaben unbrauchbar seien. Aber ich sage, dass das Pensum an Lernstoff und Aufgaben für unsere Kinder eine unglaubliche Bandbreite hat, die – und das gar nicht mal so selten – zu Erschöpfung führen kann. Schon in der Grundschule. Und jedes einzelne Mal, da wir den wahren Grund, nämlich Müdigkeit und ein volles Maß, nicht als solches erkennen und noch mehr von den Kleinsten unserer Gesellschaft verlangen, legen wir den Grundstein dafür, dass sie weniger auf die Signale ihres Körpergefühls und ihrer psychischen Gesundheit hören. Wir fühlen uns nicht wohl damit, unsere Kinder ständig zu entschuldigen, und wissen doch, dass es nicht richtig ist, sie einer Situation auszusetzen, die sie krank macht. Was mit Bauchschmerzen anfängt, kann zu einer echten Erschöpfung heranwachsen – und in Depressionen enden.

Ohne Ihnen Angst machen zu wollen, muss uns diese eine Sache glasklar sein: Das Fundament, das die berufliche Karriere unserer Kinder trägt, hängt nicht allein von ihrer Disziplin, ihrem Durchhaltevermögen und auf keinen Fall von irgendeinem »Stell dich nicht so an!« ab, sondern von ihrer psychischen Gesundheit. Ein krankes System produziert kranke Menschen. Aber gesunde Menschen können helfen, ein System zu heilen. Es sollte also nicht unser Standard sein, Kinder trotz Bauchschmerzen (oder etwaiger anderer Wehwehchen) in die Schule zu schicken, obwohl sie und ihre kleinen Körper anzeigen, dass etwas nicht stimmt.

> Es darf unsere oberste Priorität sein, die frühen Warnsignale und Erschöpfungsanzeichen, die unsere intelligenten menschlichen Körper uns freundlicherweise senden, zu lesen, zu verstehen und uns für Gesundheit zu entscheiden anstatt dafür, blind dem Stundenplan zu gehorchen.

Spätestens in der Coronapandemie haben wir alle erleben dürfen, wie mit Fehlzeiten unserer Kinder umgegangen wurde: gar nicht. Es gab keinen Ersatz, die Fehlstunden auf den Zeugnissen wurden in vielen Bundesländern genullt, wir Eltern durften die Lehrkräfte ersetzen. Wie ein Brennglas haben die knapp zwei Jahre gezeigt, dass wir als Menschen und als Gesellschaft in der Lage sind, zu kompensieren. Jedoch nicht ohne Weiteres. Denn die Maßnahmen hatten vor allem zum Ziel, das System zu schützen. Nicht unsere Kinder. Machen Sie sich das klar, wenn Sie spüren, dass es Ihrem Kind nicht gut geht, und Sie glauben, Ihnen seien die Hände gebunden. Das sind sie nicht. Sie sind frei, um die nächste Entschuldigung zu schreiben und darauf zu vertrauen, dass der Unterrichtsausfall kompensiert werden kann. Nicht aber die Ressource, die dem kleinen menschlichen Wesen an genau diesem Tag gefehlt hat, um gesund zu bleiben und weitermachen zu können.

All das mag hart und ungewohnt klingen. Und natürlich dürfen Sie auch darauf vertrauen, dass ich Ihnen einige hilfreiche Strategien mitgeben werde, um selbst entdecken zu können, ob Sie es gerade mit einem handfesten Problem oder kindlicher Unlust zu tun haben.

Schritt eins: Anzeichen, an denen Sie Erschöpfung bei Ihrem Kind erkennen

Körperlich: Ihr Kind schläft schlecht ein oder durch, wirkt blasser als sonst, knirscht in der Nacht mit den Zähnen, kann sich schlecht oder gar nicht dazu aufraffen, nach draußen zu gehen oder sich mit Freunden zu treffen. Es bevorzugt Tätigkeiten, bei denen es keine große körperliche Anstrengung braucht, wie digitale Medien oder Ähnliches. Es greift eher zu Süßigkeiten, ernährt sich unausgewogener als sonst. Es klagt über Kopf-, Bauch- und weitere körperliche Schmerzen. Das Aufwachen am Morgen ist schleppend (muffelige Laune ausgenommen). Es ist schwer zu wecken, braucht lang, bis es aufsteht. Auf Hausaufgaben, weitere Übungen, Verpflichtungen, Aufgaben im Haushalt oder gemeinsame Unternehmungen hat es keine Lust mehr.

Mental: Ihr Kind hat Schwierigkeiten, sich zu konzentrieren, wirkt fahrig und wird schnell abgelenkt. Dinge, von denen Sie sicher sind, dass es sie beherrscht, kann es plötzlich schlechter oder gar nicht mehr. Bei Übungen und Aufgaben wirkt es traurig, schwer oder unmotiviert. Die meiste Zeit vergeht damit, dass es sich über die Aufgabe beschwert oder jammert. Eigentlich leichte Übungen fallen plötzlich viel schwerer, und bei Schulkindern kann sogar ein Notenabfall erkennbar sein. Es beschäftigt sich tagsüber mit immer wieder den gleichen, manchmal sehr eintönigen Dingen, hört immer wieder die gleichen Hörspiele, sieht sich Videos an, die eher nicht seinem Alter entsprechen.

Emotional: Ihr Kind fängt Streits an, die Sie regelrecht wundern. Es weint oder wütet bei vermeintlichen Kleinigkeiten – die Reißleine ist kurz. Nachts hat es Albträume oder will nur noch bei Ihnen schlafen (altersunabhängig). An vielen anderen Stellen regrediert es, verhält sich also eine oder mehrere Altersstufen zurückversetzt, manchmal sogar wie ein Baby. Vermeintliche Kleinigkeiten bringen es aus dem Konzept. Es weint, wenn ihm ein Bein gestellt wird, genauso sehr, wie wenn es eine Strafarbeit gibt. Die Gespräche und Konflikte mit Ihrem Kind fühlen sich an wie ein Tanz auf rohen Eiern. Sie bemerken, dass es fast egal ist, was Sie sagen – es wird garantiert für einen Gefühlsausbruch herhalten. Und genauso ist es: Die Reibung mit Ihnen ist dringend nötig, um die vielen Gefühle irgendwo abzuladen.

Schritt zwei: Erschöpfung überwinden

Machen Sie sich als Allererstes bewusst, dass die Erschöpfung, die Sie als erwachsener Mensch kennen, nicht vergleichbar ist mit der Erschöpfung Ihres Kindes. Das ist Fluch und Segen zugleich: Denn Kinder regenerieren sehr viel schneller als wir und halten sehr viel weniger an »schlechten« oder negativen Gemütszuständen fest als Erwachsene. Eben weil sie so verbunden sind mit ihrer Intuition und ihrem Gefühl, können sie eher »fließen« mit der Energie, die sie selbst haben und die sie umgibt. Es kann unseren

Kindern guttun, mal einen Tag zu Hause ohne Zeitdruck, ohne Verpflichtung und ohne Stress zu verbringen, und es gibt eine realistische Chance, dass sie am nächsten Tag wieder deutlich besser gelaunt, deutlich stärker, deutlich weniger erschöpft sind.

Gleichzeitig möchte ich Sie unbedingt einladen, dies nicht zu verlangen! Wir Menschen sind vor allem eines: sehr individuell. Was bei einem einen Tag Ruhe braucht, ist für den anderen der Beginn einer langen Burn-out-Phase.

Bewahren Sie sich stets den klaren Blick auf Ihr Kind, beobachten Sie Anzeichen und Signale, und handeln Sie, wie es der Gesundheit Ihres Kindes zuträglich ist.

Manchmal kommt in Kita oder Schule der Verdacht auf, ein Ruhetag könne den »Flow« und die Gewohnheit völlig durcheinanderbringen. Doch Achtung, auch dieses Denken ist eher ein Zeichen für das Bedürfnis, zu »funktionieren«, und nicht nach Gesundheit. Es wird Sie schulen, zu erkennen, was Ihr Kind auf welcher Ebene benötigt, um sich zu erholen, und dann zu sehen, wie schnell es in der Lage ist, die Erschöpfung zu überwinden. Je öfter Sie dies probieren, umso leichter wird es Ihnen fallen, es zuzulassen. Auch wenn es uns verunsichert, immer mal wieder wegen Bauchweh eine Entschuldigung zu schreiben, so ist es auf lange Sicht eine Prävention für das, was wir heute als Burn-out oder Depression kennen.

Erinnern Sie sich: In den wertvollen ersten Jahren Ihres Kindes legen wir den einen oder anderen Grundstein für sein weiteres Leben. Und gerade, wenn es in den Bereich Schule geht, werden Grundsteine für das berufliche Leben gelegt. Manchmal ist das die Eins in Mathe, ja. Aber eben nicht immer. Häufig ist der liebevolle Blick auf die sensible Haut, den überreizten Kopf, das erregte Nervenkleid oder den nervösen Magen auch einer dieser Grundsteine – der für die eigene Selbstfürsorge als Erwachsener nämlich. Ihr Kind wird lernen, gut für sich zu sorgen. Und das hoffentlich beibehalten, wenn es eines Tages für den eigenen Haushalt oder die eigene Familie sorgen muss.

KAPITEL 7

Wie unsere Glaubenssätze und Überzeugungen die (Schul-) Laufbahn unserer sensiblen Kinder beeinflussen

Ich selbst bin Unternehmerin. In den letzten Jahren hat sich aus meiner Selbstständigkeit eine Firma entwickelt, in der ich mittlerweile eine Handvoll Beschäftigte unterbringen kann und die stetig wächst. So ergibt es sich, dass ich regelmäßig Gespräche mit meinem Steuerberater, den Mitarbeiter:innen oder der Versicherung führen muss. Und jedes einzelne Mal sehe ich Unverständnis und ungläubige Blicke in den Augen meiner Gegenüber, weil ich mit Sneakers und Hoodie auflaufe. Warum ist das so?

Schauen wir uns die »neue Generation« eigenverantwortlicher Unternehmer:innen doch einmal an. Auch wenn sich ein Profil niemals über einen Kamm scheren lässt, so wird doch relativ schnell klar, dass Mark Zuckerberg, Gary »Vee« Vaynerchuk, Elon Musk, Nikita Fahrenholz und Titus Dittmann eines gemeinsam haben: Sie bereichern diese Welt mit abgefahrenen Ideen, die teilweise so verrückt sind, dass es bei der Bank für ihre Entstehung keinen Kredit geben würde. Darüber hinaus zählen ausgerechnet die hier genannten Personen nicht zu denen, die man sich typischerweise in Anzug und Krawatte vorstellt. Aufgrund des Geburtsjahres mag Titus Dittmann da vielleicht ein wenig herausfallen, aber alle anderen sind junge Unternehmer, die durch kreatives, schöpferisches und ausgefallenes Denken glänzen. Ich fühle mich dieser Generation der Unternehmensführer:innen deutlich stärker zugehörig als jenen, die noch das kleine Schwarze tragen, um ernst genommen zu werden. Nun will ich mit Ihnen nicht den Kleidungsstil Ihres Kindes diskutieren, Sie aber einladen, sich drei wichtige Faktoren für den schulischen Verlauf und sicherlich auch den möglichen beruflichen Erfolg Ihres Kindes mit mir gemeinsam anzusehen – und gegebenenfalls ein Umdenken anzustreben:

› Was glauben wir, wie wir uns verhalten und wie wir aussehen müssen, um ernst genommen zu werden?
› Was glauben wir, was ernst zu nehmende, sichere Jobs sind und was eine ernst zu nehmende, sichere Zukunft für unser Kind bedeutet?
› Wie verhalten wir uns (oder andere sich), weil unser Kind ein bestimmtes Geschlecht hat? Und wie verhält es sich selbst?

Denn ja, natürlich sind die obigen Namen nicht durch Zufall gewählt. Sie alle sind Männer, und bis heute handelt es sich nicht um einen Zufall, dass ebendiese mehr verdienen oder häufiger die Chance haben, Milliardäre zu werden. Das zeigt auch die Statistik: Weltweit werden im Jahr 2019 2489 Milliardäre und 336 Milliardärinnen verzeichnet. Laut statista.com ist Elon Musk mit einem Gesamtvermögen von knapp 256 Milliarden US-Dollar im Jahr 2022 der reichste Mensch der Welt. Musk, der vor allem für die Gründung des Online-Bezahlsystems Paypal und später durch die

Investition in den Fahrzeughersteller Tesla bekannt wurde, gründete bis 2018 insgesamt neun Unternehmen und zeigt dabei eine progressive Art der »Entrepreneurship«. So ließ er beispielsweise via Twitter darüber abstimmen, ob er Tesla-Aktien verkaufen solle oder nicht, und plant nebenher, bis zum Ende der 2030er-Jahre mithilfe neuester Technologien den Planeten Mars zu besiedeln. Elon Musk ist Asperger-Autist.

Übrigens: Die reichste Frau der Welt ist Françoise Bettencourt-Meyers, mit einem Gesamtvermögen von 84,9 Milliarden US-Dollar. Damit liegt sie knapp 150 Milliarden hinter Musk. Und: Zwischen der reichsten Frau und dem reichsten Mann der Welt liegen weitere zehn Menschen – alles Männer. Ihr Vermögen liegt irgendwo zwischen 177,6 Milliarden (Jeff Bezos) und 92,1 Milliarden (Gautam Adani).

Wieso ist das so? Was könnten Entwicklung und Schullaufbahn damit zu tun haben? Und was soll der Vergleich zwischen Männern und Frauen? Es ist Zeit, Stereotypen, Klischees und Vorurteile zu überprüfen. Darauf, ob sie uns innewohnen, und darauf, ob sie zum Vorteil unserer Kinder sind.

Also lassen Sie uns die Kapuzenpulli- und Hemdsärmel hochkrempeln und alles in unserer Macht Stehende tun, um die Generation zukünftiger Unternehmer:innen bestmöglich auf ihren Karrierewegen zu unterstützen.

Was glauben Sie, wie sich Ihr sensibles Kind verhalten muss, um ernst genommen zu werden?

Elon Musk hat mehrere Kinder und noch mehr (Ex-)Frauen. Seine Lebensgeschichte ist unstet und von wechselnden Lebensmittelpunkten und Partnerschaften geprägt. Er fällt auf mit abgefahrenen Projekten und noch abgefahreneren Vornamen für seine Kinder. Und: Er ist ein ausgezeichneter Geschäftsmann, innovativ, kreativ und furchtlos. Seine besondere Sensibilität und sein Autismus scheinen ihn zu einem ausgeprägt begabten und fantasievollen Menschen zu machen, dem keine Idee zu komplex für eine Umsetzung ist. Er gründet, verkauft und gründet wieder. Sein Vermögen bringt ihm mehrere Immobilien auf dem Globus ein, die er alle – aus einer Laune heraus – verkauft, um keine Immobilien mehr zu besitzen. Er ist milliardenschwer und langweilt sich schnell. Und nun frage ich Sie: Was denken Sie über ihn? Darf er als Vorbild für Ihr Kind dienen? Könnten Sie sich vorstellen, dass Ihr Kind einst irgendetwas studiert, das es anschließend überhaupt nicht braucht? Wie würde es sich für Sie anfühlen, wenn Ihr Kind nach nur zwei Tagen auf dem Campus der Stanford University sein Studium beendet und entscheidet, lieber ein Unternehmen zu gründen, so wie Musk es tut? Eines, für das es keine Vorlage gibt und von dem nur es selbst behauptet, dass es bahnbrechend sein wird? Elon Musk hat wirres Haar, und bei Fernsehauftritten lacht er nervös, während er von einem auf den anderen Fuß trippelt. Stimming, vermute ich, also ein sich selbst stimulierendes Verhalten (das Wort Stimming stammt von »self-stimulating behavior«). Denken Sie, dass er seriös ist mit seinen Besiedlungsplänen für den Mars? Glauben Sie, dass er vor allem Glück hat? Oder echtes Talent? Wie wirkt »so einer« auf Sie? Größenwahnsinnig oder revolutionär?

Während Sie überlegen, drehen wir den Globus ein Stück weiter weg von Südafrika, dem Land, aus dem Elon Musk stammt, und blicken nach Schweden. Dort wurde Greta Thunberg 2003 in

Stockholm geboren. Die heute 19-Jährige taucht auf keiner Liste der reichsten Menschen auf, ist dafür aber genauso bekannt wie Musk. Denn Greta Thunberg rief zu einem internationalen Schulstreik auf. Das Ziel: nichts weniger als Klimaschutz. Wie kommt es, dass eine junge Frau so viel Aufmerksamkeit erzielt, wenn sie fasziniert von diesem Thema spricht? Diese Frage stellte man sich weltweit. Greta Thunberg wirkt distanziert, zart, sensibel. In Interviews argumentiert sie in aller Klarheit, ihre Vision von einer besseren, weltweiten Klimapolitik fest im Blick. Sie weint und wütet vor laufenden Kameras und zieht rund um den Globus junge Menschen in ihren Bann. Die »Fridays for Future«-Bewegung wurde schnell zu viel mehr als einer Ausrede für faule Schüler:innen, die freitags keinen Bock mehr auf Unterricht haben. Tausende Jugendliche treffen sich auf den Straßen, um lauthals zu skandieren, dass wir, die Generation vor ihnen, genug Fehler gemacht haben und nun bessere Entscheidungen treffen müssen: »Es gibt keinen Plan(eten) B.« Greta Thunberg ist Asperger-Autistin. Und vermutlich ist das auch die einzige Gemeinsamkeit, die die Schwedin mit Elon Musk hat.

Was haben Sie damals gedacht, als das zierliche Mädchen mit dem starren Blick, der durchgehend monotonen Stimmlage und den langen geflochtenen Zöpfen auf der Bildfläche erschien? Hat sie Sie zu Tränen gerührt? Oder sind Sie eingestiegen, in den despektierlichen Witz der BILD-Zeitung darüber, wie »albern« Greta doch sei? Ich erinnere mich noch gut, wie damals jedes Mal, wenn ich in der Praxis, in der ich meine Räume gemietet hatte, einen Lichtschalter ausschaltete, mich jemand »Greta« nannte. So präsent war ihre Message – so laut ihre Stimme.

Und nun lassen Sie beide Beispiele sacken. Ein autistischer Mensch, der es zum reichsten Mann der Welt gebracht hat. Eine Autistin, die als Klimaaktivistin die Welt bereist. Was sagt Ihnen das? Welche Schlüsse ziehen Sie? Und wenn Sie diese beiden Menschen an der Supermarktkasse träfen, sie Ihrem Blick ausweichen und versuchen, ihre Nervosität durch stereotype Bewegungen zu regulieren – was würden Sie dann denken?

Wir neigen dazu, Menschen wie Greta Thunberg »komisch« und Menschen wie Elon Musk »überheblich« zu finden. Wir sprechen ihnen nicht Kompetenz, sondern »Mut« oder sogar Glück zu. Irgendetwas müssen sie ja haben, dass sie so erfolgreich sind. Die Inselbegabung bei Greta. Die furchtlose Kreativität bei Musk. Und spulen wir bei beiden genannten Charakteren einmal zurück – in Kindheit, Schulzeit und Kindergarten. Was haben wohl Lehrkräfte, Erzieher:innen und Familienangehörige über die beiden gesagt? Natürlich können wir das nur mutmaßen. Aber die Chance, dass beide mal als »anders«, »komisch« oder gar als »plemplem« bezeichnet wurden, ist leider extrem hoch. Greta Thunberg berichtet von Depressionen und Essstörungen. Elon Musk litt unter Mobbingattacken seiner Mitschüler:innen, die ihn einst sogar ins Krankenhaus prügelten. Für mich klingt es nicht so, als wäre das ein geradliniger, entspannter Weg durch Kindheit und Jugend gewesen. Es klingt nach einem harten Stück Persönlichkeitsarbeit. Und es zeigt, dass wir weder »gesund« noch »normal«, geschweige denn »neurotypisch« sein müssen, um an ein großes Ziel zu gelangen.

In Ihrem Kind steckt ein ganz und gar unfassbares Potenzial. Ein solches, das aus ihm einen milliardenschweren Unternehmer oder eine ernstzunehmende Klimaaktivistin machen kann. Alles, was es braucht, um es zu entschlüsseln, ist die tief sitzende Überzeugung, genau dies zu haben und zu können. Und damit sich diese Überzeugung aus Ihrem Kind heraus entwickeln kann, braucht es im Grunde nichts weiter von Ihnen als Sicherheit, Liebe und Offenheit.

Was hier als Aufzählung so leicht klingt, kann bisweilen richtig harter Tobak sein. Denn wir lieben unsere Kinder, ihre gemalten Kritzeleien und ihre wankelmütigen Schritte. Und gleichermaßen bekommen wir Angst, wenn sie in der zweiten Klasse nicht flüssig lesen oder in der dritten Klasse nicht multiplizieren können. Wir verlieren plötzlich die Fantasie, dass sich derlei Dinge nicht in einem bestimmten Zeitfenster entwickeln müssen, und geraten in Panik. Wir kommen an einen Punkt, an dem wir die Jogginghose hinterfragen, obwohl das Kind doch klar kommuniziert hat, dass es nichts anderes tragen will. Denn unter keinen Umständen können wir riskieren, dass es gemobbt, unterdrückt oder nicht ernst genommen wird. Wir zweifeln daran, dass es wirklich mal eine vernünftige Lehre machen und sich an Dienstpläne halten kann, wenn es mindestens einmal pro Woche erklärt, dass es jetzt ganz sicher nicht mehr in die Schule gehe. Wir hören auf, zu glauben. An uns, an unsere Kinder, an das Vertrauen, das wir unseren Kindern doch so gern geben wollen. Wir beginnen zu zweifeln. Manchmal so sehr, dass wir uns sagen, dass ganz sicher alles einfacher wäre, wäre da doch nur nicht diese blöde Sensitivität. Diese doofe Andersartigkeit. Wenn das Kind mehr wegstecken könnte, einfach Spaß haben könnte in der Schule. Und wenn es nicht immer so auffallen würde, mit den komischen Hosen, den komischen Haaren und all den anderen komischen Dingen, die es ausmachen.

Wenn es Ihnen an 100 Tagen gelingt, Ihr Kind ganz ohne Bewertung anzusehen, dann haben Sie schon unglaublich viel geschafft. Schaffen Sie es darüber hinaus an 100 Tagen, Ihr Kind zu sehen, wie es eben ist, dann legen Sie den wertvollen Grundstein dafür, dass es sich gern zeigt, wie es ist. Wenn Sie es an weiteren 100 Tagen hinterfragen, sich anders wünschen oder nicht gelassen sehen können, dann sind Sie vermutlich in allererster Linie einfach ein Mensch. Wir alle waren schon mal diese Elternperson, die sich wünscht, die sensible, manchmal vielleicht sogar komische Art des Kindes mit einem Schnipsen loswerden zu können. Nicht weil wir es unangebracht oder doof finden (nicht immer), sondern weil wir das Beste für unsere Kinder wollen. Nicht immer glauben wir, dass das, was es mit auf die Welt bringt und ebendieser auch von sich zeigt, tatsächlich das Beste ist. Und dann sitzen in uns selbst auch Prägungen, Verletzungen und Ängste. Was, wenn ihn keiner ernst nimmt, weil er beim Sprechen immer zappelt? Was, wenn niemand mit ihr spielen will, weil sie als »unsozial« wahrgenommen wird? Was, wenn er mit einem schlechten Zeugnis heimkommt, weil er dauernd den Unterricht damit verbringt, aus dem Fenster zu schauen? Was, wenn sie Klimaaktivistin werden will, anstatt erst einmal etwas Handfestes zu lernen? Und was, wenn er oder sie niemals imstande sein wird, eine Berufsausbildung tatsächlich durchzuziehen, weil er oder sie eigentlich nirgendwo problemlos klarkommt?

Was passiert dann in Ihnen? Sehen Sie noch Ihr Kind, oder stehen Sie im Nebel einer vollkommen irrationalen Angst, die überhaupt nicht zu greifen ist?

Natürlich haben Eltern Angst. Wie sollten sie nicht? Tagtäglich vertrauen wir anderen Menschen das Wertvollste an, was wir haben. Wir entscheiden uns für Kitas und Schulen und für diejenigen, die sie gestalten, gleich mit. Wir können nichts voraussehen, geschweige denn planen. Auch Elternschaft ist Trial and Error. Und wenn wir auf die Nase gefallen sind, dann hilft nichts anderes, als wieder aufzustehen und es wieder zu versuchen. Das Gegenteil ist und bleibt das Vertrauen. Vertrauen in die Fähigkeiten Ihres Kindes. Und in Ihre eigenen.

Stellen Sie sich selbst die Frage: Was glauben Sie selbst, wie Sie oder Ihr Kind sich kleiden oder verhalten müssen, um bestehen zu können? Bewerten Sie selbst Menschen danach, ob sie mit einem Kapuzenpulli zum Steuerberater gehen oder mit einem Anzug auf den Mars fliegen? Und wieso durfte Hugh Heffner sein Leben im Pyjama verbringen? Beim nächsten Mal, wenn jemand bei einem Fernsehauftritt »unprofessionell« wirkt, weil er auf der Stelle tritt oder die Finger nicht stillhalten kann – überprüfen Sie Ihre Bewertung. Denn gehen wir weiterhin davon aus, dass es so etwas wie »normal« oder neurotypisch gibt, dann können neun von zehn Menschen der Prüfung nicht standhalten. Und sind komisch. Doch sehen wir die Welt mit offenerem Blick, so finden wir allerhand »komische« Menschen an den unterschiedlichsten Unternehmensspitzen und Positionen.

Wir dürfen verstehen: Nicht ihr Verhalten, ihre Art, zu kommunizieren, oder ihre Kleidung entscheidet über ihren Erfolg. Sondern ihr Potenzial. Und die nicht zu verachtende Tatsache, dass sie irgendwann in ihrem Leben gelernt haben, genau dieses Potenzial auch zu entfalten. Anstatt nun also Verhalten anzutrainieren, anzuerziehen und zu konditionieren, dürfen wir Eltern lernen, unseren Kindern den Weg zu ebnen, sie selbst sein zu können. Mit Anzug und unstetem Leben, mit Zöpfen und kühlem Blick. Mit Sonnenbrille und gepflegter Kommunikation. Oder im Pyjama und mit Zigarre. Denn es ist ganz und gar nicht abgedroschen gemeint, wenn ich Ihnen sage, dass Ihre Aufgabe als Eltern nicht darin liegen muss, Bestnoten hervorzubringen. Das machen Ihre Kinder schon von allein. Wenn sie sicher sind. Und noch viel wichtiger: glücklich.

Was glauben wir, was ernst zu nehmende, sichere Jobs und eine sichere Zukunft für unser Kind sind?

In unseren Köpfen wohnen winzig kleine Geschichten, Bilder und Vorurteile, die wir auf so ziemlich jeden Menschen, der uns umgibt, und auf die Welt, in der wir uns bewegen, projizieren. Wir haben eine Meinung. Und Vorurteile. »Der Boris wird mal ….« wissen wir dann schon, wenn »der Boris« gerade mal Fahrradfahren kann, und behaupten weiter, dass »die Anna mal nach mir kommt«. Aber all das beeinflusst unsere Kinder und macht sie, wenn sie Pech haben, unfrei. Die Art und Weise, wie ich den Postboten oder die Eisverkäuferin behandle, prägt unsere Kinder dabei genauso sehr wie unser Bild von Lehrer:innen, Erzieher:innen, Pflegenden, Managern und Millionär:innen.

Ich habe Ihnen bereits von meinem gefühlsstarken jüngeren Kind berichtet. Zu all seinen Facetten gesellt sich die Liebe für warmes Wetter. Oder besser gesagt: die Abneigung gegen Kälte. In den Wintermonaten erklärt er regelmäßig, dass es ihm draußen zu kalt sei und er ganz gewiss keinen Fuß vor die Tür setzen werde.

Manchmal stellen wir uns gemeinsam vor, wie er eines Tages auswandert in irgendein Land, in dem es nie kalt ist. Er läuft am liebsten den ganzen Tag ohne Shirt herum, hat lange Haare und liebt Bewegung. Klar liegt das Klischee des »Surferboys« ganz nah. Wir lassen es auf uns zukommen und lächeln. Aber was, wenn das tatsächlich eines Tages der Wunsch eines Kindes ist? Am Strand zu leben, zu surfen, das Leben zu genießen? Was dann? Welche Gedanken kommen dann auf?

In einem Leben mit einem Kind, das ein reiches Innenleben und eine unglaubliche Vorstellungskraft hat, werden Sie die wildesten Geschichten über die Zukunft hören. Kreative, vollkommen unbekannte Erfindungen, abenteuerliche Reisen an die entferntesten Orte, abgefahrene Vorstellungen davon, womit man Geld verdienen kann. In den tiefsten Tiefen Ihres Kindes stecken ganze Welten – die meisten haben wir überhaupt noch nicht erforscht. Und nichts zerstört die Vision eines Menschen so zuverlässig wie ein Erwachsener, der sagt »Das geht doch nicht«. Sind Ihnen die Spinnereien Ihres Kindes auch manchmal fremd? Erwischen Sie sich dabei, wie Sie hinterfragen, ob das so klappen kann? Finden Sie die Idee, dass Ihr Kind keinen »richtigen« Job macht, in Ordnung? Oder würden Sie es lieber nicht riskieren und ihm empfehlen, doch erst einmal eine »vernünftige« Ausbildung zu machen, um »etwas in der Hand« zu haben, von dem man »im Ernstfall« doch leben könnte?

Mein Vater wollte schon als Kind Musiker werden, doch seine Eltern rieten ihm davon ab. Es bedeutete für ihn eine starke Positionierung und eine innere Klarheit, es trotzdem zu tun. Er ging seinen Weg, geprägt von der Liebe zur Musik und der Überzeugung, dass dies der Beruf sei, den er ausüben wolle. Viele Jahre später wurde er mein Vater, und noch einige Jahre später stand ich vor ihm, mit einer großen Wut und Frustration über den Lauf der Welt im Bauch. Ich wurde Vegetarierin und änderte meinen Lebensstil. Und doch hörte ich von ihm, dass ich allein die Welt nicht würde ändern können. Auch er fand meine Pläne interessant und riet mir doch dazu, etwas zu lernen, womit man solides Geld verdienen würde. Vielleicht, weil er in den 30 Jahren dazwischen seine Meinung geändert hat. Vielleicht aus Angst davor, ich würde mit meinen fantastischen Plänen für eine bessere Welt einfach nur enttäuscht zu Boden gehen. Ganz sicher aber aus Liebe zu mir. Er wollte das Beste – und er dachte, ein solider Job sei ebendas. Ich lernte Hotelfachfrau, benötigte für diese Arbeit zwar meinen resilienten Körper und mein gutes Gespür für Menschen – meine Kreativität, mein vielbegabtes Gehirn und meine Vision, mit Menschen in intensiven Prozessen für ein besseres Leben zu arbeiten, vertrockneten. Bis heute ist Kreativität als Wert und Bedürfnis Teil meiner selbst, meiner Sensibilität und meiner Wahrnehmung. Ich hängte die Hoteluniform an den Haken und lernte in den Jahren darauf, meinen Weg zu finden. Dieser Weg war steiniger, die Umweltbedingungen alles andere als günstig. Noch immer kostet es mich Kraft, mich in Deutschland als Expertin zu behaupten. Und doch habe ich es geschafft, Ihnen heute dabei zu helfen, Ihrem Kind genau die Bedingungen zu ermöglichen, damit es sein Potenzial entfaltet.

Begegnen wir unserem Kind mit Zweifeln, Ängsten und Mauern – etwa weil wir glauben, wir wüssten, was »sichere« oder »ernst zu nehmende« Jobs in 20 Jahren seien –, laufen wir Gefahr, es zu blockieren. Der Arbeitsvertrag in der »guten« Firma gibt vermeintliche Sicherheit, schafft aber eher eine Illusion. Denn natürlich können wir mit einem Arbeitsvertrag, in dem klar geregelt ist, wie viel Geld wir erhalten, von einer gewissen »Sicherheit« sprechen. Sicher ist: Ich kriege jeden Monat Betrag X. Darauf kann ich mich verlassen. Doch natürlich ist dieses Einkommen auch gedeckelt. Wir bekommen dasselbe, egal, wie engagiert, motiviert oder glücklich wir arbeiten. Das System unserer Berufe ist genauso veraltet wie das Schulsystem, da es Leistung, Commitment und Zeit verlangt, ohne die eigentlich Arbeitenden dabei nach ihrem Glück und ihrer Erfüllung zu fragen.

Ich habe viele Jahre in der Bundesliga als Eventmanagerin gearbeitet und war mit meinem »coolen« Job auf jeder Party ein gern gesehener Gesprächspartner. Doch an den Wochenenden konnte ich kaum die Füße heben. Abgesehen von meinen Arbeitskolleg:innen hatte ich keine sozialen Kontakte, meine Beziehung lief schleppend. Ich war erschöpft und ausgelaugt. Und all das war meiner Anpassung geschuldet. Denn für meine Familie bedeutete eine Berufsausbildung »Sicherheit«. Meine Eltern waren froh, zu wissen, dass ich gut untergebracht bin. Und hätte ich ihnen vor 20 Jahren erzählt, dass ich eines Tages ein erfolgreiches Online-Unternehmen führen möchte, bei dem ich traumasensibles, körperorientiertes Coaching für sensitive Menschen anbiete, hätten sie mir abgeraten. Aus zwei Gründen: erstens, weil es vor 20 Jahren klang wie die Spinnerei eines kleinen Mädchens, das eine reiche Fantasie hat, und zweitens, weil es diesen Beruf so überhaupt nicht gab.

Marcus K. Reif, HR-Experte und Chief People Officer der Personal- und Managementberatung Kienbaum, schätzt, dass 65 Prozent unserer Kinder später Berufe ausüben werden, die überhaupt noch nicht existieren.[1] Unsere Kinder müssen sie erst erfinden. So wie Elon Musk einst Paypal ins Leben rief oder an die Zukunft von Elektroautos glaubte (und investierte), als die VW-Chefs noch über ihn schmunzelten.

Wir müssen aufhören, unsere überkommenen, von Generationen des Mangels hervorgerufenen Vorstellungen und Ideen davon, was Sicherheit bedeutet oder seriös sein soll, über die Kreativität, den Freigeist und die Innovation unserer Kinder zu stülpen, damit sie sich ausprobieren, experimentieren und am Ende ihre eigenen Erfahrungen machen können. Was meine Eltern bis heute als Sicherheit empfinden, ist für mich »zu wenig«. Nichts ist für mich sicherer als mein selbstbestimmtes Unternehmen, in dem ich entscheide und meine eigene Chefin bin. Darüber rollen noch immer einige Menschen die Augen. Und genauso viele lassen sich inspirieren und fangen an, darüber nachzudenken, wie das für sie aussehen könnte.

Öffnen Sie Arme und Herzen für die Fantasie Ihres sensiblen Kindes, das die Welten, von denen es Ihnen berichtet, sich nicht einfach nur ausdenkt, sondern in jeder Körperzelle spürt und zum Leben erweckt.

Ihr Kind kann Elektroautos erfinden. Oder einen Plan zur Rettung des Klimas schmieden. Oder eine Bretterbude in Sri Lanka besitzen, wo niemals Winter herrscht. Hauptsache glücklich? Ja. Hauptsache, Ihr Kind ist glücklich. Denn keine Empfindung wird sich sicherer anfühlen und Ihr Kind stärker dabei unterstützen, sein volles Potenzial zu entfalten, als diese.

Wie verhalten wir uns (oder andere Menschen sich), weil mein Kind ein bestimmtes Geschlecht hat? Und wie verhält es sich selbst?

»Jungen weinen nicht«, und wütende Mädchen sind »Zicken«. Wir haben sie, die implizierten Vorurteile gegenüber den Geschlechtern – und sie sind fatal. Übrigens vollkommen unabhängig davon, ob unsere Kinder nun sensibel sind oder nicht. Denn sie alle hinterlassen vor allem einen Eindruck in den Köpfen und Herzen der kleinen Menschen: »Ich bin nicht okay, wenn ich so fühle.«

Um zu verstehen, woher all das kommt, müssen wir eine lange Zeitreise antreten, auf der uns klar wird, dass es bestimmte Rollenzuschreibungen tatsächlich schon sehr, sehr lange gibt. Heute gibt es glücklicherweise Autorinnen, die Bücher schreiben, forschen und das neu gewonnene Wissen in die Mitte der Gesellschaft tragen. Dort stößt es in der Regel aber erst einmal auf Unmut: Wir dürfen unseren Jungen Röcke anziehen? Mein Mädchen soll nicht mehr mit Puppen spielen? Auch wenn das niemandes vorherrschendes Interesse ist, ist das oft die erste Reaktion – begründet auf nichts Geringerem als Angst. Und die ist, vor allem aus der Elternperspektive, verständlich. Vielleicht tritt sie auf, weil wir Angst haben, unser Junge könnte nicht »seinen Mann stehen«, wenn es darauf ankommt. Oder unser Mädchen könnte keine Freundinnen zum Spielen finden, wenn es lieber in den Fußballverein möchte. Und über allem schwebt die Angst vor einer Welt, in der das Kind nicht bestehen kann. Aus diesem Grund wollen wir »echte Kerle« (die nicht weinen, weil das schwach ist) und »brave Mädchen« (die nicht durch Zickereien anstrengend sind und am Ende noch etwas wollen). Doch was passiert, wenn unsere sensiblen Kinder, geschlechterunabhängig, nun mal ständig weinen, wüten, schreien und »auffällig« sind? Was passiert dann mit uns als Eltern, die ihre Kinder doch bedingungslos lieben und annehmen wollen, so wie sie sind?

Auch an dieser Stelle möchte ich Sie einladen, für einen Augenblick in sich hineinzulauschen und Ihre eigenen Vorurteile zu überprüfen. »Ich habe keine«, denken Sie möglicherweise. Dann stellen Sie sich kurz eine Prügelei auf dem Schulhof vor – an der nur Mädchen beteiligt sind. Kommt Ihnen das auch erst einmal komisch vor? Okay, dann gehen wir einen Schritt weiter und visualisieren einen Raum in einem Yoga-Studio. In der Mitte eine kreisrunde Decke, um sie herum sitzen Menschen, die sich an den Händen halten. Welches Geschlecht haben die Menschen in dem Bild, das Ihr Kopf Ihnen zeichnet? Und wenn ich Sie bitte, in die Szenerie vor Ihrem geistigen Auge nun nur Menschen männlichen Geschlechts zu setzen, mit geflochtenen Blumenkränzen in den Haaren – welche Reaktion löst das aus?

Egal, wie reflektiert wir sind, wie offen wir die Begleitung unserer Kinder gestalten oder wie viele Menschen aus der LGBTQIA+-Community wir vermeintlich kennen – wenn wir die Augen schließen, haben wir ein Bild. Und dieses Bild ist geprägt von Vorbildern und unserem täglichen Leben. Es ist möglich, sich das alles abzutrainieren. Und noch dazu ist es ratsam. Ja, ich möchte Ihnen dringend ans Herz legen, sich mit geschlechtsneutraler Erziehung zu beschäftigen und sämtliche »voreingestellte« Bilder über den

Haufen zu werfen![2] Jeder kleine Schritt auf dem Weg zur Inklusivität ist wichtig und wertvoll. Aber solange wir das nicht aktiv tun, sind es Prägungen, Vorurteile und unbewusste Überzeugungen, die über unser Bild von Menschen entscheiden. Es ist ein Trugschluss (und auch eine kleine Lüge uns selbst gegenüber), zu glauben, wir könnten das alles erreichen, indem wir das andere Geschlecht eben »mitmeinen«, in dem Punkt »nicht so sind« oder das alles »nicht so eng sehen«. Es ist an der Zeit, das alles sehr wohl eng zu sehen und zu hinterfragen – nicht allein für die Hoffnung auf ein Mode- oder Spielzeuggeschäft, das ohne Abteilungen »für Jungs« und »für Mädchen« auskommt, sondern auch im Hinblick auf die Sensibilität unserer Kinder.

In meinem Coachingraum sitzt Nadine, sie ist vierfache Mutter. Ihre ältesten beiden Kinder sind Zwillinge, beides Mädchen. »Aber sie könnten unterschiedlicher nicht sein«, erklärt sie mir und beschreibt die Herausforderung, wegen der sie mich aufsucht. Für sie sei nicht klar, ob eines der Mädchen hochsensibel oder gefühlsstark oder etwas anderes sei, das sei auch nicht entscheidend, schließlich nehme sie ihre Kinder so, wie sie sind. Und doch scheitere der Alltag regelmäßig an dieser einen Sache. Denn tagtäglich kommt die zwei Minuten ältere Zwillingsschwester Tina nach der Schule geladen bis in die Haarspitzen heim. Sobald sie die Haustür hinter sich geschlossen und den Ranzen in die Ecke geworfen habe, poltere sie los. Verprügele die Schwester, die kleineren Brüder, brülle die Eltern an. Das ganze »Theater« gehe eine gute halbe Stunde, und den anderen bleibe nichts weiter übrig, als es auszuhalten. Meist hat Nadine schon eine Stunde, bevor ihre Tochter mit all der Wut im Gepäck heimkommt, Angst vor dem, was da wieder auf die Familie wartet. »Mein anderes Mädchen ist super angepasst. Sie deckt mit mir den Tisch, ist lieb und beklagt sich nicht. Sie kommt schon auch mal nach Hause und weint, manchmal ist sie richtig lethargisch. Ich kann sie trösten. Damit kann ich umgehen! Ich nehme sie in den Arm und rede mit ihr. Und dann geht es ihr bald besser. Aber in dieser Wut kommt man an Tina gar nicht heran. Sie explodiert so plötzlich wie ein Vulkan. Das ist für die ganze Familie einfach nur anstrengend.«

Jonas ist zehn, als seine Eltern mich aufsuchen. Seine Mutter ist verzweifelt, sein Vater hingegen ziemlich ernüchtert. In einem aber sind sie sich einig: So geht es nicht weiter. Denn Jonas sei still, er habe keine Freunde und wolle auch niemanden zu sich einladen. Seine Noten seien okay, hier hätten Sie keine Sorgen. Aber er selbst sei ein Einsiedlerkrebs, und abends beim Einschlafen komme es oft zu Tränen. Ich frage, was er sagt, wenn er zu weinen beginnt. Wie drückt er aus, was ihn bewegt? »Nichts«, zuckt seine verzweifelte Mutter Conny mit den Schultern. Er spricht gar nicht. Er weint nur. Sein Vater Bernd geht davon aus, dass er in der Schule gemobbt wird. Was sonst soll es sein? Seine Idee für einen effizienten Lösungsweg: Kampfsport. Der Junge müsse nur lernen, sich zu behaupten. So, wie er gerade sei, so sensibel und weich, werde ihn doch vermutlich niemals jemand ernst nehmen. Die Eltern gehen davon aus, dass ihr feinfühliges Kind als »Mimose« und »zartes Pflänzchen« in diesem Leben keine Chance auf Freundschaft, Erfolg oder Freude hat. Der Arbeitsauftrag an mich: Jonas soll abgehärtet werden, sich besser behaupten, für sich einstehen, um nicht mehr verletzt zu werden. »Wir wissen einfach nicht mehr weiter«, beteuern sie. Ich sehe Angst in ihren Gesichtern und Schmerz.

Was haben Jonas und Tina gemeinsam? Beide sind sensible Kinder auf der Suche nach ihrem Platz im Leben. Darüber hinaus leiden beide unter geschlechtsspezifischen Zuschreibungen, die ihren Wesenszügen nicht entsprechen. Jonas ist ein sanftmütiger, hochsensibler Junge, der seinen Emotionen über das Weinen Ausdruck verleiht und so sehr wahrscheinlich souverän und verbindlich Stresshormone aus seinem sensiblen Körper spült, wohingegen Tina ein gefühlsstarkes, impulsives, ausdrucksstarkes Mädchen ist, das intensive Bewegung und Reibung benötigt, um die Kooperation und Anpassung eines Schulvormittags abzubauen. Welches Bild formt sich beim Lesen dieser Zeilen vor Ihrem inneren Auge? Was empfinden Sie für Jonas? Wie denken Sie über Tina? Und gehen Sie noch eine Bewusstseinsebene tiefer: Welchen Körper, welche Haarfarbe und welche weiteren Merkmale formen sich, während sie sich die beiden so unterschiedlichen Kinder vorstellen?

In meiner Vorstellung entspricht Tina einer Ronja Räubertochter oder Pippi Langstrumpf, während Jonas eher der depressive I-Aah aus den Winnie-the-Pooh-Geschichten ist. Tina stelle ich mir sportlich-agil vor, mit geradem Blick und einem Pferdeschwanz, der hüpft, während sie über die Sofagarnitur springt. Jonas' Haare sind braun, fallen leicht in die Stirn und verstecken ein zartes Gesicht mit blaugrünen Augen. Er wirkt schmaler und kleiner als andere Kinder, hat blasse Haut und dunkle Augenringe darunter. Sie sehen: Auch ich habe implizierte Vorurteile. Sie betreffen sowohl die Statur als auch das generelle Aussehen der beiden Kinder, und ich habe – das darf ich Ihnen verraten – auch noch in allen Punkten Unrecht, bis auf die helle Gesichtshaut und die Augenringe.

Mal abgesehen von der ganz grundsätzlichen Frage, was es uns überhaupt bringen soll, Menschen in eine bestimmte Schublade zu stecken, um sie verstehen zu können, wird hier auch klar, dass eine Bewertung – in welche Richtung auch immer – einen Platz belegt. Wenn es aber darum geht, unsere Kinder wirklich zu verstehen, dann reihen wir manchmal Puzzleteil um Puzzleteil aneinander, bis sich irgendwann ein großes Ganzes ergibt, auf dessen Basis wir agieren. Mit jedem Puzzleteil, das schon an einem Platz liegt, verhindern wir aber, dass sich das Bild fügt, wie es soll. Im übertragenen Sinne habe ich Jonas braune Haare zugeschrieben, obwohl er eigentlich blond ist, und Tina einen Pferdeschwanz, obwohl ihre Haare nur bis knapp über die Ohren reichen. Gerade diese beiden Aspekte lassen sich schnell korrigieren, unser Geist lässt sich fix umstimmen: Sobald wir die wahren äußeren Eigenschaften gesehen haben, werden sie neu verankert und in unserem Gedächtnis abgelegt. Nicht ganz so leicht ist das aber mit einem Bild auf die Persönlichkeit, denn schließlich formt sie den ganzen Menschen, der sie besitzt. Wie ein Puzzle, Teil für Teil.

Wenn also eine Ihrer tiefsten und langjährigsten Prägungen besagt, dass Jungen, die weinen, verweichlicht sind, und Mädchen, die schreien, nerven, wird Ihr Kind das spüren. Ja, möglicherweise selbst dann, wenn Sie es ihm gegenüber niemals so direkt äußern. Denn so wie ich meinen Kindern niemals beigebracht habe, dass es »Hautfarben« oder »Mädchen-« und »Jungenfarben« gibt (und es bis heute nicht tue!), so nutzen sie hin und wieder genau diese Begriffe. Mittlerweile gern, um ihre Mitschüler:innen zu korrigieren und darauf aufmerksam zu machen, dass es so etwas nicht gibt, aber eben nicht nur. Denn unsere Kinder leben in dieser Welt, so wie sie gerade ist. Sie sehen die »Jungsschuhe« und die »Mädchenhosen«, beobachten ihre Väter und Mütter und Elternpersonen. Sie sehen Frauen weinen, Männer aber nie. Und sie lesen Statistiken wie die, die ich Ihnen am Anfang dieses Kapitels vorgelegt habe. Statistiken, die implizieren, dass Männer steinreiche Milliardäre werden können und Frauen nur mit Glück überhaupt auf der Liste landen. Etwa, weil sie ganz überdurchschnittlich talentiert sind oder einfach reich geheiratet haben.

Lassen Sie uns verstehen, dass unsere gegenwärtige Welt und Kultur schon allein aufgrund des Geschlechts, das wir in unsere Kinder interpretieren (und das ein Standesamt bei der Erstellung der Geburtsurkunde übernimmt), Chancen verteilt und gleichermaßen nimmt. Frauen haben Familienarbeit zu machen, Männer auf der Karriereleiter zu klettern. Mädchen haben lange, Jungs kurze Haare. Wenn man reich und erfolgreich sein will, darf man keine Gefühle haben. Denn auf dem Weg nach oben bleibt keine Zeit für Gefühlsduselei. Darum, verrät das Patriarchat, schaffen es so viele Männer und Frauen eben nicht. All das ist unsere Lebensrealität. Wie gesagt, sie ist fatal. Ganz besonders für sensible Kinder. Denn was, wenn Jonas' bestes Einschlafmittel ein tiefgründiges Gespräch über seine Innenwelt, seine komplexen Gefühle und das viele Mitgefühl ist, das er im Leib trägt? Kann dann aus ihm niemals ein erfolgreicher Mann werden? Wie weit wird Tina es bringen, wenn sie nicht lernt, ihre Gefühle zu zügeln? Sich zusammenzureißen und anzupassen? Und stellen Sie sich vor, Jonas' empathische, geduldige Art, sein Mitgefühl und seine Sanftmut bleiben Teil seiner Persönlichkeit. Wird er dann niemals Profifußballer?

In den letzten Jahren meiner Beratung habe ich viele Tinas und Jonasse kennengelernt. Sie waren mal vier Jahre, mal zehn Jahre alt, manchmal älter. Sie waren alle auf ihre ganz ureigene Art besonders. Ihre Eltern baten mich um Hilfe, weil sie das Beste wollten. Weil die Welt ist, wie sie ist, und wir Eltern wissen, dass wir unsere Kinder, so wie sie sind, eben einst dort hinausschicken müssen. Uns ist klar, dass wir nicht immer dabei sein können, um den tückischen Kommentaren der Mitschüler:innen zu widersprechen: »Hey, es gibt nur Farben! Keine Mädchenfarben! Und Jonas ist gut, wie er ist!« Wir müssen uns darauf vorbereiten, an einem bestimmten Punkt im Leben unserer Kinder ins Vertrauen gehen und sie ansonsten loslassen zu können. Aber bis zu diesem Punkt ist es der Mikrokosmos Familie, in dem unsere Kleinsten all die wertvollen Kleinigkeiten lernen, die das Leben so schön machen – und an die sie sich dann nur noch erinnern müssen, wenn jemand sie für ihren Pulli auslacht oder sie vom Spielen ausschließt, weil sie bei jedem Stolpern gleich weinen.

Unsere Aufgabe ist nicht, Kindern ihr eigenes Geschlecht schmackhaft zu machen oder scheinbar unpassende Verhaltensweisen abzutrainieren, weil das eine oder das andere ein vermeintlich besseres Ziel für sie bereithält. Unser Job ist es, ihnen die bestmöglichen Umweltbedingungen zu schaffen, um den Nährboden für ihre individuelle Entwicklung zu bereiten.

Sollten Sie Angst haben vor dem Jähzorn Ihrer Tochter oder denken, dass sie besser lernen sollte, nicht so viel zu verlangen, überprüfen Sie Ihre eigenen Vorurteile. Wenn Ihnen ebendieses entgegenschlägt, ein:e Erzieher:in Ihr Kind als »Zicke« betitelt oder gar wildeste Katastrophenszenarien für die Zukunft spinnt, hören Sie weg. Wenn Sie nachts wach liegen und über den Kummer Ihres Kindes nachdenken, ihn pathologisieren oder Angst vor Tränen haben, legen Sie sich neben Ihr schlafendes Kind, und tanken Sie acht Stunden Nachtgeruch und Geborgenheit. Und dann sehen Sie sich die Welt am nächsten Morgen noch einmal an. Hören Sie zu – ohne auf ein baldiges Ende der Tränen zu drängen, weil aus dem Kind sonst nichts wird. Erlauben Sie die Jogginghose und das Trikot der Lieblingsmannschaft, auch wenn Sie es schöner fänden, wenn sie sich hübsch macht. Das Problem an »hübsch« ist für sensible Kinder häufig, dass es unbequem ist und Stress macht. Nicht dass sie anders sein wollen, geschweige denn für immer einsam. Lassen Sie sich nicht einreden, dass gekämmte Haare Schulnoten verbessern – schon gar nicht, wenn sie dafür schon morgens um halb sieben einen Wutanfall Ihres gefühlsstarken Kindes riskieren. Seien Sie vorsichtig mit Aussagen, die aus »für immer« und »nie« bestehen, auch wenn sie von einer Lehrperson oder Erzieher:in kommen. Diese Zeiträume sind wirklich verdammt lang. Wir wissen ja noch gar nicht, welche Stressbelastung von den Schultern Ihres Kindes fällt, wenn der Hosenknopf nicht mehr so kneift oder Ihr Junge sich endlich wieder zu weinen traut.

Machen Sie sich bewusst: Ihr Kind ist nicht verweichlicht, nicht komisch, nicht übertrieben und ganz gewiss niemals falsch. Im Gegenteil, es ist in vielen Punkten besonders stark.

Zum Beispiel darin, zu fühlen und seinen Gefühlen Ausdruck zu verleihen, Mitgefühl zu zeigen, sein Herz an Dinge oder Menschen zu binden, die Welt in allen Facetten und all ihrer Schönheit wahrzunehmen und sein Leben ganz und gar, mit Leidenschaft, Mut und Herzblut zu leben. Und das hat mit der Veranlagung und gewiss mit der Sensibilität zu tun. Und ganz sicher nicht mit dem Geschlecht des Kindes.

Haben Sie Zweifel? Dann geben Sie sich Zeit. Lernen Sie gemeinsam mit Ihrem Kind, dass Weinen ein ausgeklügeltes System des Körpers ist, um Stresshormone auszuspülen und Oxytocin zu bilden. Es befreit und beruhigt gleichzeitig und ist eine Fähigkeit, die die Spezies Mensch vielen anderen Spezies voraushat! Viele andere Tierarten können, um Verletzung abzuwenden und Stresszyklen zu beenden, kaum etwas anderes tun, als sich zu schütteln oder im Kreis zu rennen. Glauben Sie, das könnte Jonas erfolgreicher machen? Vermutlich nicht. Denn was uns damit eigentlich vermittelt wird, ist ein toxisches Bild von Stärke und Schwäche, von Kraft und Versagen, von Erfolg und Niederlage.

Es sind uralte Strukturen, die diese Bilder am Leben erhalten, und nicht selten sind Kita und Schule Orte, an denen sie gefördert werden. Nicht weil diese Einrichtungen rückständig sind, sondern weil sich jene Strukturen wie ein roter Faden durch unser Menschsein ziehen. Noch! Ich habe die größte Hoffnung für uns alle, dass sie sich von Generation zu Generation mehr und mehr rauswachsen dürfen. Finden wir also wieder zurück zu unserer eigenen Stärke: zu fühlen, zu sensibilisieren, die Welt mitzureißen in den Strudel aus Emotion, Facettenreichtum, Innovation, Fantasie, Neugier und Kreativität. Halten wir uns nicht länger auf mit der Frage danach, ob es Weinen ist, das uns stark oder schwach macht, oder Wut, die uns zu Karriere oder Einsamkeit verhilft. Ganz gleich, ob wir von diesem oder jenem Geschlecht sprechen:

Ein Kind, das aus Verletzung oder Überforderung weint, benötigt Menschen, die ihm zuhören. Und ein Kind, das am Mittag aus lauter Druck und Stress die kleinen Geschwister verhaut, braucht vielleicht einen Boxsack.

Die Lösung für so manchen Leidensdruck unserer sensiblen Kinder liegt nie darin, sie abzuhärten, sondern vielmehr darin, uns zu erweichen. Für die besonderen Anforderungen, die großen Gefühle und die sensiblen Gemüter der kleinen Seelen, die wir beim Großwerden begleiten dürfen.

Leistung aus Kindersicht

»Mama, bist du stolz auf mich?«, fragt mich mein Sohn mit einem Lächeln im Gesicht. Ich lege meinen Arm um seine Schulter, ziehe ihn zu mir und antworte, seine Haare direkt unter meiner Nase: »Ja. Sehr!« Gerade vor weniger als fünf Minuten hat mein Sohn das Projekt der letzten Wochen endlich abgeschlossen und es geschafft, seinen Rizeros zu einem Rihornior weiterzuentwickeln. Diese Entwicklung im weltweit bekannten Spiel »Pokémon Go« braucht 100 Rihorn-Bonbons, und die sind nicht leicht zu bekommen! Die laufende Saison im Spiel ließ den Fang der wilden Pokémon nicht zu, sodass er zwischen zwei Strategien auswählen musste: abwarten, bis sich irgendwann – ohne einen festen Zeitpunkt zu kennen – die Gelegenheit ergibt, die Bonbons durch das Fangen der Taschenmonster in der Wildnis zu ergattern, oder die erste Entwicklung, den Rizeros, zu seinem Kumpel zu machen. Im zweiten Fall müsste er viele Kilometer an der frischen Luft verbringen und sich die Bonbons durch Spazierengehen verdienen. Beide Varianten setzen Geduld voraus und eine gute Strategie. Eine »Abkürzung« gibt es nicht, zumindest nicht, ohne einen anderen, hohen Preis zu zahlen, der ihm ein Weiterkommen im Spiel erschweren würde. Keine Methode gefiel ihm wirklich. Das perspektivlose Warten war frustrierend und für ihn völlig unsinnig. Es gab ja wirklich keine Aussicht, absolut keinen Zeitpunkt, an dem er sein geliebtes Pokémon würde entwickeln und endlich auch für alle anderen Aufgaben nutzen können. Die zweite Idee bedeutete konstante Arbeit, setzte Wiederholung und Dranbleiben voraus.

Mein Achtjähriger hatte über die Jahre sehr wohl gelernt, sich selbst zu regulieren, geduldig zu sein, seine Investitionen abzuwägen, er brachte stets gute Argumente und überlegte lang. In allem, was er jemals erreichen wollte, hatte seine hochsensible Verarbeitungstiefe ihn zu einem Experten gemacht und stets dabei unterstützt, seine selbstgesteckten Ziele zu erreichen. Und so entschied er sich, schweren Herzens übrigens, dafür, sich von seinem ursprünglichen Buddy Pikachu zu trennen und zu Rizeros zu wechseln. Allein diese Entscheidung verlangte ihm einiges an emotionaler Arbeit ab: Der Abschied von einem geliebten Freund, mit dem er Abenteuer erlebt hatte, fiel ihm nicht leicht. Aber die Sehnsucht nach dem Pocket-Monster vom Typ Boden und Gestein wog schwer – und so lernte er, loszulassen.

Wir trockneten Tränen und verabschiedeten Pikachu (allerdings erst, nachdem wir ihm versprechen konnten, dass sein Freund ihm das sicher nicht übel nehmen würde) und begrüßten feierlich den neuen Partner für die nächsten Monate. Denn bis zu den ersehnten 100 Bonbons waren es noch gut 150 Laufkilometer, wie er ausgerechnet hatte. Mein Sohn begann also, sich Gedanken darüber zu machen, welches der kürzeste und klügste Weg sei, an so viele Bonbons wie möglich zu gelangen. Er rechnete, verfolgte protokollarisch, welche Laufstrecken und Spaziergangrouten die effektivsten waren. Er erkämpfte sich Sonderbonbons in bestimmten Wettkämpfen und lernte zu sparen. Er war konstant und geduldig, fütterte und pflegte seinen Kumpel, damit dieser leistungsstark blieb, und handelte Deals mit seinem Vater aus, der ja schließlich am Vormittag, während er in der Schule war, bei den Hunderunden einfach nur das Handy mitlaufen lassen müsste.

Zwei Monate später steht er im Nieselregen auf der Straße und zeigt ihn mir: seinen »Rihornior«. Erleichterung macht sich breit, Stolz und Freude. Er hat es geschafft! Und ja, ich bin mächtig stolz auf ihn! Der riesige neue Freund bedeutet nämlich nicht einfach nur eine neue Angeberei bei den Schulkamerad:innen, sondern vor allem, dass er es aus eigener Kraft geschafft hat, ein selbstgestecktes Ziel zu erreichen, und nun mit einem höheren Level und weiteren tollen Errungenschaften belohnt wird. Wir würdigten also weniger das braune Monster, sondern vielmehr seine persönliche Leistung.

Wenn wir den Prozess genauer betrachten, erkennen wir viele kleine und große Qualitäten, die mein Kind dadurch hat entwickeln dürfen: Geduld, Gelassenheit, Frustrationstoleranz, Konsistenz, Durchhaltevermögen, Disziplin, Loslassen, Freude, Zielfokussierung, Stolz, Rechnen, Lesen, Laufen, Bewegung, Atmen, Gemeinschaft. Und das sind nur die, die ich sehen kann, denn was unterbewusst noch für Zusammenhänge erschlossen und Nervenbahnen ausgebildet werden durften, zeigt sich vielleicht erst in der Zukunft. Nur eines gab es nicht am Ende seines Erfolges: ein Zeugnis. Und auch keine Note. Es gibt keinen Beweis, keine ausgefüllten Arbeitsblätter, keine »Quittung«.

Eine Stunde später erhalte ich eine Mail mit den Aufgaben für die Kinder, die heute in der Schule nicht da sind (wir sind immer noch mitten in der Pandemie) und mit ihr eine Handvoll solcher Arbeitsblätter. Es soll – Sie ahnen es vielleicht – gerechnet, gelesen und geschrieben werden. »Liebe Frau Müller«, möchte ich schreiben, »das hat mein Kind heute alles bereits getan, länger als 20 Minuten sogar und noch dazu an der frischen Luft!« Doch ob die Entwicklungsreihe bei Pokémon Go als Nachweis reichen wird? Ob sich die Lehrerin die Zeit nehmen kann, sich die Leistung meines Kindes genau anzuhören, um zu erkennen, dass es die Anforderungen, die in den Arbeitsblättern verlangt werden, bereits beherrscht und darum nicht noch »beweisen« muss? Nein, wird sie leider nicht. Nicht, weil sie Frau Müller ist, sondern weil sie in einem System arbeitet, das einen solchen Blick nicht zulässt. Frau Müller braucht die ausgefüllten Arbeitsblätter, und so, wie ich sie kenne, nicht mal, um uns zu ärgern, sondern um einen tatsächlichen Wissensstand abfragen zu können. Mein Sohn ist entnervt. Er hat so viel geleistet, ist so weit gekommen und sieht nicht ein, wieso er die – aus seiner Perspektive – gleichen, aber viel langweiligeren Aufgaben noch einmal auf dem Papier machen soll. Das Allerschlimmste ist die Frage nach dem Kontext. Wieso nur finden Erwachsene es so wichtig, dass ich das kleine Einmaleins auf ein Blatt Papier schreibe? Und wieso nicken sie eine Pokémon-Go-Entwicklung einfach so ab, völlig desinteressiert? Können sie denn nicht sehen, wie viel Leistung darin steckt? Und wieso bestehen sie so darauf, dass ich das so wiederhole, wie sie es vorgeben?

In solchen Momenten erkennen wir Verzweiflung auf allen Seiten: Ein Kind, das den ganzen Vormittag etwas geleistet hat, hat am Nachmittag keine Lust mehr auf Arbeitsblätter. Eltern, die den hohen Stellenwert eines Rihornior nicht verstehen, verzweifeln über die Verweigerung ihrer Kinder. Lehrkräfte, die eh schon kaum hinterherkommen, wünschen sich Einheitlichkeit und eine einfache Lösung zur Leistungsüberprüfung. Was tun?

Für Kinder ist Spielen gleich Lernen, es gibt keinen Unterschied. Sätze wie »Erst die Arbeit, dann das Vergnügen« aus unserer Erwachsenenwelt sind unverständlich und eine Bestrafung.

Sie vermitteln unseren Kindern, dass Arbeit kein Vergnügen sein kann, dass sie anstrengend und hart sein muss und dass am Spielen irgendetwas komisch ist – mit Arbeit jedenfalls hat es nichts zu tun. Wer will denn da schon erwachsen werden? Vielleicht ist ihr Bedürfnis nach »Arbeit« ja schon erfüllt, wenn sie am Vormittag fünf Kilometer durch den Regen gestiefelt sind, um sich Bonbons zu verdienen.

Es gibt ganz genau einen Grund, warum wir diese Leistung nicht wertschätzen und als »Spielen« abtun: Adultismus. Wir glauben, dass wir Erwachsenen unseren Kindern erklären müssten, wie Leben geht, wie Lernen geht, wie sie sich zu verhalten, zu essen, zu kleiden und zu fühlen haben. Adultismus erzeugt aber nichts weiter als eine künstlich hergestellte Hierarchie zwischen Erwachsenen und Kindern, die besagt, dass die einen (Kinder) nicht gut, reif, klug und fertig genug sind, um eigene Entscheidungen zu treffen, und darum die mächtigen anderen (Erwachsenen) benötigen, die ihnen schon sagen, wo es langgeht.

Aber diese Haltung ist Gift für eine Beziehung. Denn wir verwechseln etwas sehr Grundlegendes: Wir sind nicht mächtiger, klüger oder haben das Recht, über andere zu bestimmen, nur weil wir »erwachsen« sind. Sondern wir haben die Verpflichtung, unsere Kinder zu schützen, Verantwortung zu übernehmen und ihnen dabei zu helfen, sich durchs Leben zu navigieren, weil wir ihnen in unserer Lebenserfahrung voraus sind. Wir wissen viele Dinge bereits, weil wir sie schon gelernt, erfahren oder verkörpert haben. Nicht, weil wir die Großen und sie die Kleinen sind.

Wir Eltern haben an einem Tag unendlich viele Entscheidungen zu treffen. Es dauert Jahre, bis wir nicht mehr gefragt werden.

Bis dahin entscheiden wir, ob das Kind getauft wird, in welchen Kindergarten es geht, mit wem es spielen darf und ob es mein Handy auf den Spaziergang mitnehmen kann. Machen Sie den Selbsttest: Was darf Ihr Kind ganz und gar selbst entscheiden? Wo darf es sich selbst entdecken? Und mit welchen Entscheidungen und Prozessen kann es Selbstwirksamkeit üben?

Tatsächlich sind unsere Kinder im Ausüben der eigenen Macht und Selbstwirksamkeit völlig eingeschränkt. Wir füllen den Kühlschrank, wählen die Möbel, suchen das neue Auto aus. Haben Sie beim letzten Einkaufszettel gefragt, was sie den Kindern mitbringen sollen? Und wenn ja, haben Sie mitgebracht, was gewünscht war, auch wenn sie selbst dachten, dass das nichts Gutes sei? Wir entscheiden für unsere Kinder. Und genau das müssen wir im Blick behalten: FÜR sie zu sein. Für sie einzustehen, für sie mitzudenken, für sie zu sehen, wenn sie im Begriff sind, etwas Gefährliches oder Verletzendes zu tun, und auch für sie und FÜR unsere Beziehung zu wählen, wenn sie kurz davor sind, unsere eigenen Grenzen zu übertreten. Wir brauchen eine enge Verbindung zu unseren Werten, unseren Bedürfnissen und zu unserer Macht. Wir müssen uns im Klaren darüber sein, dass wir sie haben und ständig nutzen. Ob wir es merken oder nicht. Denn selbst wenn ich Ihnen erzählt habe, dass mein Kind seine eigene Entscheidung im Spiel getroffen hat, so steht doch etwas Entscheidendes davor: Mit acht Jahren hatte er kein eigenes Handy. Er benutzte meines. Und für jeden einzelnen Spielzug musste er mich fragen, ob er es benutzen dürfe. Nicht weil ich darauf Wert lege, sondern weil ich es mit einem Code gesichert hatte, den er nicht allein entschlüsseln konnte. Grenzen, Regeln, Rahmen überall. Egal, wie frei und selbstwirksam wir unsere Kinder durchs Leben gehen lassen wollen, sie stoßen ständig an ebendiese.

Für unsere Kinder einzustehen und zu entscheiden, das bedeutet auch, ihnen nicht noch mehr Grenzen aufzuerlegen, den Spielraum – im wahrsten Sinne des Wortes – nicht noch mehr zu verkleinern.

Überprüfen wir also folgende Dinge:

- unsere Definition von Lernen
- unsere Definition von Spielen
- unsere Definition von Leistung
- unsere Definition von Erfolg

Muss Ihr Kind zum Lernen an einem Schreibtisch sitzen, mit einem Stift in der Hand, ohne Hintergrundgeräusche und Störung? Wann lernt es in Ihren Augen? Und muss es für das Lernen einen Beweis geben, ein Ziel erfüllt sein, muss es etwas geschafft haben? Wann werten Sie Spiel als Vergnügen, wann begrenzen Sie es, weil Sie den Sinn nicht sehen? Wie stehen Sie zu Dingen wie digitalen Medien und Bäumeklettern? Wann lassen Sie Ihr Kind ein freies Spiel wählen, wann stellen Sie fest, dass es Ihnen gegen den Strich geht? Wann klopfen Sie Ihrem Kind stolz auf die Schulter für seine Leistung? Zählt die Rihornior-Entwicklung für Sie? Ist es das Tor, das es am Sonntag im Fußballspiel geschossen hat? Oder die Eins in Mathe? Wie bewerten Sie Leistung? Ab wann? Wenn Sie sie sehen? Wenn sie in Zahlen ausgedrückt wird? Wenn ein Haken an den Aufgaben ist? Und wann sind Sie stolz? Wann ist Ihr Kind für Sie erfolgreich?

Ich war stolz – und zwar sehr. Mein Sohn hatte sich diese Entwicklung wirklich erkämpft. Und als kleine Randnotiz für all diejenigen, denen das Spiel bekannt ist: Es eignet sich ganz hervorragend, um Silben zu lesen und zu betonen. Wenn wir unseren Blick öffnen und einmal von beweisbaren Leistungen, Schulnoten, Meinung der Lehrkräfte und Arbeitsblättern lösen, dann fällt uns auf, dass unsere Kinder den ganzen Tag nichts anderes tun, als zu lernen. Und in diesem Lernen gibt es Fortschritte und Meilensteine. Im 21. Jahrhundert sitzen wir dabei nicht immer vor einem Erstlesebuch, sondern manchmal auf dem Fahrrad oder vor digitalen Medien.

Mein jüngerer Sohn saß eines Nachmittags auf der Couch und hielt das Tablet in der Hand. Ich wunderte mich ein wenig, als er anfing, laut vor sich hinzusprechen – bis ich feststellte, dass er Lesen übte. Mit Spotify. Kinder lernen, wenn das eigene Gehirn anzeigt, dass es nun Zeit oder wichtig ist, dies zu tun. Unter Freilernenden und Radical Unschoolern eine längst bekannte Tatsache, denn bei diesen Konzepten wird der Lernimpuls überhaupt nicht initiiert, sondern kommt ganz frei vom Kind. Doch worauf ich hinauswill: Es ist die Selbstwirksamkeit eines Kindes, sich selbst im Lernen zu entdecken. Festzustellen, was es alles zu lernen gibt und wie. Fernab der Schule Erfolge zu verzeichnen und diese mit Ihnen zu feiern. Und glauben Sie mir: Wenn Sie eine Rihornior-Entwicklung feiern und sich bei Ihrem Kind bedanken, selbst wenn die Suppe beim ersten Kochversuch nicht so gewürzt ist, wie Sie es erwartet hätten, wird es Ihre Freude spüren. Ihre ehrliche Anteilnahme.

Doch fehlen all diese kleinen Momente der Wertschätzung und Anerkennung für seine ureigenen Errungenschaften und für all das, was Ihr Kind als Leistung und Erfolg einstuft, wird es in ihm nichts weiter als eine Verwirrung und ein Fragezeichen hinterlassen, wenn Sie die nächste Eins in Mathe zelebrieren. Die mag zwar Ihre Definition von Leistung und Erfolg sein, aber nicht die Ihres Kindes.

Wir ermutigen unsere Kinder, indem wir sie spielen und in ihrem Tempo lernen und erfolgreich sein lassen. Nicht indem wir sie zu einem Lernen zwingen, das nicht aus ihnen selbst kommt. Wenn es um schulische Leistung und die Hausaufgaben geht, ist dies einer der größten Fehler, den Eltern machen: zusätzlichen Druck auszuüben.

Noch einmal: Wir waren alle schon mal diese Eltern, inklusive mir. Aber immer da, wo wir unsere Macht ausüben, das Kind an den Schreibtisch schicken, es zu den Hausaufgaben zwingen, den Spielenachmittag mit Freunden verbieten, bis das Arbeitsblatt fertiggestellt ist, und sie für all das, was sie tun, um in ihrem eigenen Heranwachsen weiterzukommen, nicht wertschätzen, riskieren wir Beziehung. Wir laufen Gefahr, die wichtigste Zutat für ein erfülltes Leben für unsere Kinder ins Wanken zu bringen. Plötzlich geht es für unsere Kinder nämlich auch gar nicht mehr um die Aufgabe, das Dividieren oder Multiplizieren, sondern um Sicherheit. Wird Macht von einer sowieso schon machtvolleren Person ausgeübt, geht es um Integrität. Es geht für Kinder (vor allem sensible!) darum, sich zu schützen und aus der Umwelt und sich selbst heraus alle Schutzfaktoren aufzufahren, die es finden kann. Das macht Stress – und Stress hindert uns am Lernen. In diesem Teufelskreis aus ungesundem Machtverhältnis, fehlender Selbstwirksamkeit, Abwesenheit von Sicherheit und Druck auf allen Seiten kann keine Beziehung stattfinden. Wir müssen abwägen, was besser ist: diese Kämpfe auszutragen oder der Lehrkraft zu schreiben, dass das Kind in Ihrem Beisein 20 Minuten konzentriert gearbeitet hat. Choose your battles wisely – und Ihre Macht auch.

Es wird für Ihr Kind immer wichtiger sein, die Beziehung zu Ihnen wiederherzustellen, als den Machtkampf gegen Sie zu gewinnen. Ganz egal, was Sie bei Michael Winterhoff gelesen haben mögen. Nichts davon ist wahr. Wir sind Menschen und Herdentiere. Ohne Verbindung zu anderen werden wir krank und bekommen Todesangst.

In einem Streit um die Hausaufgaben mag Ihr Kind mit Ihnen über alles Mögliche diskutieren – in Worten. Doch die eigentliche Botschaft ist immer dieselbe: »Bitte sei bei mir, halte zu mir, geh in Beziehung zu mir, sag mir, was du fühlst, und hilf mir, die Welt und die Anforderungen an mich zu verstehen.«

In dieser Aussage ist kein Platz für den erhobenen Zeigefinger, die Androhung weiterer Strafen, Konsequenzen oder Vorwürfe an jemanden, der sowieso schon die Welt nicht mehr versteht. Sollten Sie sich also in diesem Kreislauf befinden, ist es an der Zeit, zu handeln. Darum kümmern wir uns im folgenden Teil. Doch bevor wir dazu übergehen, noch eine kleine Empfehlung von mir: Gehen Sie spielen! Vielleicht sogar Pokémon Go! Das ist der beste Weg, um das bis hierher Gelesene gut zu verdauen.

Was haben Sie alles nicht in der Schule gelernt?

Übung: Perspektivwechsel

Nehmen Sie sich ein Blatt Papier und einen Stift, und setzen Sie sich einen Augenblick ruhig hin. Schreiben Sie folgenden Satz ganz oben auf das Blatt Papier: »Dinge, die ich **nicht** in der Schule gelernt habe«. Dann lassen Sie Ihre Antworten einfach mal fließen. Am Ende dürfte eine lange Liste an nützlichen, alltäglichen oder auch faszinierenden, wichtigen Begabungen herauskommen, die Ihr Leben bereichern. Ihre Liste könnte also Dinge mit einschließen, die Ihre täglichen Handgriffe ausmachen: Kaffee kochen, Schuhe binden, Einkaufszettel schreiben, Haushaltspläne erstellen, ein Bankkonto eröffnen, Windeln wechseln. Und dann einen Teil, der vielleicht Ihren Beruf, Ihre Persönlichkeit oder Ihre Hobbys zeigt, wie beispielsweise Körpersprache und Gesichter zu lesen, meine Wut zu verstehen, mit Stress umzugehen, gewaltfreie Kommunikation, Gitarre zu spielen, zu nähen oder die Zehnfingermethode, um am Computer zu tippen.

Wahrscheinlich wird Ihnen gleich klar, was diese Übung bewirken kann. Sie kann Ihnen ins Bewusstsein zu rufen, dass wir den schulischen Erfolg häufig ziemlich überbewerten. Denn natürlich findet das Lernen nicht nur in den vier Wänden der Klassenräume statt, sondern im Leben selbst. Diese Liste darf Ihnen auch ein Beweis dafür sein, dass wir uns ständig weiterentwickeln und ständig lernen, egal was wir tun.

Lernen darf Spaß machen und leicht sein – oder können Sie sich erinnern, dass Sie Kaffeekochen erst hundertmal wiederholen mussten, weil jemand neben Ihnen stand und Ihnen weiszumachen versuchte, dass Sie es sonst im Leben zu nichts bringen würden? Viele der Dinge, die uns heute ausmachen, haben wir erlernt, weil wir wollten. Sicherlich fällt Ihnen auch etwas ein, das Sie ganz selbstbestimmt und autodidaktisch gelernt haben. Mein Bruder hat sich zum Beispiel selbst beigebracht, Bass zu spielen, und war damit jahrelang in verschiedenen Bands erfolgreich und glücklich. Oder mein eigener Sohn, der sich selbst das Lesen beibrachte – einfach so, eines Nachmittags. Unsere Kinder lernen, selbst zu sitzen, zu krabbeln, zu laufen. An welchem Punkt verlieren wir das Vertrauen, dass sie auch all die anderen wertvollen Dinge im Leben lernen? Schauen Sie sich die Liste an. Und wenn Sie mögen, machen Sie gleich eine weitere: Notieren Sie all die wunderbaren Dinge, die Ihr Kind schon kann und gelernt hat – jenseits der Schule.

KAPITEL 8

Stress und Angst durch Hausaufgaben – was Ihnen und Ihrem Kind jetzt hilft

Hausaufgaben haben das Potenzial, den gesamten Familienalltag zu bestimmen und aus dem Lot zu bringen. Zum Beispiel, weil wir wegen einer Aufgabe, von der wir wissen, dass das Kind sie in wenigen Minuten schaffen könnte, manchmal zwei Stunden sitzen. Oder weil wir erst einmal zwei Stunden bitten müssen, damit das Kind überhaupt beginnt. Wir fragen uns, wann die beste Uhrzeit dafür ist und ob wir die Verabredung erlauben sollen und die Hausaufgaben auf den Abend legen. Vielleicht fragen Sie sich nach den vorigen Seiten auch, ob ich Ihnen empfehlen will, einfach keine Hausaufgaben mehr zu machen und stattdessen ständig Entschuldigungen zu schreiben. Nein, das will ich nicht. Ich möchte Ihnen aber dabei helfen, eine Lösung zu entwickeln, die Ihrer Familie tatsächlich entspricht. Und dafür sollten wir uns fragen, was es ist, das Ihnen Sorge, Druck oder Stress bereitet. Oder ist es vielleicht sogar Angst? Denn es ist Beziehung, die Ihren Familienalltag gestalten und formen darf, nicht Schule oder Hausaufgaben.

Streit um die Hausaufgaben zwischen Eltern und Kindern ist ein unglaublich präsentes Thema in deutschen Familien – nicht nur bei Ihnen und Ihrem Kind. Meiner Erfahrung nach ist der herrschende Grund dafür kein geringerer als Angst. Die Angst, das Kind könnte hinterherhinken, etwas verpassen, nicht gut genug sein, sitzen bleiben oder niemals zu lesen oder zu verstehen lernen. Dahinter steht ganz sicher Ihre Liebe zu Ihrem Kind. Sie wollen das Beste, und daraus entsteht die Bemühung, alles doch nur irgendwie richtig zu machen, dem Kind den bestmöglichen Weg zu ebnen oder es wenigstens nicht zu blockieren, indem Sie zu viel »durchgehen« lassen, zu viel erlauben oder zu oft »fünf gerade sein lassen«.

Ein weiterer Punkt, der uns Eltern unter Druck setzt, ist der eigene Gehorsamkeitsbegriff. Oder war es Ihnen in Ihrer Kindheit freigestellt, nach Lust und Laune zu lernen, frei und selbstbestimmt zu wählen, wann Sie was erledigen, und hat man Ihnen alle naselang eine Entschuldigung geschrieben? Auch wenn es in diesem Buch darum gehen soll, Sie und Ihr Kind zu unterstützen, kommen wir nicht drum herum, uns immer wieder die eigene Verbindung zu einer Thematik genau anzusehen.

Was verlangen wir wirklich, wenn wir unsere Kinder dazu bringen, die Hausaufgaben zu erledigen? Gehorsam. Was verlangen wir von unseren Kindern, wenn wir sie nötigen, die Hausaufgaben zu machen, obwohl es das Thema bereits verinnerlicht hat und nun nur noch um des lieben Friedens willen wiederholt? Gehorsam. Was verlangen wir von unseren Kindern, wenn diese auf Spiel und Freizeit verzichten sollen, um Übungsblätter zu vervollständigen? Gehorsam.

Auch hier geht es mir viel weniger darum, Sie dazu aufzurufen, sofort alles stehen und liegen zu lassen, Ihre bisherige Herangehensweise über den Haufen zu werfen und meinem Drei-Schritte-Plan zu folgen. Erstens: Es gibt keinen. Zweitens: Auch das wäre Gehorsam. Nein, das verlange ich nicht von Ihnen. Und obendrein darf ich Ihnen verraten, dass auch meine mittlerweile Schulkinder ihre Hausaufgaben halbwegs regelmäßig ausführen. Wozu ich Sie vielmehr einlade, ist, den Druck zu sehen, den Gehorsam ausübt, und was dieser mit der Motivation unserer Kinder macht. Denn in keinem Fall ist, was unsere Kinder tun, dann intrinsisch, also aus ihnen selbst heraus, sondern immer von uns, also extrinsisch, motiviert. Sie lernen, »brav« zu tun, was man ihnen sagt, und »artig« auszuführen. Sie haben sich vielleicht entschieden (übrigens ebenso wie ich), Ihr Kind einer Schule unseres deutschen Schulsystems zu übergeben, und dort wird diese Fähigkeit vorausgesetzt. Zumindest an den Vormittagen.

Wenn sie die gleiche Leistung am Nachmittag bringen müssen, haben unsere Kinder bald eine anstrengende 40-Stunden-Woche, ein überfordertes Nervensystem, eine körperliche Daueranspannung und das Potenzial, psychisch und physisch öfter zu erkranken. Wir als Eltern sind also in der Verantwortung, unbedingt eine Balance herzustellen, anstatt uns zum verlängerten Arm der Schule zu machen. Wir dürfen unsere Kinder dabei unterstützen, sich zu regulieren, Räume für freies Spiel mit Gleichaltrigen und für die Natur zu erschließen und in der sozialen Interaktion zu erkennen, wie ein Mensch sich verhalten kann. All diese wichtigen Jobs haben wir zu tun – und sie alle funktionieren nur, wenn wir ohne Angst sind. Sind Angst und Sorge der Antrieb für unsere Taten, laufen wir Gefahr, etwas zu verlangen, was uns gar nicht entspricht, geschweige denn unseren Überzeugungen. Selbst wenn absolut kein Zweifel an der Faulheit, Bequemlichkeit oder an gewissen Defiziten Ihres Kindes besteht, gibt es noch eine bessere Lösung als einen Alltag aus Streit und Konflikt. Eine Nachhilfe zum Beispiel. Eine neutrale Person, die eine Stunde in der Woche gemeinsam mit dem Kind aufarbeitet, was zu erledigen ist, damit Sie und Ihre Familie die kostbaren Jahre des Heranwachsens mit viel wichtigeren Dingen verbringen können. Jenen von Ihrer Liste der Stärken, die mit Schule nichts zu tun haben, zum Beispiel. Aber wenn Sie wissen, dass Ihr Kind nicht tyrannisch, faul oder bockig ist (und davon gehe ich aus), dann brauchen Sie eine wertneutrale Beobachtung der Gegebenheiten – nicht noch mehr Druck.

Wie groß ist das Pensum, und ist es zu schaffen? Welche Stressbelastung macht den Alltag Ihres Kindes aus? Kann es am Nachmittag einfach müde und »fertig« mit der Arbeit sein? Oder langweilt es sich sogar, weil die Aufgaben es nicht (mehr) herausfordern und es schon alles verstanden hat? Kann es sich vormittags in der Schule ausreichend bewegen? Gibt es genügend Naturerlebnisse, Freispiel, Selbstwirksamkeit, Lernen ohne Kontext und Ziel? Wie sind seine Schlaf-, Ausruh- und Bewegungsrituale?

Erst wenn Sie die Angst vor einem übermächtigen System aus Ihrem Körper verbannt haben, können Sie in der Lage sein, all das wirklich objektiv zu betrachten – und zwar so, dass die Erkenntnisse Ihnen und Ihrer Familie auch helfen. Drehen wir den Spieß einmal um: Eltern, die in Sorge sind, die Schulleitung am Apparat zu haben, von anderen Eltern misstrauisch beäugt zu werden oder Probleme mit höheren Instanzen zu bekommen, kämpfen ja selbst um Sicherheit. Da klopfen Glaubenssätze, Versagensängste und Schuldgefühle an die innere Tür unserer Integrität und lösen das Bedürfnis aus, einfach zu funktionieren. Im totalen Stress und in der tiefen Angst vor dem Ungehorsam, dem Scheitern oder davor, etwas falsch zu machen, suchen wir Halt. Manchmal eben durch Kontrolle – wie der über die Hausaufgabenperformance unserer Kinder. Dabei geht es doch gar nicht um die Haken auf den Karteikarten, sondern um viel wichtigere Dinge. Um Sicherheit. Verbindung. Das überzeugende innere Gefühl, größte Krisen zu überstehen und Lösungen zu finden. Resilienz. Und vor allem Vertrauen.

Handeln Sie aus Überzeugung oder Angst?

Immer dann, wenn wir in unseren eigenen Werten nicht kohärent sind oder unsere Handlungen nicht unseren Überzeugungen entsprechen, erzeugt das kognitive Dissonanz. Dieser Zustand kann uns schmerzen, denn es ist wie eine unangenehme Zwietracht zweier innerer Stimmen. Wir haben nur eine Wahl: Entweder passen wir unser Verhalten an, oder wir ändern unsere Werte. Beides ist kein leichtes Unterfangen!

Nehmen wir ein Beispiel: Ein passionierter Autofahrer schimpft über die Spritpreise und schwört sich, mit dem Autofahren aufzuhören, wenn das Benzin teurer als 1,50 Euro wird. Glauben Sie, er lässt das Auto in der Garage, als Super im Januar 2022 auf über zwei Euro klettert? Oder passt er seinen Schwur an die neuen Verhältnisse an, frei nach dem Motto »Was kümmert mich mein Geschwätz von gestern?« Uns bleibt nicht viel anderes übrig, als uns zu entscheiden, unserem Wort treu zu bleiben oder nicht – und in keinem Fall bedeutet das, dass wir uns damit auch gut fühlen. Nein, tatsächlich würde der besagte Autofahrer vermutlich in beiden Fällen schimpfen: sowohl, wenn das Auto nicht mehr rollt, als auch, wenn er doppelt so viel zahlt, der Tank aber nur noch halb voll ist.

Jedes einzelne Mal, wenn wir gegen unsere Werte handeln, tut uns das weh. Nicht immer bemerken wir einen tatsächlichen körperlichen Schmerz, schon gar nicht sofort. Manchmal aber Tage, Wochen oder Jahre später, wenn wir die Hände über dem Kopf zusammenschlagen und uns fragen, was zur Hölle uns geritten hat. Um das zu verhindern, hilft es, zum einen zu akzeptieren, dass es Situationen in unserem Leben gibt, die diese kognitive Dissonanz hervorrufen, und zum anderen zu überlegen, wie wir damit umgehen wollen. Sich von alten – übrigens oftmals sehr überflüssigen – Überzeugungen zu lösen kann unendlich befreiend sein, genau wie das eigene Verhalten auf den Einklang mit unseren Werten zu überprüfen.

Fragen Sie sich ab jetzt bei jeder Entscheidung, die Ihnen Bauchweh, schlaflose Nächte oder eben kognitive Dissonanz beschert, vorher einmal: »Handele ich gerade aus Überzeugung oder aus Angst?« Dies wird Ihnen nicht nur bei den Hausaufgaben helfen, sondern in jedem anderen Kontext auch. Ich gebe Ihnen ein Beispiel, das Sie vielleicht aus Ihrem Alltag kennen: Ihr Kind liest flüssig, schreibt die Buchstaben und unterscheidet den einen vom anderen. Das heutige Übungsblatt sieht genau diese Wiederholung vor. Ihr Kind ist frustriert, der Tag war lang, die Stressbelastung hoch. Eigentlich würden Sie es gern von der Erledigung befreien. Doch Sie haben gestern schon eine Entschuldigung geschrieben. An dieser Stelle erkennen Sie, dass Ihr Kind diese Aufgabe gut lösen kann. Sie sind überzeugt, und eine Entschuldigung würde diese Überzeugung unterstreichen. Gleichzeitig aber liest die Lehrkraft Ihres Kindes wieder Ihr »ungehorsames« Aufbäumen gegen die Aufgaben, die alle anderen doch auch erledigen müssen. Fragen Sie sich wieder, ob es Angst ist, die Sie diesen inneren Zwiespalt fühlen lässt, oder Überzeugung. Wenn Sie Angst ausmachen: Was hilft Ihnen, wieder ins Vertrauen in Ihre Fähigkeiten als Eltern zu gehen? Wenn Sie Überzeugung ausmachen: Welche Handlung unterstützt Sie und Ihr Kind?

Als mein Sohn in die zweite Klasse kam, befanden wir uns mitten in der Coronapandemie. Die Unterrichtseinheiten waren knapp, der Stoff für zu Hause oft ein Fass ohne Boden. In der zweiten Jahreshälfte spürte ich plötzlich die Sorge auftauchen, dass er nicht lesen lernen würde. Sein kleinerer Bruder hatte schon vor seiner Einschulung gelesen und beim Lernen keine Probleme gehabt. Im direkten Vergleich konnte ich deutlich erkennen, dass der Größere einen Rückstand hatte. Ich war überzeugt, dass es Übung und Wiederholung waren, die ihm helfen würden, das Eis zu brechen. Und so bat ich ihn wieder und wieder, mir das eine oder andere Wort vorzulesen, übte die Buchstaben und den Klang jedes einzelnen. Gleichzeitig suchte ich Unterstützung bei der Lehrkraft, die mit einem extra Leseheft gute Impulse lieferte. Nach wenigen Wochen waren deutliche Erfolge zu verzeichnen, und ich war beruhigt. Mir hatte es geholfen, genau zu überprüfen, ob ich die Forderung, die ich an ihn stellte und die das Material unterstrich, auch selbst als wichtig empfand oder ob mich eine irrationale Angst davor, er könne echte Probleme bekommen, antrieb. Meine Erkenntnisse führten zu Vertrauen: in mich als Mutter, zu den Arbeitsmaterialien und zu einem Gespräch mit seiner Lehrerin, die uns half, das Problem anzugehen.

Können Sie aufhören, Angst zu haben?

Ein Leben ohne Angst ist nicht möglich. Vermutlich noch ein bisschen weniger, wenn wir Eltern werden. Also nehmen Sie auch hier wieder den Druck raus. Sie müssen Ihre Angst nicht überwinden und müssen nicht lernen, cool zu sein oder desinteressiert mit den Schultern zu zucken. Es wäre unmenschlich, das von Ihnen zu verlangen! Doch für die Qualität der Beziehung zu Ihren Kindern wird es einen entscheidenden Unterschied machen, ob Sie sich Ihrer Gefühle bewusst sind oder handeln, weil Sie glauben, handeln zu müssen. So kann es beispielsweise auch Ihre tiefe Überzeugung sein, Ihr Kind jeden Tag wiederholen und üben zu lassen. Etwa, weil Sie beobachten, wie gut es ihm tut oder weil es für Sie von großer Bedeutung ist. Dann können wir genau das kommunizieren! Sprechen Sie mit Ihrem Kind über den Kontext: über die Idee der Lehrkraft und wieso sie diese Übungen wohl ausgewählt hat. Darüber, welchen tieferen Sinn diese Übung ergibt und wieso es sinnvoll ist, sie zu erledigen. Über Ihre Angst, dass es von Nachteil sein kann, wenn Ihr Kind diesen Stoff jetzt nicht übt. Und über die Gefühle Ihres Kindes bei der Erledigung der Aufgaben. Anstatt einem System zu dienen oder in uralten Formen von Gehorsam zu verharren, finden Sie so Zugang, Beziehung und Verbindung. So erfahren Sie auch von den Sorgen, die Ihr Kind sich macht. Möglicherweise erfahren Sie von weiteren Stressoren, die für das Lernen hinderlich sind. Treten Sie aus den Machtkämpfen rund um die Häkchen hinter den Aufgaben aus und in Gespräche und Kommunikation miteinander ein. Es ist okay, sich gute Noten, ein gutes Zeugnis und einen guten Schulabschluss zu wünschen, wenn Ihnen all diese Dinge wirklich wichtig sind. Und es ist blockierend, genau dies anzustreben, nur weil Sie glauben, es anstreben zu müssen. Sobald Sie eine (neue) Entscheidung getroffen haben, wird die erste Emotion, die Ihnen begegnet, vermutlich wieder die Angst sein. Nicken Sie ihr zu, und akzeptieren Sie, dass sie am Ende auch nur da ist, um Sie auf einen wichtigen Zusammenhang aufmerksam zu machen.

So entwickeln Sie Stück für Stück nicht nur eine Wertschätzung für sich selbst und die inneren Prozesse, die Sie zu der Elternperson machen, die Sie sind, sondern auch für die Perspektive Ihres Kindes, das ohnehin auf Ihr liebevolles Urteil angewiesen ist. Noch einmal: Es geht nicht darum, die Schule zu stürzen, weil Sie oder Ihr Kind keinen Bock auf die Hausaufgaben haben. Aber es geht eben auch nicht darum, ein System zu erhalten, das Ihnen und Ihrer Familie die letzte Ressource raubt.

Kreative Wege, um Konflikte rund um schulische Aufgaben zu lösen

Manchmal unterliegen wir dem Irrtum, eine Sache nur unter gute Kontrolle bringen zu müssen, um die Angst loszuwerden. Doch tatsächlich ist es Vertrauen, das das Gegenteil von Angst ausmacht. Um schulische Aufgaben gemeinsam zu lösen, anstatt Ihr »ungehorsames Kind einfach wieder auf Spur zu bringen«, braucht es also vor allem Ihr Selbstvertrauen. Als Elternteil und als der Mensch, der Ihr Kind eine ganze Weile durch diese hochkomplexen Situationen begleiten wird. Wie können Sie das Vertrauen – sowohl in sich selbst als auch in Ihr Kind – entwickeln, das fortan ein sicheres Fundament für entspanntes Lernen und Erledigen der Aufgaben bildet? Und wie lernen wir Eltern, den Anforderungen standzuhalten, wenn wir sehen, dass sich unser Kind nicht genau »nach Plan« verhält? Damit Sie vertrauens- und liebevoll bleiben können, sobald sich Konflikte ergeben und schulische Aufgaben Ihre Beziehung ins Wanken bringen, schlage ich Ihnen ein paar wertvolle Strategien vor, mit denen Sie experimentieren dürfen. Auch hier sei gesagt: Es geht nicht so sehr um das Ziel, das Erledigen oder den Erfolg. Vor allem geht es um kreative Wege, die Sie zurück ins Vertrauen bringen.

Sprechen Sie über Verantwortung

Eine regelmäßige Unterhaltung, die ich mit meinen Kindern führe, ist die über Verantwortung. Tagtäglich kommt beim Mittagessen die Frage nach den Hausaufgaben auf, und tagtäglich runzelt mein Kind darüber die Stirn. »Mache ich später« ist die Standardantwort. Ich lasse ihn und frage gegen Abend, wenn er es bis dahin noch nicht erledigt hat, noch einmal nach, ob er denn vorhat, sie zu erledigen. Ich stelle den Kontext her: »Morgen früh wirst du in der Schule dann deiner Lehrerin sagen müssen, dass du sie nicht gemacht hast, wenn sie fragt, und ich werde nicht dabei sein, um dich zu beschützen. Fühlst du dich in der Lage, das allein zu klären, ist das okay für dich?« Und regelmäßig antwortet er: »Ja.« Dann lässt er die Aufgaben liegen und steht vor der nächsten Herausforderung, wenige Wochen später, wenn das ausgefüllte Heft abgegeben werden soll. Das erzeugt Frust, den wir emotional begleiten – aber nicht für ihn lösen. Stattdessen ergeben sich Gespräche über seine Entscheidungsverantwortung, die Sinnhaftigkeit, seine Arbeiten liegen zu lassen, wenn es ihn so massiv stresst, es dann kurz vorher machen zu müssen, und auch hier wieder: Gespräche über seine Haltung und seinen Wunsch, selbst damit umzugehen. Möchte er Hilfe? Möchte er, dass ich ihn öfter oder anders erinnere? Braucht er Unterstützung dabei, seine Aufgaben besser zu koordinieren?

Geben Sie Ihrem Kind die Chance, in Eigenverantwortung zu gehen. Vielleicht ist es nämlich genau dieses Lernen, das für Ihr Kind gerade dran ist.

Wählen Sie spielerische Alternativen

Wenn Ihr Kind lesen lernen soll, ist es fast egal, woran es übt – die Hauptsache ist, dass es sich mit dem Lesen beschäftigt. So bieten uns Lehrkräfte oft wichtige Materialien an, die helfen dürfen und Sinn ergeben, denn meist werden mithilfe der Materialien auch die Methoden weitergeführt, die dem Kind auf diese eine Weise die ersten Schritte beigebracht haben. Es kann schwierig für Kinder sein, wenn die Oma das Lesen anders erklärt als die Lehrkraft und der Papa es wieder anders macht. Sollten Sie feststellen, dass unterschiedliche Techniken das Kind mehr verwirren, legen Sie sie ab. Denken Sie daran: Ihr sensibles Kind neigt zu Stress und wird an dieser Stelle schnell dichtmachen. Stattdessen üben Sie spielerisch. Zum Beispiel, indem Sie mit Weingummi subtrahieren üben und es gemeinsam aufessen, mit Pokémon, Superheld:innen oder den Namen der Lieblingseissorte, an Straßenschildern oder Getränkeflaschen lesen üben oder sich Geschichten ausdenken, in denen komplexe Rätsel zu lösen sind. Führen Sie das Lernen spielerisch ein, indem Sie es selbst locker sehen.

Rechnen können Sie auch so: Legen Sie die gewünschte Anzahl Weingummis auf den Tisch, und essen Sie gemeinsam alle weg, die subtrahiert werden sollen. Wir haben zu Hause das »Treppenspiel« erfunden, mit dem meine Kinder Plusrechnen geübt haben, indem sie die Treppen vom Keller bis zum Dachboden erwürfeln und erklimmen mussten. So haben wir am Vormittag gerechnet und gleichzeitig Bewegung gehabt.

Malen Sie die Hausaufgaben mit Kreidestiften an die Fensterscheiben, oder machen Sie sie direkt im Park oder auf dem Spielplatz: einmal Schaukeln, einmal Rechnen und Ausfüllen im Wechsel.

Mitmachen und Wettkampf

Die zentrale Aufgabe der Hausaufgaben ist es, das Gehirn zu trainieren und den angelegten Trampelpfad, den das erste Erklären in der Schule angelegt hat, zu einer stabilen vierspurigen Autobahn auszubauen. Dafür braucht es Neuroplasitizät, Zeit und Wiederholung. Und idealerweise Freude an dem, was Ihr Kind da tut. Es macht Ihr Kind schneller und flexibler in den Punkten, die es gelernt hat – und wenn wir schneller und möglicherweise sogar besser werden, finden wir auch größeren Gefallen an den Dingen, die wir tun. Darum erlebe ich oft Kinder, die sehr davon profitieren, wenn Eltern bei den Hausaufgaben selbst zu einem Blatt greifen und mitüben. Beteiligen Sie sich an den Rechenaufgaben, und lassen Sie sich den Rechenweg erklären. Steigen Sie für einige Minuten mit ein, und trainieren Sie selbst diese alten Trampelpfade in Ihrem Gehirn. Brainjogging quasi. Wenn Sie selbst ein wenig geübt haben, machen Sie einen kleinen Wettkampf. Rechnen Sie gemeinsam, und stoppen Sie dabei die Zeit. Machen Sie mehrere Durchgänge, und überprüfen Sie im Team, wie viel schneller Sie und Ihr Kind geworden sind, durch nichts weiter als Übung. Erklären Sie Ihrem Kind immer wieder, dass Hausaufgaben dabei helfen, das Rechnen, Lesen, Schreiben, Verstehen und Stricken schneller zu machen und im Kopf zu verfestigen.

Hausaufgaben im Gehen

Überprüfen Sie, ob Ihr Kind nach dem Schulvormittag genügend Bewegung hatte. Dies ist sehr individuell – manche Kinder sind völlig erledigt und brauchen Ruhe, vor allem auch Bewegungsruhe. Wieder andere sind eher erschöpft vom Rumsitzen und springen zu Hause buchstäblich über Tische und Bänke. Wenn Letzteres der Fall ist, wird es für Ihr Kind eine Kooperationsleistung sondergleichen sein, sich für die Hausaufgaben wieder in die gleiche Position zu bringen, aus der es gerade kommt. Denken Sie deshalb um: Hausaufgaben müssen nicht am Tisch erfolgen.

Sie können hüpfend auf dem Trampolin erledigt werden, auf dem Spaziergang oder, wie oben beschrieben, in Form eines Spiels, das Treppensteigen oder andere Bewegung mit einbezieht.

Zusammen oder allein?

Gerade im Grundschulalter setzen wir uns meist fast automatisch neben unsere Kinder und verstehen es als unseren Job, ihnen bei den Hausaufgaben zu helfen. Aber ist das die beste Form für Ihr Kind, zu lernen und zu üben? Oder braucht es gerade nach einem Vormittag im vollen Klassenzimmer vielleicht ein wenig Abgeschiedenheit? Überprüfen Sie, ob Ihrem Kind die Hausaufgaben nicht vielleicht sogar viel leichter fallen, wenn es allein ist. Auch hier müssen wir bedenken, dass sensible Kinder durch die Anwesenheit vieler Menschen in Stress geraten können. Es kann ziemlich kontraproduktiv sein, danebenzusitzen, zu reden, zu fragen – manchmal nur zu atmen. Vielleicht braucht Ihr Kind auch so lang, weil es sich eigentlich wünscht, sich zurückziehen zu können.

Hintergrundgeräusche – ja oder nein?

Wie würden Sie eine ordentliche Lernumgebung beschreiben? Und wie Ihr Kind? Ich war davon ausgegangen, dass mein Sohn nach dem lauten Vormittag in der Schule Ruhe und Abgeschiedenheit bräuchte, und verbannte so sämtliche Geräuschkulissen aus seinem Umfeld. Tatsächlich aber hatte ich nur mit der Abgeschiedenheit recht – mit den Geräuschen nicht. Am produktivsten ist mein sensibles Grundschulkind, wenn es seine Aufgaben allein erledigt und dabei ein Hörspiel hört. Für ihn die besten Voraussetzungen, um nach wenigen Minuten mit den Hausaufgaben fertig zu sein.

Tageszeit

Welches ist die beste Uhrzeit für die Hausaufgaben? Auch hier dürfen wir überprüfen, was wir glauben, tun zu müssen, und was wir beobachten. Wir neigen dazu, den Mittag für die Hausaufgaben zu reservieren, könnten aber dadurch übersehen, dass unsere Kinder eigentlich erst einmal eine ausgiebige Pause brauchen. Oder wir legen die Aufgaben auf den Nachmittag – auf die Gefahr hin, dass die Spielverabredung zu kurz kommt und wir Frust ernten. Vor dem Abend schrecken wir zurück, weil es spät ist, die Konzentration schwach und die Struktur dahin – obwohl das vielleicht für unser Kind der beste Zeitpunkt wäre. Meiner Erfahrung nach ist das Feld »Hausaufgaben« eines, das nicht ohne Gespräche und viel Beobachtung auskommt. Es dauert eine Weile und einige, manchmal gescheiterte, Versuche, bis wir den idealen Zeitpunkt und die optimale Kombination gefunden haben. Schrecken Sie nicht davor zurück, auch Uhrzeiten auszutesten, von denen Sie selbst glauben, dass es die absolut schlechtesten sind. Denn wer weiß – vielleicht entsprechen ja genau diese dem inneren Rhythmus Ihres Kindes.

Gespräche mit der Lehrkraft

Sprechen Sie – immer wieder, auch wenn es nervt – mit der Lehrkraft Ihres Kindes über Umfang und Zeitaufwand der Aufgaben. Erklären Sie die Konflikte, die Sie zu Hause haben, und erbitten Sie konstruktives Feedback. Lassen Sie sich unter die Arme greifen, wenn Sie nicht weiterwissen, und profitieren Sie von extra Materialien, wenn die vorhandenen Ihr Kind unterfordern. Sprechen Sie an, wenn der Druck zu groß wird oder der Rückstand kaum noch aufzuholen ist. Erklären Sie Ihren Konflikt, die Stressbelastung Ihres Kindes und auch Ihr Gefühl. Das kostet uns so manches Mal Überwindung und zehrt an den Nerven – ich weiß. Doch jedes einzelne Gespräch kann eine große Hilfestellung dabei sein, Sie und Ihr Kind zu entlasten. Ein System, das einen unglaublich vollen Lernplan vorsieht und Lehrkräfte dazu zwingt, ihn einzuhalten, macht auch diese selbst nicht froh.

Ich bin immer wieder beeindruckt davon, wie mitfühlend sich Lehrkräfte zeigen, wenn Eltern ihre Kritik an den Mengen und dem Druck äußern, ohne persönlich anzugreifen. Ein auf Leistung ausgerichtetes System mit zu hohem Pensum und zu wenig Spielraum für die Individualität aller braucht viele starke Menschen, die es verändern. Die »neuen« Lehrkräfte wollen, das glaube ich ganz fest, in aller Regel gar nichts anderes als Sie für Ihr Kind. Je mehr Gespräche von Herz zu Herz Sie mit ihnen führen, umso mehr werden Sie dies merken. Unseren Lehrkräften liegt auch eine schwere Last auf den Schultern. Und Gespräche über gemeinsame Lösungswege und Ihre ehrlichen Beobachtungen können Sie einander sehr viel näher bringen als Angriffshaltung und Schuldzuweisung. Manchmal benötigt das ein wenig Zeit – eine Gesprächskultur darf sich entwickeln und braucht Geduld. Soziale Kompetenzen haben wir schließlich alle irgendwie anders gelernt, aller Wahrscheinlichkeit nach übrigens im Alter Ihres Schulkindes, für das Sie in diese Gespräche überhaupt hineingehen. Beste Voraussetzungen also, um deren Qualität nun grundlegend zu verbessern.

KAPITEL 9

Sport und Freizeitaktivitäten: Sensible Kinder in Wettbewerbssituationen bestärken

Gut zwei Wochen nach seiner Einschulung kam mein Kind eines Tages nach Hause und äußerte einen ganz neuen Wunsch. Nämlich den, Judo zu erlernen. Da Bewegung und Sport zuverlässig dabei helfen, Stress und Streit innerhalb unserer Familie zu lösen, hatte ich nichts dagegen. Wir fanden bald einen Verein in der Nähe und besuchten das Probetraining. Tage vorher freute er sich, begann aufgeregt davon zu sprechen, und übte mit seinem Bruder einige Bewegungen ein, die für ihn unter Judo fielen. Mein sensibles Kind bereitete sich vor, und alles, was ihm einfiel, half ihm auch, Sicherheit aufzubauen. Ich begleitete ihn zu seinem ersten Training, bei dem nicht klar war, ob er gleich mit auf die Matte gehen oder nur vom Rand aus zusehen würde. Wir verlangten weder noch und ließen uns offenen Herzens auf das neue Projekt ein. In der Halle angekommen, stieg die Aufregung ins Unermessliche. Hatte er Tage vorher noch steif und fest behauptet, er werde sicher mitmachen, ruderte er nun zurück, versteckte sich hinter meinen Beinen und erkannte die für ihn völlig neue Situation als bedrohlich und unsicher. Wir nahmen am Rand Platz und schauten zu, wie alle Kinder ihre Plätze einnahmen und sich einfanden. Klar, die waren ja auch schon öfter hier gewesen! Nach einiger Zeit kam der Trainer auf uns zu und fragte, ob mein Kind denn eigentlich mitmachen wolle. Ich drehte mich zu ihm – Schulterzucken. »Wir brauchen noch einen Moment«, bat ich und entdeckte Tränen in den Augen meines Sohnes. »Ich will«, beteuerte er, »aber ich habe auch Angst.«

Die nächsten Minuten waren eine Zerreißprobe. Er versuchte krampfhaft, die Tränen zu unterdrücken, konnte es aber nicht. Er weinte und achtete gleichzeitig darauf, nicht vom Trainer gesehen zu werden. Mein Kind schien gelernt zu haben, was »schwach« oder »ängstlich« oder »traut sich nicht« bedeutet, und war hin- und her gerissen zwischen seiner Angst, den ersten Schritt zu wagen, und seinem Wunsch, genau das zu tun. Es war eine schwierige Situation, aus der ich ihn, das war klar, kurz herausnehmen musste, damit er wieder klar für sich denken konnte. Wir »flüchteten« auf die Toilette, wo ich ihm die Maske abnahm und ihn in meine Arme schloss. Er weinte Sturzbäche, während er mir erklärte, dass er wirklich trainieren wolle, dass er aber auch Angst habe.

»Ich weiß nicht, was ich tun soll, Mama, was soll ich tun?«, fragte er mich flehend, mit roter Nase und zittriger Stimme.

Vor ihm auf dem Boden der Hallentoilette kniend, sagte ich ihm: »Du musst zu Ende weinen. Wir bleiben jetzt so lange hier, wie es dauert, und du weinst dich aus. Bis du nicht mehr weinen musst, so lang bleiben wir einfach hier. Dann sehen wir weiter.«

Und das taten wir. Ich habe die Zeit nicht gestoppt, und es war auch egal, aber ab diesem Zeitpunkt konnte der kleine Körper meines Kindes zu Ende fühlen, was zu fühlen war. All die Angst, die Vorfreude, die Sorge, nicht gut genug zu sein, und der gesellschaftliche Druck, etwas abliefern zu müssen. Irgendwann wurde er ruhiger, atmete durch. Ich sah ihn an und versprach, dass ich hinter seiner Entscheidung stünde, wie auch immer sie ausfalle. »Wenn du nicht trainieren willst, bleiben wir am Rand sitzen. Wenn du trainieren willst, bringe ich dich bis zur Matte. Ganz sicher!«

Er atmete aus und entschied, trainieren zu wollen – und so geschah es. Wir trockneten die Tränen, putzten die Nase und nahmen noch einige entschiedene, langsame Atemzüge – bis er es nicht mehr erwarten konnte, endlich loszulegen. Und so nahm ich seine kleine Hand und brachte ihn zum Trainer – bis an den Rand der Matte. Ich wäre gern dort sitzen geblieben, um ihm zu signalisieren, dass ich da bin, aber er schickte mich wenige Sekunden später zurück an den Rand zum Rest der Familie. Ich solle jetzt nicht übertreiben, rief er mir noch hinterher. Auf der Bank wartete übrigens sein kleiner Bruder auf ihn, der unbedingt hatte mitkommen wollen.

»Willst du denn auch trainieren?«, fragte ich ihn.

»Nö«, antwortete er und kaute, das Treiben gespannt verfolgend, völlig unbeeindruckt auf seiner Brezel.

Die Situation damals auf der Hallentoilette hatte meinen großen Sohn so weit getröstet, dass er dem Sport und vor allem sich selbst eine Chance gegeben hatte. Er übte einige Monate, verlor dann jedoch den Spaß an der Sache. Doch was es bewirkte, war ein inneres, emotionales Wachstum meines Kindes. Eine vergleichbare Situation kam nicht mehr auf. Die folgenden Trainingstage absolvierte er ohne unsere Unterstützung, betrat die Halle, trainierte, kam raus und war der glücklichste, stärkste Mensch der Welt. Was allerdings Wettbewerbssituationen angeht, ist das leider nicht immer so – schon gar nicht mit sensiblen Kindern. Denn diese sind von Haus aus nicht mit einem großen Selbstvertrauen oder gar Selbstwert gesegnet. Viel häufiger ist das Gegenteil der Fall.

Wieso das so ist oder zumindest aus ihrer Perspektive naheliegt, ist offensichtlich und sogar am obigen Beispiel meines Kindes zu erkennen: Es hatte gerade einmal zwei Wochen in der Schule gedauert, bis er einen Selbstverteidigungskurs verlangte. Mein sensibles Kind gehört sicher nicht zu denen, für die eine Prügelei auf dem Schulhof sein muss. Wohl aber zu denen, die Gefahren sehr früh wittern. Er hatte schnell wahrgenommen, dass, sich auf dem Schulhof zu behaupten jetzt mehr von ihm verlangte als in den sechs Jahren zuvor. Und dass das, was er von sich aus mitbrachte, nicht mehr reichte. Das ist, was die Welt unseren Kindern oft signalisiert: Um mithalten zu können, musst du stark sein, durchhalten, musst dich behaupten, im Zweifel durchbeißen und vor allem nicht heulen. Die Strukturen in Fußballvereinen, im Schwimmunterricht und beim Ju-Jutsu sehen nicht vor, dass Kinder zwischendurch auch mal getröstet werden, weil sie einen schlechten Tag haben, mit dem Gegenüber so stark mitfühlen oder die aktuelle Tagesenergie an ihrer Gesamtstimmung zerrt.

»Ja, kannste jetzt spielen oder nicht?«, heißt es. Entscheide dich! Mach mit, hör auf zu heulen. Heul weiter, und du sitzt auf der Bank. Es muss schnell gehen, möglichst effektiv sein und in möglichst kraftvoller, starker, in aller Regel männlich konnotierter Qualität ablaufen. Im Fokus steht Leistung und nicht so sehr die einzelnen Meilensteine, die erfüllt werden wollen, bis ein kleiner Mensch an den Punkt gelangt, ebendiese Leistungen erbringen zu können.

Gleichzeitig aber wird es für Ihr Kind in dieser Altersstufe einen hohen Stellenwert bekommen, sich mit anderen zu messen. Es heißt jetzt, die Balance zu halten und das Kind zu begleiten, so gut es geht. Das sieht auch vor, toxische Strukturen zu hinterfragen: männliche und weibliche Sozialisierung, Belohnung und Bestrafung »Wenn es nicht perfekt (oder der erste Platz) ist, ist es nicht gut«. Sofern Sie oder Ihr Kind nicht eine Karriere in einer bestimmten Sportart anstreben, können Sie sich entspannen und Ihren Fokus auf die emotionale Fürsorge, Begleitung und den Trost lenken. Dies ist jetzt Ihr Beitrag an der Selbstverwirklichung Ihres Kindes.

Wenn sich Ihr Kind in Ihren Armen gesehen, sicher und getröstet fühlt, wird es die Leistung von allein erbringen können – und zwar ganz genau dann, wenn es sich bereit fühlt.

Dafür dürfen Sie auch, falls Sie dies tun, das Denken ablegen, Ihr Kind sei aufgrund seiner Sensitivität nicht für Wettkämpfe oder Wettbewerbssituationen gemacht. Wenn der Wunsch, genau dies zu erleben, in Ihrem Kind steckt, begleiten Sie diesen. Nehmen Sie die Sensibilität mit, anstatt sie vorher oder währenddessen »loswerden« zu müssen. Wer weiß, vielleicht ist es genau der Antrieb, den Ihr Kind braucht, um zur tatsächlichen Höchstform aufzulaufen.

Mittlerweile verbringen meine Kinder ihre Nachmittage am allerliebsten am Skatepark in der Nähe des Jugendtreffs. Dort treffen sie auf Kinder und Jugendliche aller möglichen Altersstufen mit ihren unterschiedlichsten Vehikeln. Doch all das scheint für meine Kinder völlig zweitrangig zu sein. Was sie lieben, ist vor allem der wertschätzende Umgang hier. Wenn ein Kind fällt, steht binnen Sekunden ein Älterer daneben, um zu überprüfen, was geschehen ist. Man kümmert sich empathisch umeinander, auch wenn zehn Jahre dazwischenliegen. Kürzlich wurde mein Sohn von einem jungen Menschen über den Haufen gefahren. Die Folge: Tränen und Schmerz. Und: Wassereis vom Verursacher und eine Entschuldigung.

Von sich aus haben meine Kinder entschieden, einen Ort aufzusuchen, an dem ihre Eigenschaften und Wesenszüge gar nicht komisch sind und auch keiner Veränderung bedürfen. Gut, an den Rollenbildern ließe sich arbeiten, aber nicht an der Fürsorge und Menschlichkeit, die – da bin ich sicher – durch die gegenseitige Empathie und die Leidenschaft für den Sport selbst bereichert wird. Kurzum: Möglicherweise entwickelt Ihr Kind eine Passion für Fußball, singt Parolen und feuert sein Team mit erhobener Faust an. Seine Sensibilität jedenfalls stünde ihm dabei nicht im Weg. Vielleicht lernt es aber auch reiten und zieht stundenlange Reitspaziergänge durch einsame Wälder vor. Vielleicht ist es gesellig und liebt die Gemeinschaft in einem Skatepark. Oder es macht überhaupt nichts von alledem und bleibt dabei, in der häuslichen Werkstatt zu malen, zu basteln und sich kreativ auszuleben.

Es ist nicht der Wettbewerb und schon gar nicht das Gewinnen, das uns erfolgreich macht, sondern die Kunst, mit unserer individuellen Persönlichkeit bestmöglich zu leben.

Ich lade Sie ein, Ihrem Kind ganz genau dabei unter die Arme zu greifen.

KAPITEL 10

Von ADHS bis hochbegabt – weitere Merkmale und Diagnosen der Neurodiversität

Ein Konzept, das zunehmend an Aufmerksamkeit gewinnt, ist das Spektrum der Neurodiversität. Entstanden aus der sozialen Bewegung »Autism Rights« Ende der 1990er-Jahre, dient es dem Ziel eines Paradigmenwechsels, der den Blick auf den Menschen und weg von einer pathologischen Sicht eröffnet. Es dient zudem dazu, die Rechte und die Integration jener Menschen zu fördern, die abweichen von allem, was wir als neurotypisch bezeichnen würden. Neurotypisch – so wird es dieser Vokabel oft zum Vorwurf gemacht – sei ohnehin nur ein schickerer Begriff für das, was die meisten Menschen als »normal« bezeichnen würden. Mit steigendem Bewusstsein für ebenjene Abweichungen, die sich auf die sprachlichen Fähigkeiten, die Sozialkompetenz und viele weitere Lebensbereiche eines Menschen erstrecken können und die sich auf den Status und die Entwicklung eines Menschen beziehen, wurde gerade im Bereich der Entwicklungspsychologie und Neurophysiologie eines immer klarer: Es gibt keinen Standard für das menschliche Gehirn.[1]

»Neurotypisch« gilt somit allgemein als eher zweifelhaftes Konstrukt, weil es ein wahrhaft neurotypisches menschliches Gehirn im klassischen Sinne nicht geben kann. Die Disposition eines menschlichen Nervensystems und Gehirns ist so komplex, so vielfältig, so beeinflussbar und so facettenreich, wie wir Menschen es sind. Und jeder einzelne Reiz formt unser Gehirn, was bedeutet, dass es sich auch bis ans Ende eines menschlichen Lebens verändern kann.

Neurodivers zu sein bedeutet eben nicht, krank, gestört oder anders zu sein. Es bedeutet, ein spannendes, intaktes menschliches Gehirn zu haben, mit dem wir einen adäquaten Umgang erlernen dürfen. Die vielen und teilweise komplexen Teile des Spektrums sollen Sie nicht in Angst und Schrecken versetzen, sondern Ihnen eher eine Hilfestellung sein, Ihr Kind besser zu verstehen. Die Differenzierung der unterschiedlichsten Ausprägung von Sensibilität und Neurodiversität möchte ich Ihnen in ihren Ansätzen auf den folgenden Seiten vorstellen. Auch dazu findet sich im Anhang des Buches eine Liste an Literatur, die Ihnen helfen kann, sich überall dort tiefer in das Thema einzuarbeiten, wo es sich für Ihr Kind und Ihre Familie notwendig anfühlt.

Aufmerksamkeitsdefizit-Hyperaktivitätsstörung/ADHS

Die Abkürzung ADHS steht für **A**ufmerksamkeits**d**efizit-**H**yperaktivitäts**s**törung und gilt als eine der häufigsten Diagnosen unter Kindern und Jugendlichen[2], die »auffälliges« Verhalten zeigen. Je nach Alter des Kindes kann dies manchmal ganz schön schwierig zu erkennen sein. Denn charakteristisch für ADHS ist es, keine fünf Minuten still zu sitzen, unaufmerksam zu sein und Impulse schwer oder gar nicht zu kontrollieren. Klingt das nach Ihrem Zweijährigen? Ja, nach meinem auch. Und genau darum ist es eben auch nicht so einfach. Mit ADHS geht häufig ein enormer Leidensdruck der Kinder einher, die sich zappelig und »chaotisch im Kopf« fühlen. Wenn Sie feststellen, dass die übertriebene motorische Unruhe, die mangelnde Aufmerksamkeit und die überschießende Impulsivität Ihres Kindes wie fremdbestimmt wirken oder Ihrem Kind selbst Unsicherheit oder Angst machen, bedarf es einer fachärztlichen Abklärung. Laut ICD-10/11, der internationalen statistischen Klassifikation von Krankheiten und verwandter Gesundheitsprobleme, sind weitere Kriterien formuliert, die erfüllt sein müssen, um die Diagnose ADHS zu erhalten.

Wenn Ihr Kind sich zeit seines Lebens und über alle Entwicklungsstufen hinaus wie oben beschrieben verhält, oder über einen Zeitraum, der länger als sechs Monate andauert, sind zwei weitere Punkte erfüllt. Das führt zu Beeinträchtigungen im sozialen Kontext: häufige, schwer lösbare Konflikte, Ausgrenzung, Leidensdruck sind die Folge. Darüber hinaus muss das Verhalten bereits vor dem Eintritt in die Vorschule beobachtbar sein.

Ein von der Tante an Weihnachten dahingesagtes »Das Kind ist doch krank« oder vom Lehrer ins Hausaufgabenheft geschriebenes »Bitte auf ADHS testen, Felix sitzt nie still« reicht nicht aus. Die Schleifen der Diagnostik sind langwierig, schließen eine vertrauensvolle Fachkraft mit ein, die ebenso beobachtet wie berät. Oft gehen monatelange Gespräche und Testungen damit einher, manchmal sogar mehrere ärztliche Meinungen. Ein solches Verfahren wird dem Phänomen überhaupt erst gerecht und soll Familien helfen, den richtigen Standpunkt und die richtige Herangehensweise zu finden. Und nicht immer ist die Folge der Diagnose dann auch eine Medikation. Viel eher geht es darum, herauszufinden, was das Kind braucht, um den eigenen, oft schweren Leidensdruck loswerden zu können. Steht die Diagnose fest und wird die Störung gut behandelt, hat der betroffene Mensch gute Chancen, sich – auf seine ganz individuelle und manchmal sehr unkonventionelle Weise – ins Leben und in unsere Gesellschaft einzufügen.

Laut aktuellem Forschungsstand handelt es sich bei ADHS um eine genetisch bedingte Stoffwechselstörung im Gehirn, die dafür sorgt, dass der Botenstoff Dopamin nur unzureichend freigesetzt wird.[3] Diese Dopaminfreisetzung kann über die Einnahme von Medikamenten stimuliert werden und Erleichterung und Balance schaffen. Ist der Mensch jedoch nicht von ADHS betroffen, erreicht ein Medikament eher das Gegenteil und bringt den eigenen Haushalt auf verheerende Weise in Schieflage. Schätzungen gehen davon aus, dass circa drei bis fünf Prozent aller schulpflichtigen Kinder in Deutschland unter ADHS leiden. Weltweit leben zehn Millionen Kinder mit der Diagnose, und Medikamente wie Ritalin® oder Medikinet® werden weltweit von geschätzt circa zwei Millionen Kindern täglich eingenommen. Die Zahlen steigen stetig an.

Nicht alle Kinder, die sich im Unterricht schwer konzentrieren können oder nach fünf Minuten auf dem Stuhl herumrutschen, haben ADHS. Es ist zu jeder Zeit genau zu differenzieren, was Disposition des Kindes, äußere Einflüsse, Stress und was Krankheit ist. So schreibt Aron in *Das hochsensible Kind* beispielsweise von der Erkenntnis, dass jene »exekutiven Fähigkeiten«, die von ADHS Betroffene so schwer ausführen können (wie z. B. Entscheidungen zu treffen, Konsequenzen einzuschätzen oder die Konzentration zu halten) in der Regel für hochsensible/ausgeprägt sensible Kinder erst einmal kein Problem darstellen. Dabei ist Hochsensibilität aber die viel weniger bekannte Erklärung für ein außergewöhnliches Verhalten. Sobald es also feinste Ähnlichkeiten gibt, eine ausgeprägte Sensibilität vorliegt oder der Gefühlssturm nicht zu bremsen ist, greifen wir Menschen eher zu bereits Bekanntem und seltener in die tiefe Recherchekiste. Dies könnte auch Ihrer Kinderärztin so gehen, weshalb es eine hohe Zahl an »Fehldiagnosen« gibt.

Wenn Sie erhöhten Leidensdruck oder eine Not feststellen, die weit über die in diesem Buch angebotenen Strategien hinausgehen, dann trauen Sie Ihrem eigenen Urteil und suchen Sie Ärzt:innen oder Fachkräfte auf. Was auch immer unsere Kinder betrifft: In jedem Fall gilt es, lieber einmal zu viel hinzuschauen als einmal zu wenig.

Autismus

Laut ICD-10/11 handelt es sich bei Autismus um eine »beeinträchtigte Entwicklung« in Bereichen des sozialen Miteinanders und der gegenseitigen Verständigung. Für die Diagnostik einer Autismus-Spektrum-Störung (frühkindlicher Autismus, Aspergersyndrom oder atypischer Autismus) spielen folgende Hauptmerkmale eine Rolle: Das Kind zeigt vor dem dritten Lebensjahr eine beeinträchtigte Kommunikation und Sprache, was bedeuten kann, dass es alles wörtlich versteht, monoton betont, auf Aussagen anderer überhaupt nicht eingeht oder gar nicht oder stark verzögert zu sprechen beginnt. In der sozialen Interaktion zeigt es Schwierigkeiten, die Gedankengänge anderer zu verstehen, sich an gesellschaftliche Regeln und Normen anzupassen oder diese zu halten und von sich aus Beziehungen aufzubauen. Es kann beobachtet werden, dass die körperlichen Empfindungen später oder schwächer ausgeprägt sind. So fehlt es manchmal an Verbindung zum Gefühl für eine volle Blase oder für das Registrieren eines leeren oder vollen Magens, was das Essverhalten und den Stoffwechsel beeinträchtigen kann. Meist vermeiden autistische Kinder in diesem sehr frühen Stadium direkten Blickkontakt, zeigen selbst wenig Mienenspiel und weitere Gesten. Unter dem Begriff »Masking« finden sich erwachsene Autist:innen wieder, die durch Beobachtung und Anpassung gelernt haben, neurotypische Kommunikationssignale zu »kopieren« und selbst auszusenden, um sich in eine bestehende Gesellschaft (wie die eigene Familie) oder ein System einzufügen. In fortgeschrittenen Entwicklungsstadien ist oft auch das sogenannte »Stimming« wiederzufinden, das der Selbstberuhigung oder Reizreduzierung dient. So halten sich autistische Kinder zum Beispiel immer wieder die Ohren zu, verstecken sich unter Möbelstücken, beruhigen sich darüber, den Körper mit den Fingerspitzen zu tippen oder sich abzuklopfen, und so weiter. Es kann Teil eines autistischen Heranwachsens sein, sich auch dies abzutrainieren – beispielsweise, weil eine Lehrkraft dadurch wiederholt den Unterricht gestört sieht, ohne die Stressbelastung des sensiblen Wahrnehmungssystems des Kindes zu berücksichtigen.

Je nach Ausprägung brauchen autistische Kinder hier also »Übersetzungshilfe«, durch die eigenen Eltern oder Schulbegleiter:innen. Autist:innen können darüber hinaus besonders ausgeprägte Sonderinteressen bis hin zur sogenannten »Inselbegabung« entwickeln.

Als mein Sohn zu laufen anfing, entwickelte er eine ausgeprägte Liebe zu einer kleinen, grünen Schaufel. Mit wärmendem Blick und säuselnder Stimme nannte er sie liebevoll »Schauf«. Er brachte sie zu Bett oder nahm sie mit in ebendieses. Hatte er sie – und das kam tatsächlich nur sehr selten vor – mal auf dem Spielplatz liegen gelassen, fuhr garantiert einer von uns mit dem Fahrrad die gesamte Gegend ab, um sie ausfindig zu machen. Er wirkte einsam, verstört und unsicher, wenn er sie nicht in seiner Hand halten konnte. Er sprach mit ihr, wedelte mit ihr umher, hielt sie rund um die Uhr in seiner kleinen rechten Hand. Nur wenigen Menschen blickte er ins Gesicht, und wenn er es tat, tat er es nicht lang. Krabbelgruppen mochte er nicht. Heute ist er acht Jahre alt. Die kleine, grüne »Schauf« liegt gut verstaut in der Erinnerungskiste, und wir erfreuen uns an der Erinnerung an die »erste große Liebe« unseres Kindes. Auf Kindergeburtstage geht er noch immer nicht gern, und wenn, dann lädt er lieber selbst ein. Den Blick kann er in Gesprächen sicher halten, er hat fantastische Argumente und ist für mich einer der empathischsten Menschen auf dem Planeten. Mein Kind ist hochsensibel und nicht autistisch.

Und wieder landen wir bei der Frage: Woran erkennen Eltern denn nun zuverlässig, wer oder was ihr Kind ist? Schließlich hätte ich die kleine, grüne Schaufel als ein stereotypes Interesse einordnen und den ausweichenden Blick sowie die Ablehnung anderer Kinder als gestörte soziale Interaktion werten können.

Zur Einordnung können wir jedes Verhalten unserer Kinder in einem direkten Kontext sehen: ihrer Entwicklung. Mein kleineres Kind hat erst mit über zwei Jahren begonnen, so zu sprechen, dass wir ihn auch verstehen konnten. Bis zu diesem Tag beäugten wir seine Entwicklung eher ängstlich und mit der bohrenden inneren Frage, ob das noch normal sei. Heute plappert er wie ein Wasserfall – keine Entwicklungsverzögerung zu erkennen. Manches wächst sich heraus – und manches nicht. So, wie sich die Hochsensibilität eines Menschen nicht im Laufe des Lebens abtrainieren lässt, bleibt auch ein Autismus. So, wie wir lernen können, durch Anpassung und Bewältigungsstrategien bestimmtes, meist ungewolltes, Verhalten zu kompensieren, so sehr kommt unser Kern doch immer wieder durch.

Autistische Kinder sind nicht sozial inkompatibel. Sie sind nicht *nicht* empathisch. Sie sind in der Lage – manchmal sogar viel tiefgründiger und intensiver – all die Feinheiten menschlicher Gefühle zu erkennen und zu verstehen. Sie sind begabt, kreativ, intelligent. Sie mögen manches Verhalten nicht kognitiv erfassen und daran schier verzweifeln können, aber sie sind Mütter und Väter, Schwestern und Brüder. Sie sind neurodivers – keine Soziopathen. In der Differenzierung einer Verhaltensweise von Veranlagung oder Genetik kommt es darauf an, dass wir auch immer wieder unser Bild überprüfen, aussteigen aus Bewertung und Vorurteil. Wir dürfen Ängste abbauen vor »komischen« Menschen und all dem, was wir nicht in die Schublade »normal« einsortieren können. Denn wissen Sie was? Alles andere wäre tatsächlich überhaupt nicht empathisch! Zur Evaluation und natürlich auch, um Ihre möglicherweise immer wieder auftauchenden, inneren

Fragen zu beantworten, braucht es manchmal auch dringend den Blick von außen. Fachleute werden Zeit aufbringen, um Ihr Kind kennenzulernen, werden Berichte aus Kita und Schule erfragen, die medizinische Vorgeschichte der gesamten Familie kennenlernen und sie und Ihr Kind gemeinsam sowie einzeln studieren wollen. Das Vertrauen, das sich daraus entwickelt, hat enormen Einfluss auf Ihr Kind und auf die Beobachtungen. Und am Ende natürlich auch darauf, wie Sie die Einschätzung der Fachleute annehmen können.

Eines steht fest, ganz gleich, auf welchen Weg Sie gehen wollen: Bleiben Zweifel, dann suchen Sie nach weiterer Hilfe. Auch wenn Sie schwierige oder enttäuschende Erfahrungen gemacht haben: Es gibt zahlreiche kompetente Fachleute auf dem Gebiet der Beratung und Begleitung neurodiverser Kinder, und es werden immer mehr. Bewahren Sie sich die Hoffnung, fündig zu werden und die beste Unterstützung zu bekommen, die Ihr Kind zweifelsohne verdient hat. So lernen Sie auch selbst nach und nach, zwischen der Veranlagung und dem von außen auftretenden Stress zu unterscheiden und Ihrem Kind zu helfen, wann immer es Ihre Hilfe benötigt.

Gefühlsstärke

Kommen wir mal einen Moment weg von Diagnosen und Medikamenten und lassen Sie uns gemeinsam auf ein relativ neues Forschungsgebiet blicken: die Gefühlsstärke Ihres Kindes. Bereits im Teil über die Hochsensibilität eines Kindes haben wir das emotionale Erleben angesprochen und die Gefühlszentrale, das limbische System, kennengelernt. Möglicherweise haben Sie den Test gemacht und nicht alle oder nicht mal die Mehrheit der Fragen mit »Ja« beantworten können. Und doch stellen Sie fest, dass es Überschneidungen gibt. Ihr Kind fühlt viel, schreit laut, wirft sich auch noch weinend und brüllend auf Böden, wenn es über die »terrible twos«[4] hinaus ist. Die Wut Ihres Kindes zeigt sich in Verbissenheit und kann die eine oder andere Vase zu Bruch gehen lassen. Kummer und Traurigkeit lösen wahre Tränenfluten aus, und im Spiel mit einem Freund oder einer Freundin kann eine einfach dahergesagte Aussage für tage- oder wochenlange Verletzung sorgen. Gleichermaßen kann Ihr Kind sich über ein Geschenk ehrlich und mit dem ganzen Körper freuen, lauthals lachen und andere damit anstecken und leidenschaftlich von seinem neuesten Hobby berichten. Alle Gefühle, die Sie an Ihrem Kind feststellen, sind intensiv – und Ihr Kind zeigt sie ebenso.

Dafür könnten wiederum andere Eigenschaften ganz anders sein und überhaupt nicht zu Fragebogen oder Erklärungen der Hochsensibilität passen. Denn eigentlich schätzen Sie Ihr Kind als ziemlich robust ein. Bei der Eingewöhnung gab es Tränen und Frust, die aber durch Trost zu lösen waren. Ihr Kind spielt gern mit anderen und ist vielleicht sogar eher extrovertiert. Vielleicht nehmen Sie wahr, dass es zwar lang betroffen ist, aber auch schnell verzeiht. Es bindet sein Herz gern und voller Liebe an andere und ist hilfsbereit, offen, vertrauensvoll und gütig. Bei allen Überschneidungen auf der Gefühlsebene stellen Sie Unterschiede fest. Und nun sind Sie verwirrt, wieder kreist die Frage in Ihrem Kopf: »Was denn nun?« Lassen Sie uns hier für Klarheit sorgen und einen Blick auf die mögliche Gefühlsstärke Ihres Kindes werfen.

Der Begriff »spirited children« stammt von der US-Amerikanerin Mary Sheedy Kurcinka, die in ihrem Ratgeber *Raising your spirited child* im Jahre 2006 erstmalig einen Perspektivwechsel vornahm und jene Kinder, die bisher als solche mit eher schwierigem Temperament galten, als »spirited« (deutsch: temperamentvoll, lebendig) bezeichnete. Schon die deutsche Übersetzung des Titels zeigt, wie unsere Kultur mit einem gefühlsstarken Temperament umzugehen scheint: *Wie anstrengende Kinder zu großartigen Erwachsenen werden* – ein Titel, der Handlungsbedarf signalisiert, damit aus den »anstrengenden« Kindern doch noch Großartigkeit erwachsen kann. Ob Kurcinka genau dies aussagen wollte, ist zweifelhaft.

Der Tenor des Buches ist vielmehr, dass temperamentvolle Kinder besonders stark darin sind, sich selbst zu vertreten, Gefühle zu äußern und Bedürfnisse zu kommunizieren. Genau dies brachte die deutsche Journalistin und Autorin Nora Imlau 2018 in ihrem Buch *So viel Freude, so viel Wut* in den Kontext der bindungsorientierten Elternschaft und definierte erstmalig den Begriff »gefühlsstarkes Kind«, eben in Anlehnung an Kurcinkas »spirited children«. Seitdem ist der Begriff der Gefühlsstärke deutlich weiterverbreitet worden und erfährt noch immer zunehmend im Sensibilitätsspektrum und unter Eltern sensibler Kinder wahre Bewunderung und Erleichterung. Denn – und vielleicht geht es Ihnen, wie eingangs beschrieben, ja auch so – wenn keine der Definitionen oder Diagnosen bisher zutrifft, ihr Kind aber dennoch in vielen Bereichen sensibler, intensiver, gefühlvoller und sichtbarer ist als andere, werden Sie vielleicht hier fündig.

Nora Imlau stellte acht Kriterien zusammen, die Merkmale für eine Gefühlsstärke sind:[5]

- besonders intensives Gefühlserleben mit Sprüngen von einem »Extrem« ins andere
- besondere Ausdauer und Hartnäckigkeit; lassen nicht locker
- ausgeprägte Sensibilität, Empfindlichkeit gegenüber Reizen
- außergewöhnliche Wahrnehmung für ihre Umwelt und das Geschehen um sie herum
- Routinen brauchen besondere Beachtung: Sie fordern die Einhaltung bestimmter wiederkehrender Routinen, können aber genauso jede Form von Wiederholung als Angriff auf die eigene Freiheit wahrnehmen.
- ausgeprägter Bewegungsdrang, scheinbar nie endende Energie
- Übergänge und Veränderungen bedeuten Stress (der sichtbar wird und sich in Gefühlsausbrüchen oder Körperlichkeit äußert)
- Grübeln und Nachdenken gehören zum Alltag mit gefühlsstarkem Kind. Besonders intensiven Erlebnissen auf der Gefühlsebene hängen sie lang nach.

Anders als bei der Hochsensibilität, bei der es um die Reizverarbeitung im Gehirn sowie das Nervensystem geht (und zwar eben auch die kognitive und körperliche Ebene betreffend), beziehen sich die Kriterien hier auf das emotionale Erleben und die Regulation von Stresserleben und emotionaler Belastung. So erklärt sich, wieso gefühlsstarke Kinder oftmals weniger körperliche Stresssymptome zeigen. Denn unterm Strich haben sie einen eingebauten Schutz, der sie von hochsensiblen Kindern unterscheidet: Sie machen ihre Gefühle sichtbar! Sie strampeln, wüten, schreien und toben, sie bestehen auf ihrem »Recht«, auf ihrer Bewegung und ihren Bedürfnissen – sofern wir sie lassen, versteht sich. All das ist eine Form der Regulation, über die gefühlsstarke Kinder in der Lage sind, aktiv Stresshormone zu verstoffwechseln und in der akuten Stresssituation immer wieder gut für sich zu sorgen. Und ja, das tun sie auch, wenn der »Melt-down« von epischer Länge ist, sie beim Einschlafen herumrollen oder hüpfen, sie in Streits oder Diskussionen darauf beharren, dass sie selbstwirksam sind, recht haben oder jetzt wirklich dies oder jenes nicht tun werden. Die Gefühlsausbrüche eines gefühlsstarken Kindes können einen Tag füllen. Häufig entwickeln Eltern gefühlsstarker Kinder einen sechsten Sinn für jeden Trigger, der die nächste Wut herausfordern oder den nächsten Kummer auf den Plan rufen könnte. Dabei ergeben sich gleichzeitig empathische und gefühlvolle Gespräche, die kaum vergleichbar sind mit dem emotionalen Erleben anderer. Sie fühlen sofort, sie fühlen intensiv. Bekommen sie von den Geschwistern oder den Klassenkamerad:innen etwas erzählt, das sie ins Mitgefühl bringt, fließen garantiert Tränen. Sie schlucken nichts herunter, sondern zeigen der Welt – oft gesegnet mit einem gewissen Selbstvertrauen oder zumindest einer klaren Überzeugung, dies nun tun zu »dürfen«, was es bedeutet, zu fühlen. Oder, wie es Nora Imlau in ihrem Buch so fantastisch zusammenfasst: »Mein Kind *macht* kein Drama – es *erlebt* ein Drama!«

Als mein jüngerer Sohn geboren wurde, war er, wie manche gern sagen, ein »genügsames« Baby. Das war neu für mich, hatte sein großer Bruder doch bis zu acht Stunden an einem Tag geschrien, nur um dann die allermeisten Nächte auch noch schlaflos durchzumachen. Der Kleine aber trank von Anfang an an der Brust, schlief pünktlich um 19 Uhr ein und weckte mich nur, wenn er wirklich hungrig war. Die ersten Monate, so glaube ich heute, nahm er nur Anlauf. Weil er lediglich 19 Monate jünger war als sein älterer Bruder, verbrachte er im Grunde jeden Tag in einem Tragetuch auf meinem Rücken, damit ich beim Spielen die Hände frei hatte und beim Hinterherrennen vom Gewicht entlastet wurde. Schnell wurde das jedoch die Zeit am Tag, in der er lautstark begann, zu protestieren und sich tierisch aufzuregen – schon, wenn er die bunten Farben des Stoffes von Weitem sah. Ich hatte überall gelesen: Tragen ist gut für Babys! Es sei ergonomisch, die Babys würden es lieben und das Gefühl von Geborgenheit unterstütze es auch! Warum nur machte ausgerechnet mein Kind hier so ein »Drama«?

Der Hintergrund ergab sich zeitnah von allein: Mit sechs Monaten krabbelte das Baby über den Boden und sicher das Sofa rauf und runter. Heute, sechs Jahre später, schmückt ein Trampolin unser Wohnzimmer, damit nicht alle anderen Möbel für die privaten Leichtathletikstunden unseres Kamikazekindes herhalten müssen. Mein Kind hat ausgeprägte Werte, die es klar zu verteidigen weiß, wann immer es glaubt, einen Angriff auf sie wahrzunehmen.

»Mein Körper, meine Regeln« ist sein Lebensmotto – und das zieht er durch. In Konflikten, beim Sockenanziehen und Haarekämmen. Er ist derjenige, auf den man sich bedingungslos verlassen kann, wenn es um Unterstützung bei den Hausaufgaben, dem Wocheneinkauf oder Trost geht. Er bricht in Tränen aus, wenn man ihm einen traurigen Satz vorliest, wird bei Ungerechtigkeit wütend und besteht ansonsten eigentlich nur aus unendlicher, verkörperter Liebe für uns, das Leben und sich selbst. Er steht voller Selbstvertrauen und Verletzlichkeit für sich ein. Wenn er zweifelt, zweifelt er hart. Wenn er weint, weint er laut. Wenn er wütet, knallen Türen und Möbel. Wenn er kuschelt, nutzt er jeden Zentimeter seines kleinen Körpers. Und wenn er liebt, was er buchstäblich immer tut, dann füllt er damit einen ganzen Raum. Das Leben mit einem gefühlsstarken Kind ist anstrengend. Und: Das Leben mit einem gefühlsstarken Kind ist wundervoll, faszinierend und lehrreich.

Kaum ein anderes Temperament wird Sie so schonungslos spiegeln, Ihnen Ihre Gefühle so nachdrücklich aufzeigen, wie dieses. Es wird Ihnen entgegenbrüllen, dass Sie die schlechtesten Eltern sind, die es »jemals hatte«, und wie sehr es Sie trotzdem liebt: »Mama, ich liebe dich auch, wenn du blöd bist!« Gefühlsstarke Kinder mögen nicht die gleiche ausgeprägte Sinnessensibilität, die feinfühlige Reizverarbeitung oder die Verarbeitungstiefe haben, die sich bei hochsensiblen Gleichaltrigen zeigt, dafür aber die Fähigkeit, unser Leben, unsere Kultur und unser Denken vom Kopf ins Herz zu führen. Sie weisen nicht immer das gleiche leistungsbezogene Potenzial auf, das Hochbegabte entfesseln können, und möglicherweise können sie ihre Impulse besser kontrollieren als ein Kind mit ADHS. Wie auch immer wir es drehen und wenden: Auch bei diesem Merkmal handelt es sich um ein wertvolles Geschenk der Evolution an uns, das wir annehmen und für das wir uns öffnen dürfen. Unsere Welt kann den einen oder anderen Gefühlssturm gut brauchen!

Hochbegabung

Während die Messmethoden zur Neurodiversität oder des Sensibilitätsspektrums an der einen oder anderen Stelle regelmäßig hinterfragt werden, gibt es beim Thema Hochbegabung eine gewisse Einheitlichkeit: Erzielt ein Kind in einem IQ-Test einen Wert von wenigstens 130 oder mehr, sprechen wir von Hochbegabung. So die Theorie – denn zwar gilt »Intelligenz« als sehr gut erforschtes psychologisches Konstrukt, sie ist aber weiterhin Gegenstand der Forschung. Denn dieser Wert allein sagt noch nichts darüber aus, ob das Kind auch in der Lage sein kann, sein Potenzial in Anspruch zu nehmen beziehungsweise in Leistung umzusetzen. Doch dazu gleich mehr. Zunächst betrachten wir einmal, was es bedeutet, »hochbegabt« zu sein.

Das Wort »Begabung« definiert eine natürliche Anlage oder die angeborene Fähigkeit zu einer bestimmten Leistung. Gepaart mit passenden Entwicklungsmöglichkeiten kann daraus eine Leistung entstehen, die sichtbar wird. Unter günstigen Umweltbedingungen sind Menschen mit einem extrem hoch ausgeprägten Entwicklungspotenzial (also einer Hochbegabung) in der Lage, außergewöhnliche Leistung zu vollbringen.

Beispiele finden wir unter intellektuellen, künstlerischen, musischen, sozialen oder sportlichen Menschen. Sie heißen Einstein und Beethoven sowie Natalie Portman, Shakira, Quentin Tarantino, Rowan Atkinson und Cindy Crawford. Letztere wurde schon in jüngster Schulzeit als hochbegabt und mit einem IQ von 154 entdeckt, schloss die Highschool mit Stipendium ab und schlug die Möglichkeit, Chemieingenieurwesen zu studieren, dennoch dankend aus, um eines der bekanntesten Models der Weltgeschichte zu werden. Ebenso beeindruckend ist auch die Geschichte von Matt Damon, der mit einem IQ von 160 Englisch an der Elite-Uni Harvard studierte – und nie abschloss. Sein volles Potenzial entfesselte er erst Jahre später mit seinem ersten Film »Good Will Hunting«, für den er gemeinsam mit dem Schauspielkollegen Ben Affleck das Drehbuch schrieb. In der Hauptrolle: er selbst. Die Geschichte ist die eines vermeintlich gescheiterten junges Mannes mit herausragender Intelligenz und ausgeprägtem Potenzial, der es in seinem Leben – aufgrund miserabler Umweltbedingungen – nie über den Job als Reinigungskraft hinaus schafft und immer dann komplizierte, schier unlösbare Aufgaben enträtselt, wenn niemand hinsieht.

Mithilfe der Beispiele Cindy Crawford und Matt Damon lässt sich beweisen, dass Hochbegabung nie für sich steht, sondern im Kontext damit, welche emotionale Begleitung vonseiten der Eltern und Fachkräfte eingebracht werden kann, um bestmögliche Bedingungen für die angeborene Begabung zu schaffen. Weitere Faktoren sind die Kreativität und Motivation des Kindes und jener mit der wohl größten Bedeutung: die Umweltbedingungen, unter denen ein Kind wächst und sich entwickelt. Darunter fallen Schule (schulische Förderung) und Sozialisation (Freundeskreis, Umfeld, weitere soziale Unterstützung) sowie Familie und insbesondere das Klima, das hier herrscht.

Eine Hochbegabung besteht also nicht allein aufgrund eines Ergebnisses nach einem abgeschlossenen Test, sondern auch durch eine günstige Kombination aus allen oder möglichst vielen dieser schützenden Faktoren. Es geht nicht so sehr allein um die

Fähigkeit, die Intelligenz oder die angeborene Veranlagung, sondern vielmehr um die Rahmenbedingungen, die wir schaffen, damit all das Potenzial eines hochbegabten Kindes entfesselt werden und das Kind optimal gedeihen kann. Natürlich können auch blockierende Merkmale anlagebedingt sein und sich als Persönlichkeitsmerkmale (unter Umständen negativ) auswirken. Dies bezieht sich auf die allgemeine Leistungsmotivation, die Stressresistenz (etwa, wenn sich zur Hochbegabung noch eine Hochsensibilität gesellt), günstige oder ungünstige Arbeitsstrategien, Prüfungsängste und so weiter. Kurzum: Hochbegabte Kinder sind auf Unterstützung und Begleitung feinfühliger Erwachsener angewiesen, wie alle anderen Kinder auch. Sie benötigen soziale Unterstützung, Empathie und Förderung – nicht weil sie, wie es das Vorurteil oft besagt, ein Problem mit ihrer Begabung haben, sondern weil sie konstruktive Wege benötigen, um ihr eigenes Potenzial tatsächlich auch umsetzen zu können.

Häufig stellen sich allerdings Probleme ein, wenn ein hochbegabtes Kind in das Schulsystem eintritt. Der Grund wird schnell klar: Dieses bestehende System lässt nur wenig Luft für »Andersartigkeit«, und Eltern leiden unter der Zerrissenheit, sich entscheiden zu müssen, ob ihr Kind eine »normale« Schule besucht und ein Leben führt, wie alle Freund:innen es auch tun, oder auf einer Schule lernt, die das Potenzial optimal fördert, aber im schlimmsten Fall eine Stigmatisierung unterstreicht. Machen Sie sich frei von allen Vorurteilen und allen Bildern, die Sie rund um jedes einzelne hier vorgestellte Merkmal haben, und finden Sie einen neuen Blick auf alle Facetten und Potenziale, die Ihr Kind *wirklich* in sich trägt. Auf diese Weise können Sie lernen, genau das Leben zu schaffen, das es braucht. Und das befreit Sie gleich mit – nicht nur von Vorurteilen und Ängsten, sondern auch von einem Leben, das Ihnen und Ihrer Familie nichts als Stress und Druck bringt.

Bitte kein Schubladendenken!

Zusammenfassend ist zu sagen, dass ein neurodiverses Kind sich eben nicht geradlinig in die eine oder andere Schublade stecken lässt. Gibt es »ein bisschen« ADHS oder »ein bisschen« Autismus? Vermutlich nicht. Gibt es »ein bisschen« hochsensibel« und »ein bisschen gefühlsstark«? Ja, vielleicht schon.

Wir schreiben das Jahr 2022 und wissen, dass es zum aktuellen Zeitpunkt keine einhundertprozentig »richtigen« Messmethoden für das eine oder das andere gibt. Und sosehr wir uns vor allem in Krisensituationen Klarheit wünschen, so sehr können wir nun zusammenfassend sagen, dass die beste Messmethode noch immer eine Mischung aus Ihrem Gefühl und fachlicher Einschätzung bleibt. Beides hat in meinen Augen gleiche Gewichtung. Darum habe ich mich in diesem Buch auch dafür entschieden, allgemeine Strategien und Ressourcen zu behandeln, die den Umgang mit Stress und Belastungen jeglicher Art auf Ihrer und der Seite Ihres Kindes reduzieren können – unabhängig von der Diagnose oder eben auch nicht.

Haben Sie ein Kind, das Sie als sensibel beschreiben würden? Wundervoll. Glauben Sie, die Persönlichkeit und das Temperament Ihres Kindes könnten die Einordnung »neurotypisch« übersteigen? Oder sind Sie vielleicht längst sicher, dass Ihr Kind hochsensibel ist, ADHS hat oder hochbegabt ist? Dann sind Sie im Buch hoffentlich fündig geworden, um gut für sich und Ihr Kind zu sorgen – vor allem immer dann, wenn Sie sich herausgefordert fühlen. Denn all diese Begriffe fallen unter das Dach der »Sensibilität«, bedürfen einer Regulierung und eines achtsamen Umgangs. Und sie fordern Sie heraus, manchmal mehr, manchmal weniger.

Das Ziel dieses Buches ist es nicht, Ihr Kind in eine Schublade zu stecken und dort gut verstaut zu wissen. Meine Vision besteht darin, dass ebenjene so unterschiedlichen Wahrnehmungslevels, so facettenreich und bunt sie sind, Teil unseres Menschseins sind und auch als solche betrachtet werden dürfen. Ein System, sei es der Kindergarten oder die Schule, das ausschließlich für jene Menschen gedacht ist, die »neurotypisch« sind, kann nur scheitern – denn wir wissen ja, dass es genau das nicht gibt! Diese Erwartungen sind zu hoch und werden enttäuscht. Und diese Enttäuschung spüren wir oft auf allen Seiten: gestresste Lehrkräfte und Erzieher:innen, die von einer Methode ausgehen, die erfolgreich sein muss. Gestresste Kinder, die zu wenig Raum und Möglichkeiten haben, um sich so zu fühlen und zu entwickeln, wie sie es brauchen. Gestresste Eltern, die zwischen einem leidenden Kind, überforderten Lehrkräften und einem starren System stehen, dem alle zu dienen versuchen. Das kann nicht funktionieren! Um diese ohnehin schon heikle und komplexe Situation zu durchdringen und möglichst erfreulich für alle handhaben zu können, braucht es Flexibilität und Verantwortung, die klar verteilt sein müssen. Ich betone: verteilt.

Nicht Sie sollten die Last allein tragen, auch nicht die Schule oder der Kindergarten. Und von Schuld sollten wir alle dringend zu sprechen aufhören. Diese hochgradig komplexe, vielschichtige und wichtige Situation ist nicht durch Diskussionen und Schuldzuweisungen zu lösen, genauso wenig wie durch ein Sammeln von Diagnosen. Es braucht Gespräch und Beziehung – und zwar vollkommen unabhängig davon, an welcher Position des neurodiversen Spektrums Sie Ihr Kind oder sich selbst nun einordnen würden.

Im Zentrum all Ihrer Überlegungen steht nämlich ein kleiner Mensch, der Ihnen dabei zusieht, wie Sie Konflikten in bestehenden Systemen kreativ und innovativ begegnen. Diese Qualität zu erlernen ist gerade in unserer aktuellen Zeit und vor dem Hintergrund all der Krisen und Probleme, die unsere Kinder einst in dieser Welt werden lösen müssen, von unschätzbarem Wert. Straffen wir die Schultern und lösen wir auf, was uns gerade noch blockiert. Sensibilität braucht Flexibilität – mental, emotional und körperlich. Ich weiß, Sie können das!

Nachklang: Die Revolution der Herzen

Wenn es um das Thema Schule geht, können wir nur als die Eltern reagieren, die wir sein wollen, wenn die Wunden und Verletzungen aus unserer eigenen Geschichte einigermaßen verheilt sind. Wenn Sie selbst keine negativen Erfahrungen in Ihrer Kindheit und Schulzeit gemacht haben, wird Ihnen dies leichtfallen. Wenn nicht, ist das der Punkt, an dem Sie ansetzen dürfen. Dafür gibt es viele faszinierende und therapeutische Wege, aber wissen Sie, welcher der heilsamste ist? Der, den Sie mit Ihrem Kind zusammen gehen.

Jedes einzelne Mal, wenn Sie Ihr Kind trösten, halten, sich für sein Recht und sein Gefühl einsetzen, eine Entschuldigung für »nichts weiter als« ein bisschen Bauchweh schreiben, es in Schutz nehmen, wenn es ungerecht behandelt wird, und darauf vertrauen, dass es okay ist, und zwar in all seinen Facetten, trösten Sie sich und Generationen vor Ihnen gleich mit. Das mag jetzt komisch klingen und vielleicht auch ein wenig abgehoben. Doch das macht es nicht weniger wahr.

Wenn wir die Angst davor, ungehorsam, falsch oder ausgeschlossen zu sein, in unseren Körpern tragen, werden wir niemals riskieren, ein Gespräch zu unseren oder den Gunsten unserer Kinder zu führen – nicht, wenn die Gefahr besteht, unsere Zugehörigkeit zu verlieren. In der tief wurzelnden Überzeugung, dass

Kinder grundsätzlich gut sind, wie sie sind, liegt aber nicht nur das Verständnis für den Menschen, den Sie begleiten wollen, sondern für das Menschsein als solches. Wir alle waren mal Kinder und Sie selbst vielleicht eines dieser feinfühligen, die mehr gebraucht hätten, als möglich war. In Ihrer Entwicklung und Veränderung liegt jetzt also eine Chance: für Ihr Kind, die Schullaufbahn, das Lehrerkollegium und auch für Sie selbst.

Es ist niemals falsch, sich Emotionen zuzuwenden, sie zu ergründen und zu trösten. Es ist niemals falsch, sich mit Selbstfürsorge, Gesundheit und Regulation zu beschäftigen und sie zu erlernen. Es ist niemals falsch, die eigenen Glaubenssätze und Haltungen zu überprüfen und Angriffslust, Alarmbereitschaft, Angst, Negativität oder Vorurteile abzubauen. All das spaltet uns von uns selbst und vom Rest der Welt ab. Doch all das aufzulösen reduziert Gewalt – und zwar langfristig. Die Frage, was Sie selbst gebraucht hätten, in Notsituationen, in Ihrer Kindheit und immer dann, wenn Zugehörigkeit oder Sicherheit verloren ging, ist elementar für die Beantwortung so ziemlich jeder Frage, die Sie bezüglich der Nöte Ihres Kindes haben. Nicht, weil Ihr Kind automatisch das Gleiche braucht – das wäre super, weil so schön einfach. Sondern, weil es beeinflussen wird, wie sehr Sie in der Lage sein können, Ihr Kind darin zu unterstützen, für sich selbst all das zu bekommen, was es braucht, um sich sicher zu fühlen und zu gedeihen.

Kinder sind unsere Spiegel und unsere allergrößten Lehrmeister. Wir mögen größer sein als sie, aber wir sind nicht automatisch klüger. Und meist spüren Kinder intuitiv selbst ganz genau, was sie brauchen, um die zu werden, die sie werden wollen! Um ihr

Potenzial ganz und gar entfalten zu können, brauchen sie uns Eltern – als ihre kompetenten Ratgebenden, Unterstützenden und als diejenigen, die ihnen eine tröstende Schulter und liebevolles Mitgefühl schenken, wann immer es schwer ist, »da draußen« zu bestehen.

Hören wir auf, unsere Worte hinunterzuschlucken, unsere Gefühle zu unterdrücken und der wiederkehrenden Überzeugung zu frönen, wir seien nicht gut, wie wir sind, weil wir sind, wie wir sind. Oder gar schwach. Nur weil eine Gesellschaft noch nicht über Gefühle, Sinne und Sensitivität sprechen kann, heißt das nicht, dass wir nicht anfangen dürfen, zu berichten oder zu erzählen, wie es ist und wie es geht. Oder wie wir unsere Kinder wahrnehmen, was wir von ihnen lernen und wieso sie genau richtig sind, wie sie sind. Was, wenn doch das jetzt genau der Job ist, den zu tun wir angehalten sind? Keine Sorge: Sie müssen nicht den Planeten retten oder den nächsten Aufstand anzetteln – denn der läuft schon. Schon längst. Es ist die leise, feinfühlige, zarte Revolution in den Herzen und Stimmen unserer sensiblen Kinder, die uns zeigen, wie es gehen kann, ganze Welten zu bewegen. Ohne Fäuste, ohne Härte, ohne Druck und ganz sicher ohne Gewalt. Lassen Sie uns folgen und auf diese eine Sache mit vollen, liebenden Herzen und gestrafften Schultern vertrauen:

Unsere Kinder kennen den Weg.

Anmerkungen

Einleitung

1. Aron, E.N./Aron, A., »Sensory-Processing Sensitivity and its Relation to Introversion and Emotionality«. *Journal of Personality and Social Psychology*, 73, 1997, S. 345–368.
2. Vgl. Korte, Martin, *Wie Kinder heute lernen*, München: Goldmann 2009

Kapitel 1

1. Kagan, J., *The nature of the child*, New York: Basic Books 1984
2. Vgl. Aron, E. N., *Das hochsensible Kind*, S. 34, und Kagan, J., *The nature of the child*
3. Akert, K. / Hummel, P., *Anatomie und Physiologie des limbischen Systems*, Basel: Roche 1968
4. Wolf, M., et al., »Evolutionary Emergence of Responsive and Unresponsive Personalities«. *Proceedings of the National Academy of Science*, 105, 41, 2008, S. 15825–15830
5. Vgl. Wang, S. / Aamodt, S., *Welcome to your child's brain*, München: C.H. Beck 2012
6. Smolewska, K.A., et al., »A psychometric evaluation of the Highly Sensitive Person Scale: The components of sensory-processing sensitivity and their relation to the BIS/BAS and ›Big Five‹«, *Personality and Individual Differences*, Vol. 40, Issue 6, 2006
7. Der Test von Elaine Aron ist frei zugänglich auf https://hsperson.com/test/highly-sensitive-child-test/
8. Aron, E. N. / Aron, A., *Highly Sensitive Person Scale (HSPS) [Database record]. APA PsycTests*, 1997

9. Vgl. Konrad, S. / Herzberg, P., »Psychometric Properties and Validation of a German High Sensitive Person Scale (HSPS-G)«, European Journal of Psychological Assessment, 2017
10. Pluess, M. / Belsky, J.V. »Sensitivity: Individual differences in response to positive experiences«. *Psychological Bulletin*, Vol 139(4), 2013, 901–916
11. Wyrsch, P., *Neurosensitivität*, Selbstverlag 2020
12. Shanker, S., *Das überreizte Kind*, München, Goldmann 2019
13. Pluess, M., et al., »Environmental sensitivity in children: Development of the Highly Sensitive Child Scale and identification of sensitivity groups«. *Developmental Psychology*, 54 (1), 2018, S. 51–70
14. https://www.sensitivitaet.info/2018/07/18/wie-ist-sensitivität-in-der-bevölkerung-verteilt/
15. Aron E. N. / Aron A., »Sensory-processing sensitivity and its relation to introversion and emotionality«, *Journal or Personality and Social Psychology*, 73, 1997, S. 345–368
16. Slagt, M., et al., »Differences in sensitivity to parenting depending on child temperament: A meta-analysis«, *Psychological Bulletin*, 142 (10), 2016, S. 1068–1110
17. Vgl. Kristal, J., *The Temperament Perspective*, Paul H. Brookes Publishing 2005
18. Vgl. auch mein Buch *Hochsensibel Mama sein*, Weinheim: Beltz 2020

Kapitel 2

1. Literaturempfehlungen für geborgenen Babyschlaf finden Sie im Anhang des Buches.
2. Marshall B. Rosenberg entwickelte das Konzept der gewaltfreien Kommunikation, das auf den vier Schritten Beobachtung, Gefühl, Bedürfnis und Bitte basiert. Seine Methode ist Basis für eine umfangreiche Literatur und Kommunikationstrainings. Auch in vielen Schulen hat sie Einzug gehalten, vgl. z. B. Orth, G. / Fritz, H., *Gewaltfreie Kommunikation in der Schule*, Paderborn: Junfermann 2013

3. Ein wunderbares Buch, das dabei unterstützt, neue Gespräche mit Kindern zu führen, ist »Der Zauber guter Gespräche. Kommunikation mit Kindern, die Nähe schafft« von Ulrike Döpfner, Weinheim: Beltz 2019

Kapitel 3

1. Fähigkeit des Gehirns, seinen Aufbau und seine Funktionen zu reorganisieren und zu modellieren, um sich äußeren und inneren Einflüssen stets anzupassen und optimale eigene Bedingungen zu schaffen, sowie die Fähigkeit, bis zum Ende des Lebens weiterzulernen.
2. Akert, K./Hummel, P., *Anatomie und Physiologie des limbischen Systems*, Basel: F. Hoffmann La Roche & Co. 1963

Kapitel 4

1. Bowlby, J., *Bindung. Eine Analyse der Mutter-Kind-Beziehung*, München: Kindler 1969
2. Vgl. Renz-Polster, H., *Erziehung prägt Gesinnung*, München: Kösel 2019
3. Vgl. Wang, S. / Aamodt, S., *Welcome to your child's brain*, München: C.H. Beck 2012
4. Der Begriff »unden« ist eine Wortschöpfung der bindungsorientierten Elternschaft und nutzt das Wort »und« als Verb, um zu verdeutlichen, dass es darum geht, von einem »entweder – oder« wegzukommen und neben faulen Kompromissen neue und kreative Lösungen zu schaffen. Einen hilfreichen Artikel dazu hat meine Kollegin Ruth Abraham von *Der Kompass* bereits 2017 veröffentlicht: https://derkompass.org/2017/04/07/kreativitaetskiller-erziehung-oder-erste-schritte-in-die-freiheit/
5. Bensel, J. / Haug-Schnabel, G., *Kinder unter 3. Bildung, Erziehung und Betreuung von Kleinstkindern*, Freiburg: Herder 2016
6. Vgl. Blaffer Hrdy, S., *Mütter und andere*, Berlin: Berlin 2010
7. Ahnert, L., et al., »Transition to Child Care: Associations With Infant-

Mother-Attachment, Infant Negative Emotion, and Cortisol Elevations, in: *Child Development*, Vol. 75, Issue 3, S. 639–984, 2004

Kapitel 5

1. Vgl. Hüther, G. / Bonney, H., *Neues vom Zappelphilipp*, Weinheim: Beltz 2012
2. Acevedo, B. P., et al., »The highly sensitive brain: an fMRI study of sensory processing sensitivity and response to others' emotions«, *Brain and Behavior*, Vol. 4, 2014, S. 580–894
3. Maslach, C., et al., »Job Burnout«, *Annual Review of Psychology*, 2001 52:1, S. 397–422

Kapitel 7

1. https://www.eco.de/presse/in-welchen-jobs-arbeiten-wir-2035/
2. Siever, R. M., *Was wird es denn? Ein Kind! Wie geschlechtsoffene Erziehung gelingt*, Weinheim: Beltz 2022

Kapitel 10

1. Theunissen, G., et al., *Handlexikon Autismus-Spektrum: Schlüsselbegriffe aus Forschung, Theorie, Praxis und Betroffenen-Sicht*, Stuttgart: Kohlhammer 2014
2. https://www.zentrales-adhs-netz.de/infos-zu-adhs/allgemeine-infos-zu-adhs/
3. Hüther, G. / Bonney, *Neues vom Zappelphilipp: ADS verstehen, vorbeugen und behandeln*, Weinheim: Beltz 2012
4. Dieser Begriff stammt aus dem englischen Sprachraum und bezeichnet die Autonomie- oder »Trotzphase« eines Kindes, die in der Regel um den zweiten Geburtstag oder im zweiten Lebensjahr beginnt.
5. Imlau, N., *So viel Freude, so viel Wut*, München: Kösel 2018

Buchempfehlungen und Links

Bücher

Bartig-Prang, Tatje, Picky Eaters, *Was Sie tun können, wenn Ihr Kind nicht essen will*, München: GU 2020

Borghoff, Kathrin, *Hochsensibel Mama sein. Das Ressourcenbuch*, Weinheim: Beltz 2020

Cave, Kathryn, und Riddell, Chris, *Irgendwie anders*, Hamburg: Oetinger 1994

Kirschbaum, Stefanie, *Wie Betty das Wutgewitter bändigt*, Wien: Festland 2015

Mierau, Susanne, *Geborgen wachsen: Wie Kinder glücklich groß werden und Eltern entspannt bleiben*, München: Kösel 2016

Pantley, Elizabeth, *Schlafen statt schreien*, Stuttgart: Trias 2019

Renz-Polster, Herbert, *Menschenkinder: Artgerechte Erziehung – was unser Nachwuchs wirklich braucht*, München: Kösel 2019

Renz-Polster, Herbert, und Imlau, Nora, *Schlaf gut, Baby*, München: GU 2016

Sellin, Rolf, *Mein Kind ist hochsensibel – was tun? Wie Sie es verstehen, stärken und fördern*, München: Kösel 2015

Vita, Melanie S., *Hochsensibilität bei Kindern*, Moers: Brendow 2017

Adressen im Netz

www.kathrin-borghoff.de – Traumasensibles Coaching und Embodiment für Hochsensibilität in der Familie

https://britta-sperling.de – Psychologische Begleitung für Hochsensibilität und Hochbegabung, Musiktherapie https://www.denise-piecha.de – Coaching für (hoch)sensible Kinder

hochsensibel.org – Informative Website mit Adressen für Gesprächskreise und Kontakte vor Ort

patricewyrsch.ch – Wissenschaftliche Arbeiten treffen auf modernes Coaching

www.hsperson.com – Originalwebsite der »Pionierin« der Hochsensibilität Elaine N. Aron

sensitivitaet.info – Wissenschaftsblog rund um Hochsensibilität und Neurodiversität

https://www.zentrales-adhs-netz.de – Informationen und Vernetzung zum Thema ADHS

https://www.neurologen-und-psychiater-im-netz.org/kinder-jugendpsychiatrie-psychosomatik-und-psychotherapie/stoerungen-erkrankungen/autismus-spektrum-stoerung-ass/stoerungsbild/ – Informationen und Vernetzung rund um das Thema Autismus/Asperger

https://www.aurum-cordis.de – Aus- und Weiterbildungsangebote zur Hochsensibilität sowie weitreichende Informationen

https://open-mind-akademie.de – Offizielle Website der Autorin und Coachin Anne Heintze mit vielen kostenfreien Inhalten sowie kleinen, kurzweiligen E-Books rund um das Thema Hochsensibilität, Scanner-Persönlichkeiten und High Sensation Seeker

https://coaching-fuer-hochsensible.de – Offizielle Website der langjährigen Therapeutin, Autorin und Ausbilderin Ulrike Hensel rund um das Thema Hochsensibilität

https://www.1001kindernacht.ch – Schlafberatung (nicht nur) für (hoch)sensible Kinder mit Suchfunktion für Berater:innen vor Ort

Verwendete Literatur

Acevedo, B. P., et al., »The highly sensitive brain: an fMRI study of sensory processing sensitivity and response to others' emotions«, *Brain and Behavior,* Vol. 4, 2014, S. 580–894

Ahnert, Lieselotte / Gunnar, Megan R. / Lamb, Michael E. / Barthel, Martina, »Transition to Child Care: Associations With Infant-Mother-Attachment, Infant Negative Emotion, and Cortisol Elevations, in: *Child Development,* Vol. 75, Issue 3, S. 639–984, 2004

Akert, K., Hummel, P., *Anatomie und Physiologie des limbischen Systems,* Basel: Roche 1968

Aron, E. N., *Das hochsensible Kind.* München: mvg 2008

Aron, E. N. / Aron, A., »Sensory-Processing Sensitivity and its Relation to Introversion and Emotionality«, *Journal of Personality and Social Psychology,* 73, 1997, S. 345–368

Aron, E. N. / Aron, A., *Highly Sensitive Person Scale (HSPS) [Database record]. APA PsycTests,* 1997

Bensel, Joachim/Haug-Schnabel, Gabriele, *Kinder unter 3. Bildung, Erziehung und Betreuung von Kleinstkindern,* Freiburg: Herder 2016

Blaffer Hrdy, Sarah, *Mütter und andere,* Berlin: Berlin 2010

Borghoff, Kathrin, *Hochsensibel Mama sein,* Weinheim: Beltz 2020

Bowlby, John, *Bindung. Eine Analyse der Mutter-Kind-Beziehung,* München: Kindler 1969

Döpfner, Ulrike, *Der Zauber guter Gespräche. Kommunikation mit Kindern, die Nähe schafft,* Weinheim: Beltz 2019

Hüther, Gerald/Bonney, Helmut, *Neues vom Zappelphilipp,* Weinheim: Beltz 2012

Imlau, Nora, *So viel Freude, so viel Wut,* München: Kösel 2018

Kagan, Jerome, *The nature of the child,* New York: Basic Books 1984

Korte, Martin, *Wie Kinder heute lernen*, München: Goldmann 2009

Kristal, Jan, *The Temperament Perspective*, Paul H. Brookes Publishing Co., Inc 2005

Maslach, Christina, et al., »Job Burnout«, *Annual Review of Psychology* 2001, 52:1, S. 397–422

Orth, Gottfried / Fritz, Hilde, *Gewaltfreie Kommunikation in der Schule,* Paderborn: Junfermann 2013

Pluess, M./Belsky, J.V. »Sensitivity: Individual differences in response to positive experiences«. *Psychological Bulletin,* Vol. 139(4), 2013, 901–916

Pluess, M. et al., »Environmental sensitivity in children: Development of the Highly Sensitive Child Scale and identification of sensitivity groups«, *Developmental Psychology,* 54 (1), 2018, S. 51–70

Renz-Polster, Herbert, *Erziehung prägt Gesinnung,* München: Kösel 2019

Shanker, Stuart, *Das überreizte Kind,* München: Goldmann 2019

Siever, Ravna Marin, *Was wird's denn? Ein Kind! Wie geschlechtsoffene Erziehung gelingt,* Weinheim: Beltz 2022

Slagt, M., et al., »Differences in sensitivity to parenting depending on child temperament: A meta-analysis«, *Psychological Bulletin,* 142 (10), 2016, S. 1068–1110

Smolewska, K.A., et al., »A psychometric evaluation of the Highly Sensitive Person Scale: The components of sensory-processing sensitivity and their relation to the BIS/BAS and ›Big Five‹«, *Personality and Individual Differences,* Vol. 40, Issue 6, 2006

Theunissen, Georg, et al., *Handlexikon Autismus-Spektrum: Schlüsselbegriffe aus Forschung, Theorie, Praxis und Betroffenen-Sicht,* Stuttgart: Kohlhammer 2014

Wang, Sandra/Aamodt, Sam, *Welcome to your child's brain,* München: C.H. Beck 2012

Wolf, M. et al., »Evolutionary Emergence of Responsive and Unresponsive Personalities«, *Proceedings of the National Academy of Science* 105, 41, 2008, S. 15825–15830

Wyrsch, Patrice, *Neurosensitivität,* Selbstverlag 2020

Dank

»Der Lehrer zeigt sich, wenn der Schüler bereit ist«, besagt ein altes buddhistisches Sprichwort. Ich kann nicht sagen, dass ich »bereit« war, so sensible, so besondere Kinder zu bekommen. Aber ich kann sagen, dass ich durch niemanden jemals so viel lernte, eine so passionierte Schülerin war, wie seit der Zeit mit meinen beiden Söhnen. Ich verbringe jeden einzelnen Tag mit ihnen in voller Dankbarkeit und Demut. Der Dank für die Worte in diesem Buch gilt niemandem mehr als meinen eigenen Kindern, die meine Lehrmeister sind. Die mich losschickten auf meine eigene Reise der Persönlichkeitsentwicklung, die mich lehrten, was es bedeutet, sich selbst zu erkennen - nicht aus dem Ego, nicht einmal aus dem Wunsch nach etwas wie Heilung heraus. Sondern aus Liebe. Aus riesengroßer Liebe für zwei kleine Seelen, die ihr Leben mit mir verbringen wollen. Danke, dass es euch gibt. Danke für die kleinen und großen Herausforderungen und danke, dass ich eure und unsere Geschichten mit der Welt teilen darf, um Eltern das zu schenken, was ich durch euch lernen darf. Ihr seid so viel weiser als ihr es selbst möglicherweise gerade empfindet, und ich wünsche euch aus tiefstem Herzen, dass nichts und niemand auf der Welt euch diese Weisheit jemals nehmen kann. Und wenn doch, dann bin ich ja auch noch da, dankbar, euch halten und begleiten und immer wieder so unendlich viel von euch lernen zu dürfen.

Danke, dass es euch gibt und ich diesen Weg mit euch gehen darf. Ich liebe euch.